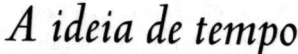

A ideia de tempo

HENRI BERGSON

A ideia de tempo
Curso no Collège de France
1901-1902

Organização e apresentação
Gabriel Meyer-Bisch

Tradução
Débora Morato Pinto

editora
unesp

© Presses Universitaires de France / Humensis,
L'Idée de temps. Cours au Collège de France 1901-1902, 2019
© 2022 Editora Unesp

Direitos de publicação reservados à:

Fundação Editora da Unesp (FEU)
Praça da Sé, 108
01001-900 – São Paulo – SP
Tel.: (0xx11) 3242-7171
Fax: (0xx11) 3242-7172
www.editoraunesp.com.br
www.livrariaunesp.com.br
atendimento.editora@unesp.br

Dados Internacionais de Catalogação na Publicação (CIP) de acordo com ISBD
Elaborado por Vagner Rodolfo da Silva - CRB-8/9410

B499i

Bergson, Henri
    A ideia de tempo: Curso no Collège de France (1901-1902) /
Henri Bergson; traduzido por Débora Morato Pinto. – São Paulo:
Editora Unesp, 2022.

    Tradução de: *L'idée de temps: Cours au Collège de France 1901-1902*
    Inclui bibliografia.
    ISBN: 978-65-5711-100-0

    1. Filosofia. 2. Tempo. 3. Conhecimento conceitual. 4. Collège
de France. I. Pinto, Débora Morato. II. Título.

2021-3851

CDD 100
CDU 1

Editora afiliada:

Asociación de Editoriales Universitarias
de América Latina y el Caribe

Associação Brasileira de
Editoras Universitárias

Sumário

Anexos

Lista de abreviaturas de obras
e cursos de Bergson

CV: *La Conscience et la vie*. Paris: PUF, 2011.

DS: *Les Deux Sources de la morale et de la religion*. Ghislain Waterlot e Frédéric Keck (Eds.). Paris: PUF, 2013. [Ed. port.: *As duas fontes da moral e da religião*. Lisboa: Edições 70, 2019.]

E: *Essai sur les données immédiates de la conscience*. Arnaud Bouaniche (Ed.). Paris: PUF, 2013 [1889]. [Ed. bras.: *Ensaio sobre os dados imediatos da consciência*. São Paulo: Edipro, 2020.]

EC: *L'Évolution créatrice*. Arnaud François (Ed.). Paris: PUF, 2009 [1907]. [Ed. bras.: *A evolução criadora*. São Paulo: Editora Unesp, 2010.]

EL: *L'Évolution du problème de la liberté*. Paris: PUF, 2017.

EP: *Écrits philosophiques*. Frédéric Worms (Ed.). Paris: PUF, 2011.

HI: *Histoire de l'idée de temps*: cours au Collège de France, 1902-1903. Paris: PUF, 2016.

IM: *Introduction à la métaphysique*. Frédéric Fruteau de Laclos (Ed.). Paris: PUF, 2011.

M: *Mélanges*. André Robinet (Org.). Paris: PUF, 1972.

MM: *Matière et mémoire*. Camille Riquier (Ed.). Paris: PUF, 2012 [1895]. [Ed. bras.: *Matéria e memória*: ensaio sobre a relação do corpo com o espírito. 4.ed. São Paulo: WMF Martins Fontes, 2010.]

PM: *La Pensée et le mouvant*. Frédéric Worms (Org.). Paris: PUF, 2009. [Ed. bras.: *O pensamento e o movente*. São Paulo: Martins Fontes, 2006.]

PR: *Le Possible et le réel*. Arnaud Bouaniche (Org.). Paris: PUF, 2011.

Apresentação

Gabriel Meyer-Bisch

Toda filosofia tem um primeiro tempo, que é um tempo de método, e um segundo tempo, que é um tempo de metafísica.[1]

Este curso inédito, intitulado *A ideia de tempo*, foi proferido por Bergson no Collège de France durante o ano universitário de 1901-1902. Dando seguimento ao curso sobre *A ideia de causa*, o curso sobre *A ideia de tempo* tem como traço notável o fato de que aborda de maneira direta, portanto sem o desvio pela exposição e resolução de problemáticas acessórias, aquilo que parece ser a temática central de seu pensamento. Ao dedicar um curso à ideia de tempo, Bergson não intencionava propor exclusivamente uma espécie de resumo de teses filosóficas que sustentavam as obras já publicadas: tratava-se precisamente de enfrentar outro problema filosófico,[2] ao qual as reflexões sobre a causalidade,

---

1 Péguy, "Notas sobre Bergson e a filosofia bergsoniana", em *Œuvres complètes en prose*, t.III, p.1.271.

2 Henri Guyau propôs, uma década antes, a exposição de uma "gênese da ideia de tempo", resolutamente antikantiana, e marcada pela

expostas entre 1900 e 1901, o conduziram, o que está de acordo, nesse ponto, com o percurso filosófico bergsoniano, que deseja que a resolução de uma dificuldade filosófica anuncie o surgimento da seguinte. A condição de resolução do problema da causalidade, presente desde *Matéria e memória* e que consiste em dizer que a noção tradicional da causalidade supõe a fragmentação artificial de uma realidade indivisa, conduz Bergson, em 1901-1902, a realizar um estudo da ideia de tempo em si mesma. Com efeito, se essa continuidade indivisa que é a duração nos escapa, convém então se dedicar a reencontrá-la em sua pureza, mas se trata igualmente de manifestar aquilo que precisamente nos impede de aceder ao imediato; estudar a ideia de tempo é, portanto, não somente reencontrar a duração pura, mas também expor o obstáculo para isso, ou explicar com mais rigor do que as obras anteriores haviam feito nossa capacidade de nos enganarmos quando "seguimos a encosta natural da nossa inteligência" e, desse modo, retornar à origem de todos os pseudoproblemas.[3] É por isso que Bergson poderá vincular,

---

teoria da evolução. Bergson fez a recensão dessa exposição para a *Revue de philosophie* (ver EP, p.145-52).

3 Observemos que Bergson concebia os três cursos – *A ideia de causa*, *A ideia de tempo* e *História da ideia de tempo* – como ligados por uma vontade de apreender "a direção da curva que a filosofia deve seguir" (ver o curso sobre a história da ideia de tempo, HI, p.337); essa curva deveria receber uma confirmação histórica, a de ver o que, no seio da filosofia moderna, rompe com o pensamento grego. Essa busca comum aos três cursos não tem, contudo, vocação puramente histórica; apenas o curso de 1902-1903 sobre a ideia de tempo será concebido como confirmação pela história das ciências e da filosofia daquilo que é, antes de tudo, a expressão das visões gerais sobre o que deve ser a orientação da metafísica, se ela quiser sair do impasse do kantismo, isto é, desfazer-se das visões da filosofia

desde a primeira aula, o estudo da duração e o estudo da natureza do conceito, vínculo do qual o leitor não prevenido não se dará conta necessariamente: "Entre estas duas questões – 'qual é a natureza da duração?' e 'qual é a natureza do pensamento conceitual?' – há uma solidariedade íntima".[4]

Ora, se essas duas questões estão ligadas, não é apenas porque a primazia do conceito sobre o real em filosofia arrisca sufocar a intuição, cujo sentido propriamente bergsoniano parece surgir nessa época, mas também porque a atividade de fragmentação da inteligência supõe a duração em sua continuidade indivisa, sobre a qual ela deve exercer-se. A questão será atribuir ao conceito um papel proporcional à sua própria natureza, a saber, de conformar-se ao real, no lugar de partir do conceito e da decomposição arbitrária que ele induz para construir sínteses necessariamente fadadas ao fracasso. Compreende-se assim que o curso sobre a ideia de tempo antecipa de muitas maneiras os desenvolvimentos de *Introdução à metafísica*: não somente o estudo do tempo supõe uma crítica do conhecimento, mas ele conduz necessariamente à formação de um método capaz de tornar novamente possível a metafísica. É, portanto, em torno das duas questões mencionadas – sobre a natureza da duração e a natureza do conceito – que o curso é construído, e convém expor ao leitor o desenrolar de um curso que o próprio Bergson julgava "abstrato", até mesmo "dogmático",[5] e que não se concebe como aulas de história da filosofia.

---

grega, segundo a qual "tudo o que é irredutível ao conceito é declarado irreal" (François, "Vers l'introduction à la métaphysique", em Worms (Dir.), *Bergson dans le siècle*, t.I, p.21).

4 Ver p.22.

5 Ver p.93 e 275; ver a nota similar no curso sobre a *ideia de causa* em anexo nesta edição, p.150.

Depois de duas aulas introdutórias, Bergson então se dedica à primeira parte de seu estudo sobre a *ideia de tempo*, que consiste em reencontrar "a duração pura"; para isso, é preciso mostrar que o tempo espacializado do senso comum e da ciência não é o tempo real; o melhor será partir da análise do movimento, que é como a expressão simbólica da duração e que deixa entrever a ambivalência da ciência moderna: ao levar em conta apenas simultaneidades, e não o próprio movimento, a ciência é, no entanto, atravessada por verdadeiras intuições, tal como a do caráter absoluto do movimento que ela tenta conquistar por meio de conceitualizações. A partir dessa constatação, aparece claramente que o movimento ou que a duração de um movimento supõe uma consciência. Fiel, nesse ponto, às análises do *Ensaio sobre os dados imediatos da consciência*, a redescoberta da duração pura supõe assim a passagem à psicologia, ou ao estudo do eu. Todavia, Bergson não se contenta em retomar a custo mais baixo os resultados do *Ensaio*; a exemplo dos cursos posteriores, *A ideia de tempo* prepara a via para *A evolução criadora*, pelo fato de que o estudo da duração supõe doravante considerar o mundo como constituído de um "espaço heterogêneo" e de durações "desigualmente tensionadas, desigualmente ricas".[6] O estudo da natureza da duração se conclui, enfim, pela exposição da concepção kantiana de tempo e das antinomias na décima primeira e na décima segunda aulas, dado que Kant é aquele que mostrou o impasse da metafísica – metafísica praticada desde os gregos até Leibniz – quando ela se engana sobre a natureza real do tempo.

---

6 Ver p.85.

Bergson dedica a última metade do curso ao que ele denomina a natureza do conceito; ora, é surpreendente ver que essa segunda metade inclui desenvolvimentos que serão abordados respectivamente na *Introdução à metafísica*, depois em *A evolução criadora*: o estudo da natureza do conceito não se situa numa simples perspectiva de análise lógica das proposições, nem na vontade de estabelecer uma *noética* pura e simplesmente, mas na perspectiva de conjurar uma concepção de metafísica que tem suas raízes no pensamento grego e que se reforça a partir de Galileu, a de uma metafísica guiada pelo ideal da *mathesis universalis*, metafísica que peca por sua confiança absoluta na conceitualização própria à inteligência. O interesse desse curso aparece sob muitos aspectos nas notas formuladas por Bergson a respeito de Kant, cuja filosofia se inscreve, segundo Bergson, nesse projeto de unidade do saber; mas Kant "honrou a filosofia", pelo fato de que revelou as contradições insolúveis da metafísica tradicional na exata medida em que se inscreveu em tal percurso. Notemos, aliás, que as análises formuladas por Bergson a propósito da conceitualização e da sua relação com a intuição esclarecem as considerações metodológicas de *O pensamento e o movente* e de *Introdução à metafísica*, nas quais Bergson se recusa a assimilar o conceito à linguagem e a corroborar o anti-intelectualismo que frequentemente lhe foi atribuído.

Outro ponto notável desse curso, suscetível de interessar ao leitor, é a reflexão sobre a negação que engendrará, em *A evolução criadora*, a análise da ideia de nada, e que é acompanhada aqui de uma reflexão inédita sobre o papel da interrogação. Em suma, a segunda metade do curso é instrutiva na medida em que sublinha a importância de análises que são por vezes abordadas nas obras ulteriores somente de maneira muito breve, permitindo assim renovar a sua leitura e a sua compreensão.

Diferentemente de outros cursos publicados, somente a segunda metade de *A ideia de tempo* foi datilografada. Por razões desconhecidas, Péguy não tinha recorrido aos irmãos Corcos, estenógrafos juramentados, para tomar nota da primeira metade do curso. A primeira parte é uma transcrição de anotações manuscritas de Ernest Psichari, neto de Ernest Renan, que assistia aos cursos de Bergson em companhia de Péguy e dos Maritain.[7] Se é verdade que a exposição oral de Bergson, lenta e sem lacunas, facilitava a transcrição dos cursos,[8] essas anotações apresentam, entretanto, lacunas, o que aparece claramente na leitura de várias aulas, pois, além do estilo telegráfico que é utilizado várias vezes, Psichari não anotou certas transições ou recapitulações de aulas anteriores nas aulas seguintes, à diferença das anotações dos irmãos Corcos, cuja transcrição retoma fielmente a palavra de Bergson.[9]

---

7 Ernest Pischari (1883-1914), depois de se formar em Filosofia na Sorbonne, entrou para o exército para se tornar oficial de artilharia colonial. Conhecido em particular por seu *Voyage du centurion*, morreu nos combates que precederam a batalha do Marne.

8 Sobre isso, ver Chevalier, *Entretiens avec Bergson*, p.2-3.

9 Devemos igualmente notar a ausência de datas das aulas e a não transcrição de uma delas. Apenas três aulas (21 de fevereiro, 14 e 22 de março) puderam ser datadas com exatidão, a partir das notas de Raïssa Maritain e Jacques Chevalier. As datas de outras aulas são, portanto, hipotéticas. No entanto, é possível distinguir uma lição de outra, porque Psichari adotou um *layout* muito específico para suas próprias anotações, pulando uma página inteira entre cada aula, e indicando-a na margem para as três primeiras. Por outro lado, depois da consulta à lista de presença publicada nos *Mélanges*, parece

Devemos ressaltar que essas lacunas – que complicam o trabalho do historiador de filosofia e toda tentativa de edição científica dos textos – são apenas o reverso de uma anotação que desejava somente transcrever, o mais fielmente possível, "o escoamento contínuo da duração";[10] à diferença dos professores da universidade "que falam sempre das fontes", tratava-se de ver em Bergson "um feiticeiro", para retomar a palavra de Péguy.[11] Do mesmo modo, apesar da disparidade material dos documentos, revela-se certa unidade: unidade do discurso, uma vez que foram conservadas no essencial as duas partes do curso; essas duas partes não exibem uma reflexão errática, mas

---

efetivamente que falta uma aula, sem que nos seja possível precisar qual. A dúvida sobre a natureza de algumas expressões pode ser superada graças à comparação com outros dois cadernos, os de Jacques e de Raïssa Maritain, oferecendo-nos em várias ocasiões indicações precisas, bem como variações que permitiram retificar o sentido do texto. Nós preferimos, aliás, transcrever as duas aulas, de 14 e 22 de março de 1902, anotadas por Chevalier e conservadas nos Archives Nationales, devido à fluidez e à nitidez da retranscrição. As notas de Psichari, que continham variações interessantes, estão publicadas em anexo neste livro.

10 Expressão retirada de *Grandes amitiés*, de Raïssa Maritain, cuja passagem reproduzimos: "Péguy e Psichari, Jacques e eu, formávamos um quarteto exultante, porque se abriam novamente diante de nós perspectivas de vida espiritual e de certezas intelectuais. Jacques e Ernest Psichari tomavam notas – onde estarão agora! –, Péguy e eu costumávamos gracejar sobre isso. As notas de Ernest formavam um todo compacto, sem alíneas, sem pontos nem vírgulas; nós dizíamos que elas figuravam o escoamento contínuo da duração. As de Jacques desenhavam pequenos parágrafos distintos – nós dizíamos que elas mostravam as articulações do pensamento bergsoniano" (Maritain, "Les Grandes Amitiés", em *Œuvres complètes*, t.XIV, p.700).

11 Tharaud; Tharaud, *Notre cher Péguy*, p.267.

testemunham antes, como Bergson dirá sobre Tarde, que "sem método aparente" o espírito está tão bem sintonizado com a harmonia das coisas que todas as [suas] ideias estão naturalmente de acordo entre si";[12] e enfim a unidade de intenção,[13] uma vez que é com Péguy e os Maritain que Psichari vai escutar Bergson no Collège de France, e que se trata para todos eles de, atravessando a rua Saint-Jacques, reencontrar, na voz do mestre, um meio de acesso ao absoluto.[14]

Observações sobre a edição

Permitimo-nos modificar o texto em várias ocasiões, principalmente na primeira parte, quando a escrita dificultava a decifração de certas palavras ou quando pairavam dúvidas sobre a natureza de algumas abreviações; indicamos todas as vezes tais modificações por meio de colchetes.

---

12 Discurso de 12 de setembro de 1909 sobre Gabriel Tarde (EP, p.375).

13 As notas manuscritas de Psichari foram redescobertas em 2013 em meio a várias anotações no *Fonds Maritain*, doravante conservado à Bibliothèque Nationale et Universitaire (BNU) de Strasbourg. Entre essas diferentes anotações, encontravam-se as de Maritain sobre o curso de Bergson a respeito de Aristóteles, assim como diversas aulas estenografadas pelos irmãos Corcos. Vários dos cadernos redigidos por Jacques Maritain foram feitos com a ajuda de uma tinta violeta, cuja presença constatamos nas datilografias conservadas na Biblioteca Jacques Doucet (ver sobre esse ponto as notas de Arnaud François a respeito da edição das duas primeiras aulas do curso *História da ideia de tempo*, op. cit., p.24).

14 Sobre este ponto, ver as observações de Raïssa Maritain sobre o ensino de Bergson no Collège de France (*Les Grandes Amitiés*, OC, XIV, op. cit., p. 698-700).

Primeira aula*
Sessão de 6 de dezembro de 1901[?]¹

Abordaremos dois problemas: o do tempo e o do conhecimento conceitual. Eles são, como mostraremos, intimamente solidários. Nosso principal objetivo é determinar e analisar a duração e, de outro lado, estudar os conceitos e as ideias. Do estudo da duração, vamos deduzir a inteligência conceitual. Ela será a ideia diretriz de nosso estudo. Tomemos, por exemplo, uma sensação representativa: a luminosidade de um objeto. Durante um segundo, sou impressionado por alguma coisa relativamente estável e fixa; ora, se analiso essa sensação,

---

* Tratando-se aqui da transcrição de anotações de alunos que assistiram às aulas de Bergson, não foram poucas as dificuldades enfrentadas pelo editor e, assim, pela tradutora. O editor utiliza o ponto de interrogação entre colchetes todas as vezes em que há alguma margem de dúvida sobre o conteúdo das anotações compiladas. Também usa colchetes para assinalar mudanças e inserções que fez no manuscrito. Na edição brasileira, optamos por manter o uso dos colchetes. (N. T.)

1 À margem do manuscrito encontra-se a indicação "Iʳᵉ leçon" (primeira aula).

descubro que aquilo que parecia homogêneo é um número indefinido de mudanças elementares, milhões de vibrações contraídas num momento. Uma consciência que vibrasse em harmonia com a luz sentiria desfilar todos esses elementos sucessivos. Essa consciência deve dominar o ritmo^2 da matéria. Sentir a luz é contrair um número enorme de movimentos elementares, assim como um historiador concentra uma pluralidade de fatos elementares num único fato. Na sensação, portanto, nós experimentamos a autorrepetição de alguma coisa incessantemente movente que solidificamos num momento. Já na sensação vemos que pensar^3 é deter, fixar.^{4}

Se eu me elevo desse primeiro estágio ao último – o conhecimento por conceitos –, se tomo um juízo – por exemplo, "a lâmpada ilumina a sala" –, ato intelectual superior à mera sensação e de que somente o homem é capaz, como se dá o processo do pensamento? Haveria muito a dizer sobre a fragmentação que se efetua em nós. Ao entrar na sala, temos inicialmente uma impressão de conjunto sobre tudo o que vemos, distinguimos cada um dos objetos e, em particular, a lâmpada, a sala e a iluminação. Formamos uma ideia especial desses três elementos,

---

2 No manuscrito, "Rhythme". [Na edição francesa, a grafia do termo foi alterada para "rythme", porém, com o devido destaque da diferença do manuscrito. (N. T.)]

3 Termo sublinhado duas vezes no manuscrito.

4 Posição já sustentada por Bergson em *Matéria e memória* (p.29-40), uma vez que a percepção pertence ao domínio da ação e supõe uma discriminação; provavelmente tinha exposto pontos de vista semelhantes no início do curso sobre a *ideia de causa* (ver o resumo originalmente publicado na *Revue de philosophie* e reimpresso na *Mélanges* (ver MM, p.439-40); ver também o exemplo similar em *Introdução à metafísica* (IM, p.15-6).

pensamos individualmente a sala, a lâmpada, a iluminação. Mas quando pensamos na lâmpada, não a pensamos só como ela é agora, mas também como poderia ser: está acesa, mas poderia não estar. Em segundo lugar, temos a sala. Quando pensamos separadamente a lâmpada e a sala, estabelecemos uma corrente de ações que vai da lâmpada à sala. Distinguimos então o sujeito, o complemento direto e, entre os dois, o verbo ativo que vai do sujeito ao seu complemento.

Como isso acontece? É uma longa história, na qual o acidente ocupa um enorme lugar. Um filólogo inglês dizia que, se Aristóteles tivesse falado mexicano, nossa maneira de pensar teria sido radicalmente diferente;[5] há nessa consideração um exagero extremo: por mais diferente que a língua mexicana seja da grega, ambas procedem do mesmo pensamento humano e não podem conduzir a conclusões radicalmente diferentes. Do mesmo modo, na formação das categorias, um grande espaço é deixado ao acidente. Uma vez gramaticalmente fixadas, as categorias formam um leito no qual fluirá o pensamento;[6] a categoria reage

---

5 A expressão é emprestada de A. H. Sayce (1845-1933), filósofo inglês, especialista em assiriologia, na obra *Introduction to Science of Language*, v.II, p.329: "Had Aristote been a mexican, his system of logic would have assumed a wholly diferente form" [Fosse Aristóteles mexicano, seu sistema lógico teria tido uma forma completamente diferente].

6 Encontramos um exemplo idêntico utilizado por Bergson sobre a prece, em carta inédita a Jacques Maritain: "Notei particularmente a forma (talvez inesperada para leitores superficiais) tomada aqui por seu apego à 'interioridade' em assuntos religiosos; em vez de excluir fórmulas prontas e a 'prece oral', você mostra em profundidade como essas fórmulas, situando imediatamente a atenção na direção desejada, poupam a alma de hesitações inúteis e lhe permitem, por

sobre o pensamento. Para ficarmos no exemplo precedente, nada prova que a divisão em sujeito, verbo e complemento seja um quadro do pensamento. Assim, a filologia nos prova que o verbo não é uma categoria fundamental do pensamento; ele inclusive não está presente em certas línguas. Se consideramos todas as categorias gramaticais do pensamento, chegamos por eliminação a reter apenas duas: o substantivo e o adjetivo, os dois podendo permutar-se.

A verdadeira realidade é alguma coisa que pode se liquefazer em adjetivo e se solidificar em nome. Então, eliminando todas as categorias acessórias ou derivadas, nós nos fixamos numa única que se mantém no meio, entre o substantivo e o adjetivo. Voltemos ao juízo mencionado antes. Os dois termos são a lâmpada e a sala. Se nossa tese é verdadeira, o substantivo tem de ser algo movente, a solidificação de algo movente, fluido. A lâmpada e a sala evocam uma mudança contínua. A lâmpada muda constantemente de aspecto segundo o ponto de vista, conforme esteja acesa ou não; ela está em perpétua transformação. Isso também vale para a sala. Trata-se então de uma mudança eterna. É preciso que eu determine, descubra termos fixos nessa impressão una e indivisa, fluida e móvel. Num juízo, há dois termos unidos entre si e provisoriamente fixos. Se assim for, nos afastaremos de certas teorias correntes.

Não admitiremos que a ideia seja algo geral. Há efetivamente conceitos gerais, mas existem também conceitos particula-

---

essa economia inicial de esforço, reservar-se inteiramente para o que ela fará fluir de seu próprio fundo para o canal previamente escavado" (carta de 11 de junho de 1932, coleção BNU, Jacques e Raïssa Maritain).

res e individuais. Herbart, Lotze, Wundt[7] defendem a tese dos conceitos individuais.

A formação do conceito envolve:

1º) A distinção, proveniente de uma fragmentação.
2º) A fixação.

Não aceitaremos mais a ideia de que o pensamento seja exclusivamente[8] um trabalho de unificação. O pensamento só pode unir se antes tiver dividido. A análise do juízo "a lâmpada ilumina a sala" nos mostra três momentos do pensamento:

1º) Percebemos, numa intuição única, a lâmpada, a sala, a iluminação, as paredes etc.
2º) Fixamos a lâmpada, a sala e a iluminação.
3º) Unimos esses três termos numa síntese lógica.

Assim, antes do trabalho racional, obra da inteligência, é preciso algo de não separado, indistinto, que tornará possível a distinção. Para que o pensamento possa fixar, é preciso previamente

---

7 Johann Friedrich Herbart (1776-1841), filósofo e pedagogo alemão; Rudolf Hermann Lotze (1817-1881), lógico, psicólogo e metafísico – citado em *Ensaio sobre os dados imediatos da consciência* (cap.I, p.69) e *Matéria e memória* (cap.I, p.51); Wilhelm Maximilian Wundt (1832-1920), lógico, psicólogo e metafísico alemão – citado várias vezes em MM (p.97, 109-10, 133, 143) – e conhecido por Bergson especialmente por sua *Éléments de psychologie physiologique* (1886). Lotze e Wundt são novamente evocados no curso sobre a história da ideia de tempo (HI, p.56), sempre em relação a sua crença na possibilidade de conceitos individuais.

8 Acrescentada a lápis na margem, entre aspas, caligrafia que parece ser a de Psichari.

haver alguma coisa fluida. No começo do ato intelectual, encontramos, portanto, uma continuidade móvel, um escoamento incessante, o contínuo, a duração, o tempo. Entre estas duas questões — "qual é a natureza da duração?" e "qual é a natureza do pensamento conceitual?" — há uma solidariedade íntima.[9]

Apreender a duração, o tempo, atrás do conceito fixo, justaposto; remontar à pura duração; libertar-se dos conceitos e das categorias; libertar-se deles ao menos por um instante para retomar consciência da realidade, para alcançar outras categorias mais fluidas, mais concebíveis para a imaginação; reformular, numa palavra, nossos conceitos habituais para obter outros, mais fluidos, mais aptos para capturar o devir, a penetração íntima das partes umas nas outras, isto é, a eternidade do devir e não a eternidade do conceito que é uma eternidade de morte: tal será o principal objetivo do curso. Analisaremos os conceitos e veremos, por meio de tal análise, a conexão íntima entre o problema do tempo e o do pensamento conceitual. Não temos ilusões sobre a dificuldade dessa empreitada. Nossa inteligência a repele, não é feita para isso. Ela tem a intuição da distância entre o real que flui e os conceitos fixos; não pode se situar na duração e descer aos conceitos fundamentais. Com efeito, o que é claro para nossa inteligência é o conceito fixo, pois ela gosta das ideias claras, distintas, com bordas nítidas como fichas. No movimento no espaço, concebemos tudo, exceto o próprio movimento. De fato, concebemos a posição do móvel, a passagem de um ponto a outro, mas concebemos tal passagem unicamente

---

9 Informação encontrada no manuscrito, assim como no caderno de notas de Raïssa Maritain. Bergson abordará a natureza do conceito e sua função a partir da aula de 11 de abril de 1902 (ver p.109).

por uma série de pontos e só concebemos a passagem de um desses pontos a outro intercalando entre eles novos pontos. Jamais concebemos o movimento puro. Os conceitos são apenas instrumentos de fixação: trata-se de uma rede através da qual queremos aprisionar o devir, mas ele escapa e atravessa a rede. Para os antigos, essa impossibilidade de conceber o puro movimento justificava os argumentos da escola eleata; entre os modernos, encontramos as mesmas dificuldades no início da matemática. Não se apreende pelo pensamento aquilo que há de móvel na realidade percebida.

O mesmo daria para a vida interior da consciência. Nossos estados de alma penetram uns nos outros, mas pensar a vida interior consiste em alinhar símbolos exteriormente de uma ponta a outra. Somos incapazes de reconstituir a mobilidade da vida interior. Uma sensação, com efeito, dura constantemente, muda: seu passado vem preencher seu presente, como a bola de neve que cresce ao rolar. As sensações presentes só duram ao se transformarem e, se eu evoco uma lembrança, me dou conta desse trabalho de contração contínua. Essa lembrança é complexa; trata-se de uma oscilação entre o simples e o diverso; em si mesmo, todo estado de consciência é uma mudança, um devir perpétuo, e o pensamento abstrato, lógico, apenas alinhará símbolos, mas deixará escapar a espontaneidade da evolução contínua, a raiz da liberdade. Uma filosofia lógica e abstrata desse gênero parte do que é claro ou pelo menos do que assim lhe parece; porém, à medida que avança, vê dificuldades acumularem-se no seu caminho: quanto mais avança, mais deve constatar a distância entre os símbolos que usa e a realidade. Essa filosofia abstrata é denominada intelectualista; trata-se basicamente, da tendência idealista (e da tendência realista).* Mas tal tendência realista não se refere à verdadeira realidade. Em suma, nunca conseguimos, até então, constituir uma filosofia do real. O que denominamos impropriamente de realista é apenas um idealismo baixo, que apresenta todos os inconvenientes do mau idealismo e nenhuma vantagem do bom idealismo.[10] Tomemos como exemplo a filosofia realista de Spencer:[11] ele tenta reconstituir a mobilidade das coisas com elementos fixos, mas sua clareza é apenas aparente. A matéria é, para ele, um estado gasoso que se liquefaz, depois se solidifica. Mas os átomos se atraem, segundo Spencer, e eles se atraem sozinhos, espontaneamente, porque existem isolados. Como esses átomos, que são sólidos e primordiais, poderiam atrair-se uns aos outros espontaneamente? É preciso colocar na base do idealismo uma noção clara, ou Spencer, situando na origem o átomo sólido, nos conduz a problemas insolúveis.[12] O que se passa na questão

---

* Inserimos os parênteses para melhor indicar o sentido: a filosofia abstrata é sempre aproximada do idealismo em geral, mas parte das críticas de Bergson à tradição consiste em apontar pressupostos e consequências *comuns ao idealismo e ao realismo*. (N. T.)

10 Crítica do idealismo e do realismo já formulada no primeiro capítulo de *Matéria e memória* (cf. MM, p.21-4).

11 Bergson refere-se às posições de Spencer apresentadas em *Primeiros princípios*. Sobre o papel decisivo dessa obra na formação filosófica de Bergson, ver *O pensamento e o movente* (PM, p.2). Sobre a relação de Bergson com a filosofia de Spencer em geral, ver o artigo de Hervé Barreau, "Bergson face à Spencer, vers un nouveau positivisme", *Archives de philosophies*, ed. esp. Bergson: centenaire de *L'Évolution créatrice*, v.2, n.71, p. 219-43, abr.-jun. 2008.

12 A teoria do átomo sólido nos *Primeiros princípios* não é, no entanto, uma teoria propriamente spenceriana; Spencer a pega emprestada de Newton e mostra, ao contrário do que se lê no manuscrito, que essa teoria é, em si mesma, problemática (ver Spencer, *First Principles*,

do átomo material se dá com o átomo mental. É necessário tentar, por meio de um esforço de pensamento, colocar-se num estado de intuição. Existe uma falsa clareza que consiste em partir do estável e do distinto para dirigir-se ao instável e ao indistinto. É, ao contrário, desse instável e desse indistinto que é preciso partir. A mente deve criar conceitos diferentes desses conceitos que são aparentemente claros, mas estéreis; é preciso tentar recriar conceitos. A tentativa de partir de conceitos claros para chegar ao indistinto leva ao fracasso. Com a segunda via, que é a nossa, é preciso alçar-se em direção a ideias cuja constituição nos custará certo sacrifício e que parecerão contraditórias sem que realmente sejam. Vamos precisar de grande investimento no início. No entanto, essa via que seguiremos em filosofia é apenas, em síntese, o processo que as ciências positivas vêm tomando; não, é verdade, para a exposição, mas para a invenção. Toda grande descoberta científica é um lançamento de sonda na mobilidade do devir. A exposição limita-se a expor ideias, mas a invenção consiste em penetrar na mobilidade do devir, que será eliminada, ao contrário, quando se trata de explicá-la. Na Antiguidade, uma figura geométrica era uma forma fixa que se contempla. Mas Descartes considera a matemática como uma ciência de movimento; a linha se explica por um ponto que se

---

p.52). Spencer reconhece que a teoria do átomo sólido, ao modo do éter, é uma teoria necessariamente relativa, porém, conveniente para o conhecimento da matéria. Assim, a crítica formulada no manuscrito deve ser entendida em função das linhas imediatamente seguintes ao resumo das concepções físicas spencerianas sobre o átomo, na medida em que elas vinculam tais concepções a um método filosófico geral que parte de conceitos para apreender a realidade, uma vez que o conhecimento do Absoluto é impossível. Ver sobre este ponto Spencer, op. cit., §47, p.126.

move. O segundo progresso consiste em aprofundar essa ideia do movimento. É a obra de Leibniz e de Newton:[13] o movimento é desde então interior e nós nos situamos no ponto que descreve a curva para apreender a sua intenção, para antecipar a posição futura que esse ponto vai alcançar; a figura não é mais uma série de pontos que se justapõem, mas uma antecipação de movimento. Simpatiza-se assim com a alma do movimento: trata-se de um lançamento de sonda na duração. A partir de então, quando se quer explicar essas invenções, encontramos somente símbolos fixos que são claros para o entendimento. Depois da invenção vem a exposição, e na exposição lidamos somente com uma fixidez. Coloquemo-nos no mesmo ponto de vista que o da descoberta em matemática e façamos na filosofia uso contínuo da intuição da mobilidade. Teremos que realizar certo esforço, encontraremos ideias dificilmente manejáveis: estaremos na lógica do conceito puro.

---

13 Provável referência à concepção leibniziana da dinâmica, segundo a qual o princípio do movimento não pode consistir apenas na extensão, mas em um princípio interno, imaterial, que Leibniz chama de força, e que o levará à reabilitação das formas substanciais. Encontramos uma influência da dinâmica leibniziana desde *Ensaio* (E, p.160); ver Worms (*Bergson ou les deux sens de la vie*, p.76-7), segundo o qual "o eu bergsoniano parece muito próximo da 'mônada' de Leibniz, a uma só vez total e dinâmica". Ao mencionar Newton, Bergson pode estar pensando não apenas na teoria da atração universal, mas igualmente na definição newtoniana da força inerente aos corpos. Newton também mantém a ideia de uma *vis insita*, pela qual os corpos "continuam indo uniformemente em linha reta" se nada os impedir. O melhor exemplo de força interna própria aos corpos é a inércia, de modo que o estado de um corpo não pode ser modificado sem esforço, esteja ele em repouso ou em movimento. Sobre esse ponto, ver Koyré, *Études newtoniennes*, p.225; e o curso sobre a ideia da causa (p.291), onde Bergson evoca o ímpeto galilaico).

Segunda aula
Sessão de 13 de dezembro de 1901[?][14]

Nós indicamos os dois pontos essenciais: 1º) a duração; 2º) os conceitos, a origem das ideias suscetíveis de serem tratadas logicamente.

Hoje, a análise do tempo.

Primeiramente, ponto essencial: não podemos expressar a duração a não ser por meio do espaço, somente podemos representá-la sob a forma de espaço. Falamos de um espaço do tempo. Todas as expressões usadas para falarmos do tempo são metáforas retiradas da língua do espaço. Mas se trata também da representação interior. Nosso sentimento do tempo não é isso. Temos o sentimento claro e indefinível da duração. O aumento e a diminuição da força vital são sentidos, mas quando queremos ter uma ideia distinta, é ao espaço que apelamos. Se somos matemáticos, vemos um ponto que se move; ou então representamos um tipo de fluido que se move e esse movimento no espaço será o tempo. É muito curioso notar que a

---

14 À margem do manuscrito, encontra-se a indicação "IIe leçon" (segunda aula).

ciência procede aqui como o senso comum. O tempo desempenha grande papel na mecânica, na física. Nesses casos, o que é o tempo? É o movimento de um ponto. Considera-se um móvel com um movimento uniforme. Se ele se move segundo XY, linha que dividimos em segmentos iguais, chamaremos de tempos iguais esses segmentos iguais de XY. Toma-se um movimento uniforme, mas, por definição, um movimento uniforme é o movimento de um móvel que percorre espaços iguais em tempos iguais.* Qual é o meio para reconhecer isso, uma vez que só há mensuração do tempo por meio da medida de segmentos percorridos[?]¹⁵ Na ciência, adotada a convenção que chama de tempo o movimento de um móvel, esse movimento é uniforme por definição. Movimento da Terra ao redor de seu eixo; justamente pelo fato de termos adotado essa medida, o movimento da Terra é uniforme. Uma vez isso estabelecido, podemos dizer, por exemplo, que as oscilações de um pêndulo são isócronas. Quanto a saber se a Terra realiza movimento uniforme, a questão não tem nenhum sentido. Portanto, não há definição possível da uniformidade de movimento.

Isso significaria dizer que essa uniformidade é absolutamente fantasiosa? É evidente que não; ao adotar tal convenção, simplificam-se as coisas e, por conta da simplificação, há razões para acreditar nessa convenção. Conclusão: nas ciências, até nas mais exatas, o tempo é o movimento de um móvel considerado na sua mobilidade como o movimento. O que se mede, o que se anota, é o espaço.

---

* Na edição francesa, "qui parcourt dans [des] espaces égaux en des temps égaux". (N. T.)

15 No manuscrito, foi utilizada uma pontuação simples. Indicaremos doravante toda substituição de pontuação por meio de colchetes.

Eis o que ocorre para o senso comum e para a ciência. Nem para o senso comum, nem para a ciência, há representação distinta. E para a filosofia[?] O [filósofo][16] procede mais frequentemente como a ciência e o senso comum. Tempo e espaço são sempre apresentados pelos filósofos sobre um mesmo plano. Quando falam do tempo, trata-se sempre do tempo desenvolvido em espaço. A ciência deve proceder dessa forma. O senso comum também está certo ao considerar as coisas por esse viés. Mas a filosofia deveria ser algo totalmente distinto. O [filósofo] não visa apenas à clareza de expressão, ele busca a realidade e não desempenha mais o seu papel se aceita tal e qual tradução do tempo que supostamente o representa. A partir dessa confusão presente em muitos filósofos, surge certo número de lacunas, até mesmo de erros. A primeira é uma falha de método[,][17] que consiste em não dedicar à duração um capítulo especial da filosofia, com métodos diferentes. Em geral, temos um mesmo capítulo para o tempo e o espaço. Quando Leibniz define o espaço [como] uma ordem de coexistência, define simetricamente o tempo como ordem de sucessão, o que é contestável.[18] [Para] Kant, [o] Espaço [é igual à][19] forma

---

16 No manuscrito, encontramos apenas a letra grega "φ"; doravante a substituiremos sistematicamente pela palavra correspondente.

17 No manuscrito, temos dois pontos em lugar da vírgula.

18 Posição que se encontra nitidamente expressa na correspondência com Clarke (Leibniz, "Third Writing Against Clarke" em Robinet (Org.), *Correspondance Leibniz-Clarke*, p.53): "Para mim, sublinhei mais de uma vez que tomo o espaço, assim como o tempo, como algo puramente relativo, como uma ordem de coexistências, enquanto o tempo é uma ordem de sucessão".

19 No manuscrito, "Espaço = forma *a priori* da sensibilidade".

pura *a priori* da sensibilidade;[20] o tempo [é] a mesma coisa,[21] e o filósofo alemão emprega os mesmos argumentos, o que é fortemente contestável. A crítica do espaço é talvez verdadeira; a crítica do tempo é falsa.[22] O segundo ponto é mais grave. O segundo erro consiste em transportar para o tempo todos os atributos do espaço. O tempo é suposto [ser][23] definível em termos simétricos ao espaço. Podem resultar disso dificuldades [metafísicas][24]

---

20 Kant, "Estética transcendental", em *Crítica da razão pura*, §2, AK IV, 32, p.120: "O Espaço é uma representação necessária, *a priori*, que intervém na base de todas as intuições externas".

21 Id., "Exposição metafísica do conceito de tempo", op. cit., AK IV, 36, p.126-7: "o tempo não é um conceito discursivo ou, como se disse, universal, mas uma forma pura da intuição sensível".

22 Passagem similar em *A evolução criadora* (EC, p.204): "O que a estética transcendental de Kant nos parece ter estabelecido de modo definitivo é que a extensão não é um atributo material comparável aos outros. Sobre a noção de calor, sobre a de cor ou de peso, o raciocínio não trabalhará indefinidamente: para conhecer as modalidades de peso ou calor será necessário retomar contato com a experiência. O mesmo não ocorre com a noção de espaço. Supondo-se que ela nos seja fornecida empiricamente pela visão e pelo tato (e Kant jamais contestou isso), ela apresenta essa característica notável de que a mente, especulando sobre tal noção apenas com suas forças, aí recorta *a priori* figuras cujas propriedades determinará, também *a priori*, a experiência, com a qual não conservou contato, a segue, entretanto, através das infinitas complicações de seus raciocínios, e invariavelmente lhes dá razão. Eis o fato. Kant o expôs em plena luz. Mas a explicação desse fato deve ser procurada, acredito, numa via totalmente distinta desta em que Kant se engaja".

23 No manuscrito, "Est censé" (é suposto).

24 Encontramos no manuscrito a letra grega "µ" (ver a nota 91 para a justificativa de nossa transcrição da letra µ para [metafísica]).

insuperáveis. O tempo de que fala Kant é o tempo através do espaço; então, como ele não pode negar a liberdade, essa liberdade que está fora do tempo espacial[25] é colocada por ele fora de toda duração, fora da consciência;[26] mas não abordaremos esse ponto no curso.

Uma terceira confusão é essencial para nosso objeto. Há, entre o espaço e o tempo, essa diferença fundamental de que no espaço a natureza dos objetos não depende de sua grandeza, ao passo que no tempo a grandeza é parte integrante da natureza do objeto e dele inseparável. Se considero um objeto no espaço, esse objeto tem uma grandeza. No entanto, podemos aplicar-lhe o axioma da relatividade da dimensão. Um objeto no espaço pode mudar de tamanho sem mudar de forma e de propriedades. Quando nos afastamos de uma mesa, por exemplo, ela muda de dimensão, não de forma. Esta é a característica do espaço para nós. Essa propriedade é enunciada diferentemente nos cursos de matemática: o *postulatum* de Euclides, propriedade indemonstrável porque se trata da própria definição de nosso espaço. A forma que Euclides deu a esse *postulatum* é aceitável, cômoda, mas não dá conta do que há de metafisicamente essencial em nosso espaço. É preciso substituí-la por outra proposição que nos permita avançar: nosso espaço é um espaço no qual há figuras semelhantes. Nosso espaço é um espaço no qual podem ser definidos objetos sem levar em conta

---

25 Bergson desenvolve esse ponto na décima segunda e décima terceira aulas.

26 Bergson tratará da concepção kantiana da liberdade, concebida como causa incondicionada, quando abordar a questão da terceira antinomia, na décima terceira aula.

sua grandeza, objetos nos quais a qualidade é independente da quantidade. Laplace chamou a atenção para esse ponto. Então, se quisermos definir nosso espaço, deveremos dizer que se trata de um espaço em que a natureza dos objetos é independente da sua grandeza, em que se pode sustentar e colocar que tudo se tornou duas vezes menor ou maior.

Isso é verdade no caso do tempo? Não se pode aqui isolar a natureza da coisa de sua grandeza. Se os acontecimentos do mundo ocorressem duas vezes mais rápido, sua configuração íntima seria transformada. Eu passei por certo número de estados psicológicos. Suponho que a duração tenha diminuído pela metade. Será a mesma história? À primeira vista, pode parecer que sim, mas se cada acontecimento é duas vezes mais curto, é porque contém metade dos detalhes. Não se tratará mais da mesma história. Eu me coloco primeiramente no espaço. Seja uma linha XY com um número qualquer de segmentos. Vamos supor que cada um tenha uma cor, A vermelho, B azul, C verde. Eu suponho uma linha xy duas vezes menor. Tomemos segmentos que são a metade dos segmentos anteriores, a, b, c. Podemos reduzir a linha pela metade sem alterar a proporção das partes. Mas no tempo, o que vai se passar? Nós tomamos um ponto móvel que tem consciência de si e memória. Esse móvel levará duas vezes mais tempo para percorrer a linha maior do que a menor. Ao percorrer a menor, ele passará por outra existência. Esse ponto tem memória, pois consciência significa memória. Nosso ponto vai adicionar vermelho ao vermelho. Quando ele percorrer a segunda linha, ao final do segmento vermelho, ele não terá a mesma experiência. No tempo, a diferença de grandeza é a relação com a mudança de sua configuração interna. De modo mais prático: para representar a vida interior de um personagem de romance, seria necessário levar tanto tempo quanto essa vida levaria na realidade.* Por conta desse fato, temos apenas uma ideia inadequada da vida porque a vivemos em poucas horas. Seria necessário viver a mesma existência. Não se abrevia o tempo. A representação ocupa um tempo arbitrário; a ação leva um período definido. Por exemplo, para esticar o braço, [temos] por um lado [um] tempo determinado para realizar o movimento; por outro, [um] tempo arbitrário. Quando tornamos a ideia precisa, ela se torna ação. A duração não é separável do seu conteúdo, ela coincide [com] a qualidade que ela preenche. Nós temos muita dificuldade para formar essa ideia. É muito difícil subtrair-se à obsessão do espaço. É muito difícil simpatizar com o móvel, e nós gostamos de [palavra ilegível] nos colocar fora dele. Em lugar da duração se fazendo, [nós] consideramos a duração feita. Se procurarmos reviver a duração em si mesma, veremos que ela é uma só e mesma coisa que seu conteúdo.** Se queremos

---

* Por se tratar de uma exposição oral, dirigida a alunos e ouvintes, Bergson repete muitas vezes alguns termos e expressões, ao que tudo indica para enfatizá-las e se fazer mais bem compreendido. Por vezes, também suprime algumas explicitações, sintetiza uma ideia de maneira que, na tradução, ela ficaria menos clara – como o caso dessa passagem, que no original se resume a dizer "seria necessário levar tanto tempo quanto na realidade". Buscamos permanecer o mais fiéis possível ao estilo oral do *professor* Bergson, mas suprimimos algumas repetições, bem como acrescentamos algumas explicitações sempre visando à melhor clareza, uma qualidade pela qual o *filósofo* Bergson se notabilizou. (N. T.)

** Muito provavelmente, o termo proferido por Bergson no curso foi "conteúdo" – em francês *contenu* –, anotado e transcrito como

alcançar uma teoria metafísica do tempo, é preciso compreender que a duração se consubstancia com o acontecimento que nela tem lugar...

"continu" (contínuo). A frase faz mais sentido e converge a várias outras passagens da obra bergsoniana, em que a duração só pode ser descrita como forma se ela não se distingue do seu conteúdo, se constitui com ele uma única e mesma coisa. Ademais, poucas linhas antes, Bergson já utilizara o termo: "A duração não é separável do seu conteúdo". (N. T.)

Terceira aula
Sessão de 20 de dezembro de 1901[?]²⁷

A dimensão, dissemos, não é essencial. Mesmo a propriedade pela qual o geômetra define nosso espaço é aquela segundo a qual ele pode fornecer uma ligação a figuras semelhantes. No tempo, podemos ver, se quisermos, uma grandeza, mas uma grandeza tal que não podemos mudá-la sem alterar a própria natureza das coisas. Um acontecimento reduzido pela metade não é mais o mesmo, e nós o demonstramos para os fatos internos. Um acontecimento da vida interior é, acima de tudo, um estado que requer a intervenção contínua da memória. Se um estado diminui, ele é duas vezes menos colorido; a diferença entre um ato interior se efetivando realmente e esse mesmo ato concebido pelo espírito, a diferença entre algo que se produz e algo que concebemos é que a produção exige tempo determinado, ao passo que a concepção exige tempo arbitrário indeterminado, que pode ser quase nulo. Na vida interior, não se pode separar um ato, um estado, da duração em que ele se realiza.

---

27 À margem do manuscrito encontra-se a indicação "IIIe leçon" (terceira aula).

Dissemos também que fora de nós acontece a mesma coisa. Tomemos, por exemplo, a água que ferve. É preciso esperar. Por quê? Por que não acontece tudo de uma só vez? Por que tudo não se distende como uma mola? Caso o tempo não se consubstanciasse com os acontecimentos que o preenchem, se o tempo fosse apenas uma relação, os fenômenos dos quais acabamos de falar estariam em permanente hesitação. Que duração eles assumem? Os acontecimentos hesitarão entre todos os ritmos de duração. Ora, os fenômenos não hesitam. Eles ocorrem em ritmo completamente determinado. Para que um fenômeno ocorra, é imperativo que eu espere, estou condenado a uma qualidade de espera, necessito de determinada faculdade de paciência. Isso indica que o tempo não é apenas uma relação, ele está unido àquilo que nele se produz. É a necessidade do desenrolamento,* se quisermos. A ebulição da água é a necessidade de levar pouco a pouco, de desdobrar todos os fatos elementares que a compõem. É preciso uma certa maturação de cada elemento. O que é verdadeiro para cada acontecimento vale para todo o universo. É necessária uma qualidade particular de desenrolamento. É o tempo. Podemos chegar, com essa ideia, a interessantes consequências sobre a natureza das coisas e a natureza da duração. Se tomarmos o mundo físico e decompusermos os acontecimentos em seus elementos verdadeiros, encontraremos fatos elementares que possuem uma duração mensurável por certo número. Ao

---

* Bergson utiliza, aqui e em suas principais obras, o substantivo *"déroulement"* e, por vezes, o verbo *"dérouler"* para se referir à dinâmica da duração, à efetividade do tempo real. A tradução adequada é a literal, desenrolamento e desenrolar-se, mesmo que não soem tão elegantes em português. (N. T.)

nos colocarmos no interior dessa duração, veremos que se trata de uma qualidade *sui generis* inerente à coisa.

Para o físico, a luz é certo número de vibrações: a luz vermelha será, num segundo, 400 trilhões de vibrações; no caso da cor violeta, o dobro de vibrações. Mas aí reside toda a explicação do fenômeno? Como explicar que do incolor se faz a cor? Afirma-se: a percepção do vermelho existe unicamente para vocês. Vocês contam as oscilações sem o saber e simbolizam esse número pela cor. Isso é concebível? A consciência criaria do nada, *ex nihilo*, as cores? Ademais, como a consciência escolheria entre as cores? Se pensarmos sobre isso, veremos que é necessário que as vibrações já sejam coloridas. A memória apenas intensificaria as cores. Lotze chegou a esta conclusão: elementos que não são por si mesmos qualidades não podem produzir qualidades. Mas o físico traduz tudo em impressão tátil. Ele substitui tudo por uma vibração que se poderia tocar, isso é, sem cor. Se desejarmos tomar essas vibrações de dentro, veremos que a duração será uma nuance de coloração que muda com a duração exterior da duração.*

Uma duração determinada é uma qualidade interior? O papel da consciência é o de juntar fatos elementares de duração, concentrá-los, vivê-los de maneira mais intensa, dar-lhes mais vida, mais calor, e, então, aproveitar-se desse calor para realizar ações. Mas deixemos de lado a consciência e consideremos apenas a organização, a vida, a matéria organizada. Se passamos a uma matéria viva, o que descobrimos sobre a duração dessa

---

* A expressão pode dar ensejo a alguma confusão; Bergson quer apenas assinalar que experiência tomada internamente se modifica a partir do tempo das coisas, e não lhe é indiferente. (N. T.)

matéria? Invariavelmente uma série de transformações qualitativas. Mudanças graduais, insensíveis, profundas ou meta-
morfoses como a da larva que se torna inseto perfeito. Aqui,
novamente, vemos uma série de qualidades; a duração do ser
vivo não pode ser concebida como alongada ou encurtada. Isso
vale para tudo o que é vivo. A ilusão que temos sobre isso vem
do fato de que nos colocamos no abstrato, e não no concreto. Certamente, a liberdade tem grande força, mas ela tem um
limite. Se eu me encontro num estado de coisas e represento
um outro, parece que posso formar esse novo composto em
um tempo indeterminado. No entanto, na realidade, há certo
número de intermediários que não se pode saltar. É preciso que
a larva passe pela crisálida; nós não compreendemos as necessidades inelutáveis que, de fora, parecem inúteis. Há um desenrolar necessário – não sempre –, mas ao menos há sempre uma
resistência nas coisas.

Viver é desenrolar o tempo, a duração, dissemos. Caberia
perguntar o que se desenrola: como se pode explicar que a
vida seja assim e deva ser assim? Qual é esta constituição íntima da vida? Mais uma vez, é ao fato que devemos nos dirigir.
Os naturalistas nos dirão que aquilo que caracteriza o tecido
vivo, a vida, é a hereditariedade, a transmissão de qualidades,
a faculdade de transmitir, em estado de tendências inatas, as
experiências acumuladas; é a memória organizada. Viver, portanto, é primeiramente armazenar sobre a rota do tempo essa
experiência e, depois, transmiti-la; o que constitui o progresso
da vida é, ao que parece, a substituição do modo elementar de
produção – a cisão – pela geração sexuada. Aparentemente, a
experiência parece insuficiente num certo momento da evolução. Ao final de algumas cisões, há conjugação, copulação,

juventude, rejuvenescimento. A juventude é a acumulação de experiência em todos os sentidos. A reprodução é uma função da memória. Assim, a vida orgânica parece tender a este resultado: condensar o máximo possível de passado para permitir-lhe desenrolar-se no tempo. É preciso ver agora o desenvolvimento, a divisibilidade do tempo. Nós teremos que substituir o tempo pelo movimento, sabendo, contudo, as suas consequências. Se partirmos de uma hipótese realista – como o faremos – e a aprofundarmos, chegaremos à constatação da realidade do movimento. Esse exame revelará uma distância entre o movimento e o pensamento que não pode ser superada. Se assim for, é preciso que o movimento exista realmente.

Quarta aula
Sessão de 10 de janeiro de 1902[?][28]

Vamos abordar a questão do movimento. Questão bem difícil, pois é preciso ter contato direto com o movimento. Duas maneiras de filosofar.

1º) Emprestar do senso comum termos prontos e claros e investigar se o objeto que se está examinando cabe ou não nesses termos. O mundo é finito ou infinito, eis um exemplo. Ou então se tomará o termo devir e se questionará: o mundo nada é senão devir? Ou ainda: o mundo existe em si mesmo ou é apenas ilusão? A essa maneira de filosofar não falta clareza exterior. Pode-se responder simplesmente com um sim ou não. Por exemplo, na primeira antinomia de Kant: o mundo é finito ou infinito?[29] Ou ainda: tudo é mobilidade? Heráclito diz "sim"; Parmênides, "não" etc. Mas pagamos um preço alto por essas vantagens. Pois o sim e o não são possíveis. Vemos na história da filosofia: quando uma escola sustenta o sim, outra

---

28 Começo do segundo caderno redigido por Psichari; o manuscrito não contém nenhuma indicação que permita estabelecer a data.

29 Bergson vai estudar a primeira antinomia no decorrer da aula.

41

sustenta o não. Às questões assim colocadas, o sim e o não são respostas possíveis. Isso já é grave. Há soluções claras para os problemas, mas o que é essa certeza que somente podemos ter se nos fechamos numa escola? Essa certeza é hipotética, completa no interior de si mesma, mas suspensa em algo incerto. Outro inconveniente: a extrema dificuldade para o filósofo conseguir, com esses resultados, alcançar a ciência positiva que se ocupa do real. Nenhuma das hipóteses indicadas pode servir ao cientista, engajá-lo num novo estudo filosófico... Tomemos a filosofia da evolução: o homogêneo, o heterogêneo. Spencer mostra que a lei da evolução é aplicável por toda parte.[30] Mas existe uma verdade biológica, sociológica, que essa lei pode ajudar a encontrar? E mesmo quando a fórmula filosófica alcança a científica, há sempre uma lacuna. A verdade da experiência que o cientista nos oferece como resultado de suas pesquisas permanece diferente da verdade filosófica, pois os termos do senso comum são excessivamente vagos para o objetivo que nos propomos. Esses termos são excelentes para o fim perseguido pelo senso comum, mas esse não é o objetivo da filosofia.

---

30 Bergson provavelmente se refere ao capítulo "The Law of Evolution" (Spencer, op. cit., p.148-9), no qual se encontra a declaração: "Agora proponho, em primeiro lugar, mostrar que essa lei de evolução orgânica é a lei de toda evolução. Seja no desenvolvimento da Terra, no desenvolvimento da Vida sobre sua superfície, no desenvolvimento da Sociedade, do Governo, dos Fabricantes, do Comércio, da Linguagem, da Literatura, da Ciência, da Arte, esse mesmo avanço do simples ao complexo, através de sucessivas diferenciações, se sustenta de maneira uniforme. Desde as primeiras mudanças cósmicas rastreáveis até os últimos resultados da civilização, verificaremos que a transformação do homogêneo em heterogêneo é aquela em que consiste essencialmente a Evolução".

Os termos são gavetas nas quais cabe uma multidão de coisas, receptáculos de todos os gêneros, que foram feitos para conter o máximo de coisas possíveis; porém, esses termos não dão a configuração interna dos objetos.

2º) O físico está totalmente afastado dessa maneira de ver. O pesado e o leve, ele dirá, trata-se de uma distinção nítida que, aplicada ao universo inteiro, não faz mais sentido, não tem nenhuma importância. E se dissermos ao físico que sua tarefa é a de estudar o pesado e leve, ele poderia responder: "Eu não lhes reconheço o direito de me impor o estudo dos contrários. Estudarei as variações de calor, mas o quente e o frio foram obtidos observando-se a continuidade que vai do quente ao frio; estudarei essa continuidade". Ele pode até mesmo dizer: "O que vocês chamam de calor talvez seja apenas um modo do movimento. É o movimento que pretendo estudar". O cientista, então, cria com frequência o seu próprio enquadramento. Se o físico procede desse modo, o metafísico com mais razão deve fazê-lo. O finito, o infinito etc. são talvez distinções artificiais. Em todo caso, não resultam de uma observação natural. Assim, quando nos expressamos nas condições ordinárias da linguagem, nos expressamos sempre por distinção, por subsunção. Quando queremos produzir conhecimento de algo, procuramos um gênero, uma gaveta na qual possamos encaixar esse fato. E assim tinha que ser, pois a linguagem tem um fim prático, serve à ação. Ora, a ação pede respostas nítidas. É preciso que se saiba exatamente o que se deve fazer. Quando vou sair, o calor e o frio determinam minha saída, e é isso que eu queria. É preciso, para tanto, que a linguagem proceda por subsunção, que é o modo mais claro. Tal é o caso da prática. No entanto, na especulação elevada, é possível utilizar um método desse gênero? Não encontraremos categorias nas quais inserir as ideias; nesse caso não se trata então de um método de classificação, mas é necessário abraçar o contorno do objeto, possuir a sua natureza íntima, de modo que se torna inútil encaixá-lo em quadros preexistentes. É preciso possuir a sua essência em nossa inteligência. É necessário expressar-se por palavras, mas elas devem servir apenas como sinalizadores. As palavras não são feitas para ter significação positiva, mas para retirar tudo o que perturba, permitir a cada um entrar nessa via. É preciso, portanto, aqui renunciar a dizer o que é duração. Dessa forma, tomaremos a noção de duração fora de nós, depois em nós, na consciência.

Indico imediatamente a proposição que nos serve de ponto de partida: o movimento considerado como passagem de um ponto a outro é algo simples e indivisível. Se, por exemplo, damos um passo de A a B, esse passo é indivisível. Isso pode significar que esse movimento não está dividido ou que ele não é divisível. O primeiro sentido é óbvio. Mas eu digo que esse movimento é indivisível, indecomponível. À primeira vista, isso é paradoxal. Posso colocar B', B", B'''.[31]

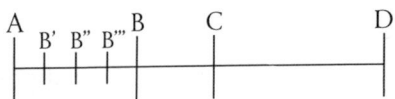

Posso supor em B" uma parada nula ou quase nula, mas é preciso estar de acordo com o sentido do termo *decomposição*.

---

31 Reproduzimos o diagrama de forma idêntica; contudo, parece ser mais coerente inserir os diferentes pontos (B', B", B''') entre B e C, não entre A e B.

O matemático tem o direito de decompor o movimento, isso é evidente. Matematicamente, pode-se substituir o movimento por uma soma de movimentos. No entanto, metafisicamente, é impossível. Um movimento composto de B', B" e B"' não teria mais a mesma natureza. Metafisicamente significa colocar-se no interior, na disposição interna.³² A fisionomia será diferente. Ou o móvel não passa, e as paradas não existem, ou, se ele passa, não se trata mais da mesma composição ou movimento. Por isso é difícil representar a indivisibilidade. Todo movimento se faz no espaço, e o espaço pode ser dividido como quisermos. Posso dividir a linha AB que percorri como eu quiser. A linha é amorfa, impassível. Como o movimento parecia coincidir com essa linha, imagino que posso dirigir* também o movimento. Mas o movimento é diferente da linha, é um ato, um ato simples e indiviso. O movimento tem uma lei de composição interna, e é preciso que eu me conforme a essa lei. Cada passo é alguma coisa simples que só se torna divisível retrospectivamente.

Mostraremos os absurdos encontrados com esse método. Os eleatas viram tais desatinos, mas erraram ao concluir a partir deles que o movimento não existe.

---

32 Mesma observação no curso sobre a história da ideia de tempo (HI, p.42).

* Na edição francesa, o verbo utilizado é "dirigir", mas podemos supor que se trata de um erro na transcrição. Aqui, o que faz mais sentido é "dividir o movimento". (N. T.)

Quinta aula
Sessão de 17 de janeiro de 1902[?]

Dissemos que é preciso considerar todo movimento como algo indivisível, mas eu disse que essa ideia pode parecer paradoxal e que é extremamente difícil imaginar o movimento sob esse aspecto. O espaço é divisível. O movimento se realiza ao longo desse espaço. Parece, então, que ele pode ser divisível como o espaço. Há aí uma ilusão. É verdade que podemos imaginar paradas ideais, mas esses pontos são imobilidades. O movimento por hipótese é móvel. O espaço é o totalmente feito. O movimento é o se fazendo. Como uma ação poderia coincidir com um estado[?] O espaço é algo amorfo, inorganizado, inerte. Ao contrário, todo movimento se realiza segundo uma lei de formação interior, quer seja o passo de um caminhante, quer se trate dos movimentos de um êmbolo. Certamente, o matemático leva isso em conta e considera somente a película exterior do movimento. No entanto, a metafísica é diferente da matemática. O matemático tem um objetivo prático. O metafísico quer conhecer a conformação interna do movimento. Essa ilusão é muito difícil de desenraizar. O movimento é mudança; o espaço é algo imóvel. Se o movimento tem todos os pontos coincidindo com o espaço, trata-se da imobilidade. Se há coincidência e se tomamos um ponto M do movimento, esse ponto se comunica com o ponto M do espaço e o mesmo ocorre para todos os pontos, para todos os momentos. Há imobilidade em cada um desses pontos. Em cada ponto do percurso, o movimento seria imobilizado.

Se considerarmos o movimento como divisível, encontramos dificuldades insuperáveis. Isso já foi demonstrado. Desde os primeiros tempos da filosofia, os gregos enfrentaram tais dificuldades; Zenão de Eleia as formulou.[33] Ideia central: é absurdo supor que o movimento seja arbitrariamente divisível. A que conclusão chegava Zenão? Que o movimento é uma ilusão, que ele não existe. Não temos o direito de dividir a mobilidade, eis a conclusão que se impunha. Mas Zenão estava tão convencido do absurdo desse movimento identificado com o espaço que ele preferia concluir que o movimento não existe. Seus adversários, em vez de concluir que seria preciso partir de tais teorias, passaram ao largo da dificuldade, de modo que os argumentos de Zenão subsistem. Seu ponto fraco não foi apreendido. A refutação consiste sempre em dizer que os absurdos revelados pelo eleata não existem. Ora, eles existem. Os argumentos de Zenão foram examinados por todos os filósofos, todos se mediram comparando com o filósofo grego. Aristóteles (livro VI

---

[33] Argumentos formulados por Zenão de Eleia: 1) a dicotomia; 2) Aquiles e a tartaruga; 3) a flecha; 4) o estádio. Bergson atribui lugar especial a esses argumentos e os menciona muitas vezes em suas obras (E, p.84-5; MM, p.213-5; EC, p.308-15; DS, p.32, 51, 72, 207-8; PM, p.8, 156, 160-1). Somente o paradoxo de Aquiles e a tartaruga será objeto de uma análise mais profunda neste curso.

A ideia de tempo

da *Física*),[34] Temístio,[35] Simplício[36] e Sexto Empírico[37] refutam Zenão. Bayle[38] e Hamilton,[39] nos tempos modernos, conside-

34 Aristóteles, *Física*, livro VI, cap.2, 233a 21-31; livro VI, cap.9; livro VII, cap.8, 263a 4-b 9.

35 Temístio (317-388), retórico, inaugurou a paráfrase de Aristóteles. Bergson faz referência a sua paráfrase do livro VI da *Física*. Ver Themistius, *Themistii in Aristotelis Physica paraphrasis*, VI, 2, 186, 30, 189, 1; e VI, 9-199, 4-208, 24 éd. H. Schenkl, Commentaria in Aristotelem Græca (CAG), V, 2, Berlin, Reimer, 1900, p.186 l.30-189 e p.199 l.4-208, l.24. Ver, em particular, a tradução inglesa, *Themistius, on Aristotle Physics*, 5-8, p.45-6 e 57-68.

36 Bergson refere-se ao comentário de Simplício sobre a física, mais precisamente ao livro VI. Ver *Simplicii*, CAG, X, 2, p.947; ver, em particular, a tradução de D. Konstan, *Simplicius on Aristotle Physics*, p.40 ss. (para outras referências a Zenão no comentário de Simplício, reportar-se ao *index nominum* da edição científica, p.1.446).

37 Empiricus, *Esquisses pyrrhoniennes*, livro III, 9-10, p.401-13.

38 Pierre Bayle (1647-1706), filósofo francês e autor de *Dictionnaire historique et critique*. Bayle, em seu verbete sobre Zenão de Eleia, posiciona-se a favor dos argumentos do eleata na medida em que tal posição é "útil à religião", colocando em causa as concepções cartesianas de extensão e forçando-nos a reconhecer "a incompreensibilidade da onipotência divina" (Bayle, "Zénon", *Dictionnaire historique et critique*, p.49).

39 *Sir* William Hamilton (1788-1856), filósofo escocês, foi convencido da precisão dos argumentos dos eleatas sobre a impossibilidade racional do movimento. Ver Hamilton, *Lectures on Metaphysic and Logic*, p.372-3: "O tempo é uma quantidade protensiva, consequentemente, qualquer parte dele, por menor que seja, não pode, sem contradição, ser imaginada como não divisível em partes, e estas partes em outras *ad infinitum*. No entanto, a alternativa oposta é igualmente impossível; não podemos pensar nessa divisão infinita. Uma delas é necessariamente verdadeira, mas nenhuma delas pode ser concebida como possível. É na incapacidade da mente de conceber ou a indivisibilidade última, ou a infinita divisibilidade de espaço e tempo, que os argumentos de Zenão de Eleia contra a

ram os argumentos irrefutáveis, Grote[40] também. Descartes,[41] Leibniz,[42] Hegel,[43] Cousin[44] e Stuart Mill,[45] sobretudo, criticaram os eleatas. Ainda hoje a questão está aberta (Évellin,

---

possibilidade de movimento são fundados – argumentos que pelo menos mostram que o movimento, por mais certo que seja como um fato, não pode ser concebido como possível, pois envolve uma contradição". Bergson já havia feito referência a Hamilton (MM, cap.II, p.109) sobre a questão da atenção.

40 George Grote (1794-1871), político inglês e historiador da Antiguidade grega, escreveu notadamente vários livros sobre Platão e Aristóteles. Bergson sem dúvida faz referência aqui ao livro *Plato and Some Others Companions of Sokrate*.

41 Descartes contestou a posição de Zenão em duas cartas – para Clerselier em julho de 1646, e para Mersenne em 7 de setembro de 1646 (Descartes, *Correspondance*, v.I, AT VIII, p.499-500): "Não me lembro do que escrevi ao senhor Clerselier a respeito do argumento de Zenão; mas o tempo no qual o cavalo deve alcançar a tartaruga pode ser muito facilmente determinado; pois, como ele vai dez vezes mais rápido que ela, e unindo à décima parte de uma légua a décima da décima, e mais uma vez a décima da décima, e assim por diante *ad infinitum*, todas estas décimas juntas, embora seu número seja infinito, fazem apenas uma nona, o cavalo deve alcançar a tartaruga quando tiver corrido dez nonos da distância que havia entre eles quando começam a correr".

42 Quase não há referência aos argumentos de Zenão na obra de Leibniz, apenas a correspondência com Des Bosses contém uma reflexão sobre o movimento, que se inscreve no quadro da possibilidade do contínuo, pelo fato de que o contínuo é possibilitado pela matéria primeira e não pelas mônadas, que são, como afirma Leibniz, "mundos separados". Ver Leibniz, "Lettre de Leibniz à Des Bosses", em *Die Philosophische schriften*, v.127, p.520.

43 Hegel, "Vorlesungen über die Geschichte der Philosophie", *Gesammelte Werke*, v. 30, n.1, p. 59-66, 2016.

44 Bergson refere-se a Cousin, *Fragments philosophiques*, p.106 *ss*.

45 Mill, *La philosophie d'Hamilton*, p.520. Obra já citada no *Ensaio* (ver E, p.119-20).

Dunan,[46] Tannery,[47] Brochard[48]...) Atualmente, o pensador que me parece estar mais próximo da verdade é o senhor Évellin, em sua obra *Infini et quantité*.[49]

Eu me concentrarei apenas sobre o argumento mais conhecido de Zenão, o de Aquiles:[50] Aquiles está no ponto A, a tartaruga no ponto B. Eles se colocam em movimento da esquerda à direita, a tartaruga partindo com ["a"][51] de avanço. A tartaruga tem certa velocidade, e Aquiles vai dez vezes mais rápido. Quando ele chega a B, a tartaruga está em C. Aquiles vai passar de B a C.

---

46 Dunan, *Les Arguments de Zénon d'Élée contre le mouvement*.

47 Trata-se de Paul Tannery (1843-1904), engenheiro e historiador da ciência, conhecido por sua colaboração na edição científica da obra de Descartes. Bergson provavelmente se refere à revisão crítica da tese de Évellin feita por Tannery (ver nossa nota), publicada na *Revue philosophique de France et de l'étranger* (v.IX, p.562), que deplora a tentativa de "rejuvenescer no século XIX um sofisma tão desgastado quanto o de Aquiles".

48 Victor Brochard (1848-1907), professor de história da filosofia antiga na Sorbonne, escreveu dois artigos sobre o argumento de Zenão: "Les Arguments de Zénon d'Élée contre le mouvement" e "Les Prétendus sophismes de Zénon d'Élée", ambos inseridos por Victor Delbos na obra póstuma, *Études de philosophie ancienne et de philosophie moderne*, p.3-22).

49 Évellin, *Infini et quantité*, obra citada no *Ensaio* (cap.2), em relação aos argumentos de Zenão. Ver sobre esse ponto a nota de Worms (E, p.231).

50 Embora seja o argumento de Aquiles e da tartaruga que se estuda em profundidade aqui, Bergson ainda mencionará o argumento da flecha na aula seguinte (ver p.14). O argumento da flecha e o da dicotomia serão estudados no curso sobre a história da ideia de tempo (HI, p.97-101).

51 O manuscrito não contém colchetes.

Mas a tartaruga avançou durante esse tempo, e assim seguidamente. Ela terá sempre andado durante o intervalo.

A experiência mostra que Aquiles alcança a tartaruga num tempo que se pode facilmente calcular. O raciocínio diz que eles não se encontram. Zenão, em virtude do princípio de que a experiência erra e a razão tem sempre razão, diz que o real é imóvel e imutável. Há diversas respostas possíveis. Há a refutação do antigo filósofo que se põe a andar. Ele ignora a questão. O filósofo provava somente que, em aparência, o movimento existia. Isso Zenão não negava. Eu realmente temo que, no fundo da maior parte das refutações subsequentes, não haja nada além dessa razão. Há sempre um apelo velado à experiência. Quais são as refutações de Aquiles? Há primeiramente aqueles que creem na matemática. Chamemos X o ponto em que se daria o encontro, se ele se realizasse separado de B de uma distância x. Se encontrarmos um valor para x, nós teremos provado que há encontro. Ora, a tartaruga, para ir até X leva $\frac{x}{v}$ e, para Aquiles, $\frac{a+x}{10v}$. Ora, $\frac{x}{v} = \frac{a+x}{10v}$, de onde $x = \frac{a}{9}$. O encontro se dará na nona potência do ponto inicial.[52] Aqui novamente encontra-se uma ignorância sobre a questão. Se o encontro acontecer, será num ponto determinado, mas a questão é precisamente a de saber se ele acontecerá. Parte-se do fato de que o encontro se dará, e seria preciso provar que esse encontro é possível.

---

52 Embora não explicitamente declarada, trata-se muito provavelmente da solução de Descartes para resolver a aporia de Zenão de Eleia; ver nota 41.

[Mas] responderá: o intervalo em questão tende a tornar-se nulo e torna-se nulo. É em suma o argumento de Stuart Mill.[53] Não há nenhuma necessidade de tempo infinito. No fundo, isso significa retornar à argumentação precedente, e supõe-se, ainda, que o encontro ocorrerá. Não se trata de ir do todo feito às partes por decomposição; é preciso ir das partes ao todo. Não temos o direito de ir por regressão; é preciso ir por progressão. Se vamos de B a C etc., não há fim para essa operação. O matemático não o nega e diz que chegaremos ao fim. Vamos de $1/100$ a $1/1000$ a $+\infty$. Trata-se de uma progressão aritmética decrescente cuja soma é finita. Há um meio de provar que essa soma [é igual a][54] $\frac{1}{9}$. Trata-se de mostrar que essa soma pode [ser igual a][55] 0, que ela é sempre muito grande. Mas supõe-se ela sempre realizada. Ignoramos se a soma pode

---

53 Segundo Mill, o argumento de Zenão confunde a infinitude do espaço com a divisibilidade infinita do espaço; um espaço infinito pressupõe um tempo infinito para ser percorrido, mas um espaço finito é em si infinitamente divisível, sem deixar de ser finito; ora, o que é verdade para o espaço é verdade para o tempo; um tempo finito é, em si, infinitamente divisível; o argumento de Zenão é, portanto, segundo Mill, um sofisma, mais precisamente uma *ignoratio elenchi* (ver Mill, *La Philosophie d'Hamilton*, p.522). Stuart Mill não diz explicitamente que o intervalo se torna nulo, mas esse é, segundo Bergson, o fundamento implícito de sua refutação na medida em que ele assume, sem o saber, um espaço já percorrido e um tempo já decorrido para poder dizê-los finitos. O argumento da Mill baseia--se, em suma, na ilusão retrospectiva do movimento considerado como algo que é decomposto e recomposto, e não como progresso (sobre esta crítica, ver E, p.148-9; EC, p.37-9, assim como PR).
54 No manuscrito, encontra-se o sinal "=".
55 No manuscrito, encontra-se o sinal "=".

ser feita; seguimos o movimento de decrescimento. Somente podemos somar ao nos determos. Qual é então, aparentemente, o vício do argumento de Zenão? Trata-se de outra experiência, que é preciso consultar. É preciso considerar a experiência interiormente para encontrar a razão oculta. O meio mais simples consiste em interrogar o próprio Aquiles. É preciso entrevistar Aquiles. Ele dirá ["]⁵⁶ Zenão quer que eu vá de B a C etc. Ele recompõe meu movimento dessa maneira. Eu, quando corro, fico de uma maneira totalmente diferente. ["]⁵⁷ Cada passo é este solo que retrospectivamente pode ser dividido. Zenão aproveita-se do fato de que a linha percorrida é amorfa para decompor o movimento de tal modo que o movimento se torna absurdo. Não há movimento que não tenha causa, portanto, que não tenha lei interna de organiz[ação]. É essa lei que temos de levar em conta. Só podemos triunfar sobre o argumento de Zenão se considerarmos o movimento como indivisível.

O argumento da flecha enfraquece⁵⁸ ainda mais a teoria de Zenão.

---

56 Sem aspas no manuscrito.
57 Sem aspas no manuscrito.
58 Termo difícil de decifrar no manuscrito.

Sexta aula
Sessão de 24 de janeiro de 1902[?]

Aquiles, para ir de A a B, leva um tempo T. De B a C ele levará $\frac{t}{10}$. De C a D o tempo [será igual a] $\frac{t}{100}$, ou seja, o momento D. O encontro será dado por $t(\frac{1}{10} + \frac{1}{100} + \frac{1}{100} + ...) = t(\frac{10}{9} - R)$. R jamais é nulo e o tempo que Aquiles leva para alcançar a tartaruga não pode ser superior a $\frac{10}{9}$. Zenão erra ao dizer sempre. Aquiles encontrará a tartaruga num tempo que não poderá ser excedido, eis a nova objeção que recebi de um ouvinte do curso. Podemos fazer aqui a mesma crítica que às outras objeções dirigidas contra a tese de Zenão. Trata-se de antecipar a partir da posição em que se encontra Aquiles. Precisamente pelo fato de que Aquiles é obrigado a somar, diz Zenão, ele não terminará nunca de fazer essa conta. A questão é justamente se podemos somar ao infinito. Na realidade, Aquiles não tem que fazer a conta, pode-se somar artificialmente porções do espaço, mas isso é um artifício matemático. A matemática moderna considera o exterior, sem considerar as articulações internas. Isto é perfeito. Quando se pretende atingir a metafísica do movimento, é preciso reconhecer que todo movimento é algo de indiviso. Restaria dizer uma palavra sobre um argumento mais simples que não foi muito estudado. É o argumento da flecha. Considera-se um instante "único" durante o qual a flecha está imóvel. Pode-se repetir o mesmo raciocínio para todos os pontos do movimento da flecha. Conclusão, o movimento é imóvel. Mas esse argumento repousa sobre uma identificação entre o movimento e a trajetória.

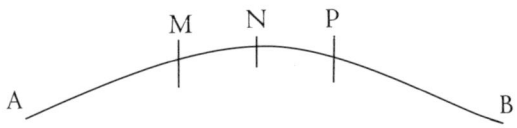

Temos a sensação de movimento como um todo indivisível, como a trajetória de uma estrela cadente. A corrida não tem ponto; é a linha – diremos que a flecha passou por M, N, P, não se pode supor que a flecha não passou por esses pontos. Sim, consideremos que a flecha passe pelos pontos, não se detendo neles. [Vocês] dizem que quando a flecha chegar a B [ela] terá passado por M, N, P. Mas isso é outra coisa. Dizem ainda: a flecha leva tempo para ir de A a B. Ora, não se alega que o tempo seja indivisível. Pelo pensamento, pode-se dividir o tempo. Há instantes na duração, eis o fundo do argumento do eleata. É verdade; se houvesse instantes de duração, o sofisma de Zenão seria irrefutável. Mas não há instantes.

Se o tempo pudesse admitir instantes, ele seria feito de elementos que excluem a sucessão; não haveria duração. O tempo é o desenrolamento de algo enrolado, na extensão falta alguma coisa intensiva. Acontece que temos muita dificuldade para ter consciência dessa duração interior. Nossa mente tem necessidade de imobilidade, ela fixa, imobiliza a duração.

A duração fixada é uma linha com pontos matemáticos, que formarão os instantes. Esses instantes não existem no tempo em si mesmo. É verdadeiro dizer que uma nota do banco é representativa de 100 francos, mas dizer que, ao dividir essa cédula em cem partes, teremos um franco é dizer uma coisa não absurda, mas falsa. No entanto, também será absurda, pois o símbolo não pode representar o simbolizado por sua própria natureza. O espaço totalmente feito não pode por natureza simbolizar o se fazendo. Para representar o movimento é preciso então despojar-se de toda representação espacial, sobretudo visual. Primeiramente, o movimento que conhecemos melhor, o único talvez, é o nosso próprio movimento. Os movimentos de corpos brutos são presumivelmente organizados de alguma forma. Como? Não sabemos. Suprimam nossa representação do espaço visual, não há mais movimento para além da representação interior mais clara quando se trata do movimento do nosso corpo, mais obscura, é verdade, quando se trata do movimento dos corpos brutos. Suponhamos uma consciência que, sem espaço, tivesse consciência nítida de todos os movimentos, [ela][59] não estabeleceria nem pontos, nem instantes. Se nós restabelecermos o espaço, estabeleceremos uma tela sobre a qual se desdobrará o movimento, a duração. Na realidade, o movimento verdadeiro se evade; é apenas a projeção do movimento que vemos sobre a tela.

Mas nossas faculdades são orientadas para a prática, feitas para agir. Não é útil que representemos o movimento simpatizando com ele. O que nos é útil é conhecermos a relação do nosso corpo com outros corpos; é que possamos calcular

---

59 No manuscrito, "il" (ele).

quais serão os pontos de um objeto a cada momento. O resto é indiferente. No entanto, todas as vezes que tentamos nos afastar das preocupações utilitárias da percepção exterior, conseguimos retomar o movimento e a continuidade de sua indivisão. No caso do espaço, na contemplação estética – efetivamente desinteressada –, não teríamos consciência do que há de interior no movimento? No desenho de um artista, uma linha representa um movimento *sui generis* que lhe é pessoal, representativo de uma individualidade. Há aí alguma coisa de intensivo, de indiviso. Portanto, não é impossível representar, até mesmo nos corpos brutos, um lado puramente intensivo do movimento. Isso não é útil na prática e exige um esforço desproporcional ao resultado. Mesmo nos movimentos simples, a questão é extremamente complexa; e com mais razão nos corpos mais complexos. Existem elementos indivisíveis. Quais são eles? Eis o que é difícil dizer e apreender. Podemos conseguir, mas sob a condição de não exigir que se trate de um esforço único.

Sétima aula
Sessão de 31 de janeiro de 1902[?]

Gostaria hoje de indicar as dificuldades que enfrentamos não mais no que concerne à divisibilidade do movimento, mas no que diz respeito à relatividade do movimento.[60] Em mecânica, essa relatividade se traduz pelo teorema da independência das forças. Se considerarmos o movimento como mudança de lugar, ele só terá uma direção e uma velocidade em relação a pontos de referência[61] arbitrariamente escolhidos. Se supusermos que tais pontos são móveis, com a mesma velocidade do ponto em movimento, esse ponto se tornará imóvel. Os símbolos matemáticos podem representar apenas grandezas. O matemático somente poderá anotar as variações de distância do movimento.

---

60 Há aqui uma dificuldade quanto à compreensão correta da frase: Psichari marca "espaço movimento", a palavra espaço em cima de uma rasura. Trata-se da relatividade do movimento no espaço, do movimento no espaço ou da relatividade do espaço e do movimento? Podemos pensar que se trata da relatividade do movimento, especialmente se nos referirmos às anotações de Raïssa Maritain, nas quais deixa claro de que se trata dessa última opção.

61 No manuscrito, "repaires" em vez de "repères".

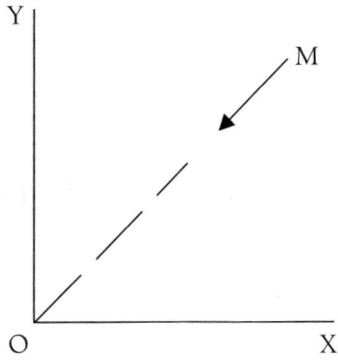

Dizer que M está em movimento significa dizer que as distâncias em relação a dois pontos fixos variam. Se o ponto M permanece imóvel e se o ponto [O][62] se move com a mesma velocidade que M, é claro que as distâncias do ponto M aos dois eixos serão as mesmas que imediatamente antes. Quer sejam esses eixos ou M que se movam, dá no mesmo; o matemático não distinguirá o movimento de M e o movimento dos eixos. Para o matemático, todo movimento é relativo a pontos dos eixos considerados arbitrariamente fixos. Não haveria movimentos absolutos reais.

É o que Descartes expressa na segunda parte de seus *Princípios da filosofia*: "Todo movimento é recíproco".[63] Também no

---

62 O ponto não é indicado no manuscrito.

63 Referência ao artigo 29 de *Princípios da filosofia*, AT IX, II, p.78: "Finalmente, eu disse que o transporte não se faz da vizinhança de todos os tipos de corpos, mas somente daqueles que consideramos estar em repouso. Pois é recíproco; e não podemos conceber que o corpo AB seja transportado das proximidades do corpo CD, a menos que também saibamos que o corpo CD é transportado das proximidades do corpo AB, e que deve haver tanto de ação para um

[sentido][64] metafísico. Se um ponto está em relação a outros, é uma maneira de dizer. Poderíamos até mencionar que os dois pontos estão em movimento, que há apenas uma extensão da verdade matemática. Concluir que os movimentos da natureza são os movimentos matemáticos é uma extensão metafísica de um princípio verdadeiro, extensão que Descartes não teme fazer. Newton, Euler,[65] e mais tarde Kant, não o seguiram até aí. Newton mostrou a dificuldade que existe para analisar o movimento circular nessa hipótese.[66] Desde então se fez valerem outros argumentos mais probatórios (foi resolvida a dificuldade de Newton); se essa relatividade existe, toda ciência se torna impossível.[67] Matemáticos e filósofos também tentaram resol-

---

quanto para o outro". Bergson se referirá novamente a essa concepção cartesiana de movimento no curso sobre a história da ideia de tempo (HI, p.20-1, 298-9).

64 Termo difícil de decifrar no manuscrito.

65 Leonhard Euler (1707-1783), matemático e físico que, depois de Newton, defende a ideia de espaço absoluto, assim como a ideia de um princípio interno do movimento, não apenas externo, como defendia Descartes. Ver Euler; Karsten, *Theoria motus corporum solidorum seu rigidorum* [...], cap.II, p.30: "Axioma: omne corpus, etiam sine respectu ad alia corpora, vel quiescit vel movetur, hoc est vel absolute quiescit, vel absolute movetur".

66 Bergson faz referência à refutação implícita dos turbilhões da física cartesiana, exposta nos *Princípios matemáticos da filosofia natural*, livro II, seç.9. Ver sobre esse ponto as passagens comentadas por A. Koyré, *Études newtoniennes*, p.117-9.

67 Deve-se ter em mente que a declaração de Bergson é anterior às primeiras publicações de Einstein sobre a relatividade restrita, que foram divulgadas no artigo "Zur Elektrodynamik bewegter Körper", publicado nos *Annalen der Physik*, em maio de 1905. Bergson escreverá *Duração e simultaneidade* em resposta às questões levantadas

ver o problema admitindo um movimento absoluto. Depois do físico, buscou-se uma forma mais precisa, mais matemática. É preciso supor imobilidades absolutas; é a hipótese de Kant. Há um ponto imóvel e o que está em movimento em relação a esse ponto é um movimento absoluto.[68] Neumann denomina esse corpo como o corpo α absolutamente rígido.[69] Hipótese curiosa, não absurda, pois significa admitir a [in]finitude do universo que se poderia provar caso fosse demonstrada [a] equivalência, a harmonia completa no espaço. Mas a hipótese de Kant é absolutamente inverificável.

pela teoria da relatividade. Para apresentação geral do dossiê, recomendamos a edição crítica de *Durée et simultanéité*, , em particular a apresentação de F. Worms e a introdução ao dossiê crítico de Elie During (p.219-44), bem como o seu artigo "Bergson et la métaphysique relativiste", em *Annales bergsoniennes*, t.III, p.259-93. Ver também Capek, "Bergson's Theory of the Physical World and its Relations to Contemporary Physics", em *Bergson and Modern Physics*, p.189-284.

68 No manuscrito, encontramos, entre parênteses, ao lado da frase: "A história natural do céu". O trabalho ao qual Bergson se refere é a *História geral da natureza e teoria do céu*, um trabalho pré-crítico de 1755 no qual Kant expõe a ideia de que a matéria, informe na origem do mundo, foi organizada sob a pressão de forças contraditórias (atração-repulsão), com a atração conduzindo qualquer corpo em direção a um centro. Ver Kant, *Histoire générale de la nature et théorie du ciel*, parte 2, cap.I, AK I, p.266-7, trad. F. Alquié, Paris, Gallimard, "Bibliothèque de la Pléiade", 1980, t.I, p.66-67.

69 Logo depois, no manuscrito, encontra-se a seguinte indicação: "(Étude sur la théorie galiléo-newtonienne de l'espace)". Refere-se ao texto de Carl Neumann (1832-1925), matemático e físico, publicado em alemão sob o título *Die Principien galileo-newtonsche Theorie* (1870). Neumann defende a ideia de que todo movimento no universo pode ser considerado absoluto se estiver relacionado a um corpo imaginário α, que consequentemente serve como um quadro de referência para o movimento.

É curioso ver que a maior parte dos filósofos que não são nem metafísicos, nem matemáticos, resolvem o problema dizendo que o movimento é algo incognoscível. Numa bela e célebre página, Spencer mostra que nossas ideias do movimento são decepcionantes: o que nos parece imóvel se move, e o que é imóvel parece mover-se. (Exemplo do capitão que caminha sobre seu navio.)[70] "O movimento absoluto não pode ser imaginado, menos ainda percebido."[71] O movimento é uma mudança de lugar, mas num espaço sem limites, diz [Spencer],[72] a mudança de lugar não tem sentido. As imobilidades absolutas são inconcebíveis, mas necessárias para admitir um movimento absoluto.

Esse raciocínio é instrutivo, pois nos mostra a origem do ceticismo filosófico. Encontradas as contradições, conclui-se que as coisas não existem. Mas as contradições existem realmente[?] "O movimento é uma mudança de lugar, de posição", diz Spencer. Ora, é impossível supor uma posição imóvel num movimento absoluto. Eis o raciocínio de [Spencer].[73] Mas o postulado é admissível[?] Vimos que o movimento é algo distinto do deslocamento de um móvel. Há uma simpatia possível com a interioridade do movimento.

---

70 Exemplo dado em Spencer, op. cit., p.54-5.
71 Esta e as citações seguintes são traduções de *First Principles* (p.56): "Nevertheless, absolute motion cannot even be imagined, much less known. Motion as taking place apart from those limitations of space, which we habitually associate with it, is totally unthinkable. For motion is change of place; but in unlimited space, change of place is inconceivable, because place itself is inconceivable".
72 No manuscrito, há apenas a letra "S.".
73 No manuscrito, há apenas a letra "S.".

Há uma carta instrutiva de Henry More a Descartes em que More defendia a relatividade do movimento.[74] Quando realizo um movimento e dele tenho consciência, essa consciência é algo indiscutível, absoluta. Os movimentos dos animais têm significação real, independente do deslocamento no espaço. Em um estudo do movimento dos corpos, eu deveria proceder como se todo o movimento fosse aparente. O que importa em matemática é saber as variações de posição em relação a outros corpos, mas metafisicamente não se trata mais da mesma coisa. Se consideramos que o movimento não é apenas um movimento no espaço, mas que há, além dessa película exterior, o fundo do movimento, então as dificuldades desaparecem.

Gostaria agora de analisar a duração em si, não mais em relação ao movimento, que é o seu símbolo.

Só podemos pensar e viver a duração por meio de um esforço de consciência. A duração é nosso próprio eu transcorrendo.[75] É nossa vida psicológica, nosso interior. Dois acontecimentos que se sucedem somente podem existir sob a condição de que subsista algo do primeiro acontecimento no segundo. Sem isso, estaríamos diante do segundo exatamente

---

74 Henry More (1614-1687), filósofo inglês e membro da escola de platonistas de Cambridge. A carta a que Bergson se refere foi escrita em 23 de julho de 1649, e a resposta de Descartes, 25 de agosto de 1649. Bergson menciona também a objeção de More a Descartes no ano seguinte, bem como o conjunto de sua correspondência (HI, p.20-1; em MM, cap.IV, p.215-20; IM, p.2). Sobre a correspondência entre More e Descartes, ver Lewis, *Correspondance avec Arnauld et Morus*; e Descartes, *Correspondance*, v.2, p.638-63.

75 A análise psicológica do eu como meio de acesso à duração pura, que ocupará as três próximas aulas do curso, será retomada e sintetizada em *Introdução à metafísica* (IM, p.15-9).

como do primeiro acontecimento. Quem diz duração, diz sucessão, continuidade de desenrolamento, de desenvolvimento. Se não houvesse duração, haveria somente um presente perpétuo. Assim, supor a duração é supor a memória ou a consciência, pois se trata da mesma coisa. (Uma consciência só existe sob a condição de ligar conjuntamente momentos sucessivos.) Pode-se supor toda consciência absoluta e a sucessão continuando, mas nessa hipótese permanecemos sempre espectadores do universo. Portanto, a duração existe enquanto desenrolar de nossa própria consciência, ela existe também como desenrolar de consciência inferior. O animal tem uma consciência, portanto uma memória; basta que essa memória estabeleça a ponte entre dois instantes para que haja duração.

O mundo duraria sem a consciência? Examinaremos essa questão. Trata-se de saber em que medida o mundo material tem memória, em que medida ele forma um todo uno e orgânico. O problema não é absolutamente impossível; basta, por ora, firmar esta conclusão: a duração existe em relação à nossa consciência.

Tomemos a nossa própria duração. Podemos formar uma ideia suficientemente clara sobre ela. Façamos tábua rasa daquilo que está na camada superior de nossa consciência e desçamos até o que parece fluir em nós, até ouvir o murmúrio indistinto que prossegue indefinidamente. É a duração não mensurada. Esse murmúrio é marcado de tempos em tempos por sons mais fortes que, todavia, não se destacam do todo; eis a duração mais apreciável. Quanto mais houver pulsações de consciência, mais o tempo parece longo. É assim – entre parênteses – que é preciso [resolver][76] esse pequeno problema

---

76 Palavra faltando no manuscrito.

colocado outrora pelo senhor Paul Janet: "Por que o tempo passa mais rápido quando envelhecemos[?]". Um ano é uma fração da nossa vida já decorrida. Para uma criança de 10 anos, é 1/10 de vida; para um homem de 60 anos, é 1/60.[77] Um ano de velhice é seis vezes mais curto que o de infância. Explicação engenhosa, mas talvez demasiado matemática, pois não temos a ideia da duração de nossa vida. Pode-se apreciar o valor de um ano em relação a todo o tempo decorrido. Além disso, supõe-se que o ano do idoso é tão longo quanto o da criança, o que é contrário aos dados. A verdadeira explicação é que, para a criança, o ano é enorme por causa do número de pulsações. Os acontecimentos ocupam um imenso lugar. Sessenta anos mais tarde, eles diminuem de importância. Se cremos nos aconte-

---

77 Paul Janet (1823-1899), filósofo francês e discípulo de Victor Cousin, autor, entre outros, de *Principes de métaphysique et de psychologie*, cuja resenha Bergson escreveu (ver M., p.375). Bergson refere-se aqui a um artigo publicado por Janet na *Revue philosophique de France et de l'étranger*, "Une illusion d'optique interne" (p.497-8). Uma ilusão de ótica interna que consiste em um "fato psicológico bem conhecido de todos os homens que avançam na idade, e que é muito frequentemente referida em conversas: é que os anos parecem fluir cada vez mais rápido à medida que envelhecemos. O fato é indubitável [...] Este é o fato para o qual procuramos uma explicação. Eis a solução que propomos para este problema [...] Para nós, a duração aparente de uma porção de tempo na vida de cada homem é proporcional à duração total dessa vida. Tomemos, por exemplo, um ano como uma unidade. Este ano, para uma criança de 10 anos de idade, representa um décimo de sua existência; para um homem de 50 anos, este mesmo ano será apenas um quinquagésimo, portanto, parecerá mais curto na proporção de 50 para 10, ou seja, cinco vezes menor. Um homem de 50 anos, dessa forma, vive cinco vezes mais rápido do que uma criança de 10 anos".

cimentos, é uma crença puramente intelectual, não atuada.* Eles são impressos em cores cada vez mais opacas, é de um só golpe que a revelação se faz, e então alguns acontecimentos são tomados de medo e querem obter impressões mais fortes. Por exemplo, o gosto tardio pelas viagens. Isso é miragem, pois é nossa faculdade de sentir que é preciso mudar. Se a cera não está quente, o carimbo não poderá ser impresso. É buscando fazer-se mais jovem que se poderá atenuar a duração do tempo. A duração é, portanto, o murmúrio interior cujas notas são tanto mais acentuadas quanto as impressões são mais fortes.

---

* O termo em francês é *"agit"*, agida. Bergson enfatiza que os aconte-cimentos não são vividos em uma duração intensa na velhice, a sua pulsação ou a sua intensidade não se incorpora ao sujeito – esse sujeito pensa nos acontecimentos, acredita neles sem propriamente viver a sua duração. (N. T.)

Oitava aula
Sessão de 7 de fevereiro de 1902[?]

Todas as vezes que tentamos pensar o movimento substituímos sua mobilidade por alguma coisa imóvel. Quando tentamos apreender o movimento, nós o imobilizamos. É por ter negado isso que Zenão foi conduzido à sua teoria. Um duplo esforço é necessário para liberar-se dessa dupla imobilidade: 1) fazer tábua rasa, renunciar aos hábitos intelectuais; 2) captar a intuição do movimento na sua mobilidade. Perceber, no nosso eu, o que há de realmente variável e de mais próximo da substancialidade é, por si só, bem difícil, pois a faculdade que conhece não coincide absolutamente com o sujeito que conhece. O eu é variável; a faculdade é um ato intelectual cujo primeiro hábito é o de imobilizar, fixar. Pensar é fixar. Quando, então, a consciência se volta para o eu, esforça-se para alcançá-lo, ela não pode impedir-se de fixar, e apenas pelo fato de pensar o seu objeto, ela o fixa e o imobiliza. O pensamento é prático antes de ser teórico; ora, é indispensável fixar pontos de referência estáveis. É por isso que o pensamento não pode evitar solidificar aquilo que toca. Tudo que Midas tocava era convertido em ouro; muito vantajoso, mas também foi o que lhe causou a morte. O papel do pensamento é, antes de tudo, fixar. No conhecimento imediato [que temos de nós mesmos],[78] alguma coisa se interpõe – os hábitos do ser que conhece. Aqui também há um duplo esforço a ser feito: renunciar a esse hábito e realizar o esforço de intuição para captar a fluidez da vida interior. Esse esforço é possível. Há certo número de películas a serem destacadas da consciência que, ao serem retiradas, permitem que nos direcionemos a essa mobilidade interior, que denominaremos a duração pura. Eu tenho imagens diante dos olhos; fecho os olhos; tenho a lembrança, ainda alguma coisa imóvel. Afastando-me consideravelmente dela, restam sensações que se penetram umas nas outras. Trata-se de algo mais fluido, mais variável. Porém, elas ainda estão justapostas e, em certa medida, fixadas. O que encontraremos embaixo delas? À medida que descermos, veremos a fluidez pura, a sucessão sem justaposição, alguma coisa de que temos o sentimento íntimo. Trata-se também de um desenrolar-se, algo que se alonga e nos enriquece e, ao mesmo tempo, que se retrai, como a "pele de *chagrin*" de Balzac.* Não é, entretanto, algo irracional, contrário às leis do pensamento. Certamente o pensamento fixa e não pode abarcar essa duração, porém, nosso pensamento é uma

---

78 Muito provavelmente "nous" abreviado no manuscrito. Diante dessa suposição, reconstruímos a frase.

* Bergson recorre à imagem de *A pele de onagro*, obra de Balzac. A pele "mágica" trata-se de um amuleto, uma pele de onagro, que possibilita a seu dono realizar todos os seus desejos, mas que se encolhe como se encolhesse a vida à medida que os realiza. A expressão passou à linguagem comum, referindo-se a tudo que perde vigor à medida que é usado, àquilo que se reduz gradualmente. Há nessa expressão um duplo significado do termo *chagrin*: pele de cabra curtida e sofrimento, aflição, luto. (N. T.)

faculdade lógica, ele raciocina, e enquanto raciocinamos não estamos fora da realidade. Nosso raciocínio [quer][79] alcançar o real. Se tentamos estabelecer pela razão que a duração deve ser alguma coisa do gênero que acabamos de descrever, essa tentativa só pode ser bem-sucedida. O raciocínio só pode ter razão. Se raciocinarmos sobre as condições fundamentais da vida [psicológica],[80] podemos estabelecer que essa é efetivamente a natureza da duração. A razão deve confirmar aquilo que nada mais é senão [o] dado imediato da consciência. Os estados de consciência constituem, em sua multiplicidade, a unidade do eu. Suponhamos um estado [psicológico] separado dos outros. O que reunirá os estados entre si[?][81] Como representar a unidade do eu? Faremos do eu uma unidade que emerge, uma espécie de quadro, de cola que faz essa poeira [psicológica] coagular. No entanto, desse modo, jamais se explicará a unidade do eu. Não se tratará de uma unidade vivida do eu. A multiplicidade una da vida interior é algo distinto. Se ela é dada na consciência, eu compreendo como a inteligência separa a unidade da multiplicidade, mas não compreendo que, com elementos [palavra ilegível] se possa formar um todo único. Deve haver uma maneira de perceber o que nos oferece essa unidade, e que não pode ser o pensamento discursivo. É o que denominamos a consciência profunda e imediata.

---

79 No manuscrito, há apenas a abreviação "v.".
80 O manuscrito contém a seguinte abreviação "ψique", que aparece várias vezes nas páginas seguintes. De agora em diante, vamos substituir sistematicamente a abreviação pela palavra correspondente.
81 No manuscrito, há ponto e vírgula em lugar do ponto de interrogação.

Um estado [psicológico] não dura, é algo inteiramente feito, assim como no segundo estado, terceiro etc. Eu não terei, portanto, o sentimento da duração. Mas, pode-se dizer, o eu dura. Sim, mas se o ser assiste a tal sucessão e adiciona nadas, não se obterá a duração. Ora, nós temos o sentimento da duração. É então um equívoco ter considerado os estados [psíquicos/psicológicos] como separados. [Cada][82] estado não é algo totalmente feito, mas algo se fazendo. Um estado é alguma coisa que se enrola ou se desenrola. É um estado de consciência, portanto de memória, e, assim, não pode haver dois momentos idênticos. Se há duração, é preciso que os estados de consciência durem; não se pode considerar dois estados de consciência como invariáveis. Pode-se fazê-lo, mas assim se obtém um conceito fixo e congelado; precisamente pelo fato de que existe vida [psicológica], deve haver algo distinto de um conhecimento conceitual da vida interior. Sem dúvida, é útil servir-se da projeção do eu, porém, quando se especula sobre a duração, isso se torna prejudicial. Estamos habituados [a ver cada vez melhor] o que há de contínuo na vida [psicológica]. Schopenhauer observa que, se considerarmos os momentos sucessivos da vida, constatamos que cada um deles parece ter sido produzido por causas exteriores. No entanto, se olharmos para a continuidade, vemos que ela tem um sentido, e as causas externas parecem não ter mais a mesma importância.[83] Se estivéssemos no meio de ou-

82 No manuscrito, a abreviação "Ch.", referindo-se a *chaque*, cada.

83 No manuscrito, há menção à obra de Schopenhauer, "Opuscule de Schopenhauer *Sur la Destiné*[*e*]" (tome [dans] *Parerga et paralipomen* [a])". Bergson refere-se a "Spéculation transcendante sur l'apparente préméditation dans le destin de l'individu" (Especulação transcendente sobre a aparente premeditação no destino do

tros acontecimentos, afirma o filósofo alemão, a história teria sido a mesma, mas transposta. Os acontecimentos seriam diferentes, mas a relação entre eles não muda. Há muita verdade na observação do filósofo, mas ela é exagerada, sem dúvida. Com certeza na superfície do nosso eu há o descontínuo, porém, à medida que nos aprofundamos, chegamos ao contínuo, ao fluido, à duração interna. Objeção: há dualidade em nossa pessoa. Contudo, a distinção feita só tinha valor enquanto exposição. Se partíssemos do fundo para alcançar a superfície, estaríamos convencidos da fluidez dos estados [psíquicos/psicológicos], mesmo exteriores e superficiais. O psicólogo que tiver apreendido a fluidez do eu entenderá melhor a fluidez do eu superficial.

A psicologia contemporânea está chegando cada vez mais a essa conclusão. Movimento de reação contra o "atomismo mental", contra o associacionismo. Disseram ao associacionista: "é necessário ter uma unidade, e há uma unidade do eu". Mas um filósofo que diz isso ao associacionista é, ele mesmo, associacionista e atribui a mais alta importância à associação. A verdade é que se alguém postular uma unidade abstrata, será afogado na multiplicidade concreta. William James.

---

indivíduo"), publicada em *Parerga et paralipomena*, v.I. Schopenhauer afirma a existência de uma fatalidade que, na realidade, é apenas a expressão de nossa vontade: "Na verdade, entretanto, esta força oculta que dirige até mesmo as influências exteriores pode definitivamente ter sua raiz apenas na nossa misteriosa força interior; pois, no final das contas, o alfa e o ômega de toda existência reside em nós mesmos" (Schopenhauer, *Parerga et paralipomena*, p.181). Bergson retornará à teoria schopenhaueriana da vontade no seu curso de 1906-1907 (ver o resumo em M, p.717-8).

Ward (*Encyclopædia Britannica*), o *continuum* de representação.[84]
O associacionismo é um atomismo, uma química mental. A
tendência de Ward é substituir por correspondentes biológi-
cos – simbol[ismo [?]][85] científico de Ward.

---

84 "World" no manuscrito e "Woort" no caderno de Raïssa Maritain.
Trata-se, na verdade, de James Ward, autor do verbete "Psychology" na *Enclyclopædia Britannica*. Reportamo-nos à carta de Bergson
a Théodule Ribot, de 10 de julho de 1901 (M, p.657): "Foi numa
época pouco depois da publicação de meu livro [*Essai sur les données
immédiates*] que li o verbete da *Encyclopædia Britannica*, no qual James
Ward expôs sua psicologia. Considero esse texto um obra de primeira ordem e, desde que a conheço, não paro de chamar a atenção
dos jovens filósofos para ela [...] Ao nos reportarmos ao verbete da
Encyclopædia, constatamos que existe uma semelhança bem longínqua
entre a duração real, tal como eu a compreendo, e a 'apresentação-
-continuum' de Ward".
85 No manuscrito, há apenas a abreviação "symbol.".

Nona aula
Sessão de 14 de fevereiro de 1902[?]

À medida que deixamos a superfície do eu, chegamos a estratos cada vez mais exteriores uns aos outros que tendem a formar uma continuidade. A continuidade interior não tem começo nítido em nenhuma parte, na realidade, ela existe até mesmo nas camadas superficiais da consciência. A tendência da psicologia moderna é conceber a vida [psicológica] superficial como se possuísse a continuidade dos estados profundos. Mencionamos Ward. William James, no capítulo "Causas das coisas", sustenta a mesma teoria: "as coisas são discretas e contínuas, mas suas idas e vindas não impedem a continuidade das percepções [...] Lidamos com uma corrente de pensamentos, *stream of thoughts*".[86] Essa corrente é comparável à vida de um pássaro com suas alternativas de voos e de ["]poleiros". Há "lugares de repouso" e "partes transitivas" que são os voos do pensamento.[87] A vida

---

86 Trata-se mais provavelmente do capítulo IX, "Stream of thought", de *Principles of Psychology*.

87 Citação sem dúvida traduzida por Bergson, retirada de Ward, *Principles of Psychology* (p.236): "Like a bird's life, it seems to be made

[psicológica] compreende partes relativamente estáveis e partes móveis. É difícil perceber as transitivas, pois elas são encaminhamentos a alguma coisa, e só nos interessa a conclusão. Saltamos para a conclusão. Querer apreender as partes da nossa vida [psicológica] é uma quase impossibilidade: "mais valeria agarrar um pião para estudar seu movimento". A consciência, apenas por retornar ao que há de móvel na vida [psicológica], tende a destruir a mobilidade. James tenta definir a passagem de um estado [psicológico] a outro: "É um sentimento, um *feeling*", apreendido imediatamente pela consciência. "Não há uma conjunção... não há uma inflexão" que expresse alguma nuance de relação de que não tenhamos o sentimento. Deveríamos dizer uma sensação de ["]mas["], ["]ou["], ["]e["], assim como uma sensação de azul, de frio. É esse sentimento de relações múltiplas que constitui a unidade do[s] curso[s] da vida. James vai mais longe, ele toma o exemplo de um juízo e tenta estabelecer o que há de artificial na distinção das partes do juízo. "Um maço de cartas está sobre a mesa." A velha psicologia distingue momentos: 1) o maço de cartas; 2) está; 3) sobre a mesa. Esse processo poderia ser simbolizado por uma linha com três segmentos. Segundo o autor, isto é incorreto.

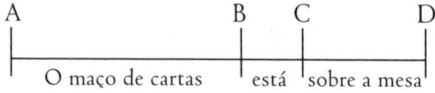

A   B   C   D

O maço de cartas   está   sobre a mesa

---

of an alternation of flights and perchings" ("Como a vida de um pássaro, parece ser feita de uma alternância de voos e de poleiros"). Bergson fará novamente referência a essa comparação na carta de 23-24 de agosto de 1923 a Floris Delattre (EP, p.551).

Se assim fosse, seguiria que, ao pensar nesse juízo, eu representaria um maço de cartas, depois uma posição, depois a mesa em geral. Ora, não é assim que o pensamento procede. Quando eu digo "é", não se trata de uma posição qualquer, mas da posição do maço de cartas sobre a mesa. Isso também vale para a mesa e o jogo de cartas. Assim, desloquei progressivamente a ênfase. No início, eu acentuei o maço de cartas; no final, a mesa. Se desejarmos uma simbolização, devemos escrever três vezes o juízo e fazer três triângulos com a mesma base.[88]

Mas o vértice se desloca de maneira contínua. A acentuação primeiramente em C, chega a C', depois a C". Chegamos a uma concepção dos estados superficiais que se aproxima de nossa concepção da vida [psicológica] interna. Essa ideia acarreta grandes

---

88 O esquema no manuscrito é transcrição de um esquema exposto em *Principles of Psychology* (Figura A, p.282). Nas notas de Raïssa Maritain, há um único triângulo com três vértices diferentes (Figura B). Bergson mencionará novamente esse exemplo num curso sobre o método em psicologia, aparentemente ministrado em 1910-1911, que foi transcrito por Charles Blondel e depositado nos arquivos do Collège de France por Étienne Gilson [cote 16CDF28-39].

Diagrama A:

O maço de cartas está sobre a mesa. Fig. 30.   O maço de cartas está sobre a mesa. Fig. 31.   O maço de cartas está sobre a mesa. Fig. 32.

Diagrama B:

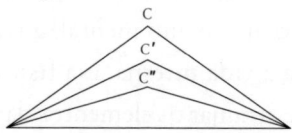

consequências. Quando se diz que temos ideias gerais, independentemente de imagens particulares, a resposta é que não temos a representação distinta da ideia geral, e estamos de volta a Berkeley. Nossa análise nos livra da dificuldade.

Raciocinamos como se pudesse haver uma representação da ideia geral distinta, no entanto, essa ideia seria inútil. Já para a mesa, me perguntam: "Bem, que mesa?". Não pensamos a mesa separadamente, há uma implicação de pensamentos. Ao se pretender isolar a ideia geral, a consciência se encontra em um não ser. Devemos considerar conjuntos, grupos, sistemas.

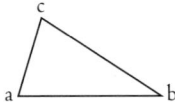

O maço de cartas está sobre a mesa.

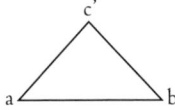

O maço de cartas está sobre a mesa.

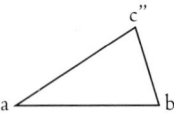

O maço de cartas está sobre a mesa.

Existe efetivamente uma tendência a renunciar ao associacionismo. O associacionismo é o atomismo mental, a transposição do atomismo físico para a vida interna. Na física, há superposição de partes e deseja-se arranjar os elementos da vida [psicológica] da mesma maneira. Há aqui uma sedutora analogia, e a psicologia, ciência pouco avançada, vaga, naturalmente sofre a tentação de adotar o método das ciências mais bem formadas. Há uma atração pelas ciências mecanicistas, a sedução é natural. Além disso, a linguagem é de natureza atomista. Enfim, a vida [psicológica] superficial é composta de elementos mais separados. Há aqui um conjunto de razões que impulsionam a psicologia em direção ao atomismo. É preciso tentar remontar a corrente, e é isso que faz, em síntese, a nova psicologia. A psicologia assim compreendida, que tenta se colocar em presença da vida interior em si mesma, é a metafísica, é a sua base, é o que há de essencial nessa parte da [metafísica][89] que é acessível ao nosso entendimento. O conhecimento científico [procede][90] por fora, por símbolo. O conhecimento [metafísico][91] seria o Conhecimento, interior, imediato. O conhecimento científico é relativo aos símbolos; o metafísico é absoluto, [ele] atinge o real. Para Descartes, o conhecimento metafísico inicial é o *eu penso*. Eis a primeira verdade: somente conheço das coisas as imagens que delas tenho. O que há atrás dessas imagens?

Não sei. Quando estou na presença do eu, estou na presença de uma incontestável realidade. Eis o lugar em que ainda estaríamos sem o kantismo. Kant distingue o conhecimento científico, que vai das partes para o todo, e o conhecimento metafísico, que iria do todo às partes. Conhecer cientificamente

---

89 Muito provavelmente "μ" no manuscrito. Sobre as razões de nossa interferência, ver nota 91.

90 No manuscrito, "O conhecimento científico é de fora, por símbolo".

91 No manuscrito, "μ". A mesma passagem é encontrada nas notas de Raïssa Maritain, que escreveu "metafísica".

é tomar uma parte, depois outra, depois formar a ideia de uma coisa por uma síntese. Eu obtenho uma unidade. No entanto, esse conhecimento científico é necessariamente relativo, humano. Ele não nos informa sobre a realidade, porque a unidade assim obtida é artificial. É uma forma. Chegamos à unidade de um conceito, ao passo que seria necessário ter uma intuição intelectual para apreender as coisas. Só obtemos a unidade da moldura. Perguntemo-nos, então, se o conhecimento do eu é algo que transcende o conhecimento científico ou se ele não seria um conhecimento relativo assim como os outros. Aquilo que percebemos é um estado, depois um estado. É uma multiplicidade que é dada primeiramente, multiplicidade que reunimos [e] com a qual formamos uma unidade. O eu é uma unidade reconstruída por nós, absolutamente como a unidade dos objetos ordinários de nossa percepção. Não percebemos a realidade de nosso eu, assim como não percebemos a realidade dos objetos. Eis o que dizia Kant e ele tinha razão.[92] Para Descartes, o tempo é descontínuo, e o conhecimento de nosso eu é uma série de instantes exteriores sem ligações. O filósofo francês sente esse absoluto que se esquiva e é obrigado a apelar à existência de Deus.[93] A crítica de Kant é justa neste sentido:

---

92 Bergson refere-se aos três paralogismos da razão pura – expostos na *Crítica da razão pura* – que mostram a impossibilidade de conceder ao Eu penso – "texto único da psicologia racional" (Kant, op. cit, AK IV, 217, p.361) – substancialidade, simplicidade e unidade. O Eu penso só pode ser considerado como condição de possibilidade de representações.

93 Posição exposta por Descartes em *Meditações metafísicas* (III, AT IX, p.38-9) e *Princípios da filosofia* (parte I, a.21, AT IX, II, p.34). Mencionada em EC (p.22, 345), a posição cartesiana de criação continuada

se o tempo é uma série de instantes, o conhecimento de nosso eu não é metafísico, não mais que o conhecimento das coisas no espaço. Mas se a duração fosse uma continuidade indivisa, se não fôssemos das partes ao todo no nosso conhecimento do eu, nós estaríamos no absoluto.[94] Ora, a psicologia moderna seria o conhecimento desse gênero que iria do todo às partes, [devendo][95] descer às partes por uma espécie de segmentação. Se a psicologia assim procede, ela não é [um] conhecimento científico, ela é metafísica.

será interpretada (p.145) como a expressão de uma hesitação entre, de um lado, uma visão estática do tempo, marcada pela necessidade na medida em que o considera como algo inteiramente pronto, e, de outro, aquilo que inversamente conduz "às consequências que a intuição da verdadeira duração implica", ao manter uma perpétua criação "contínua" e não mais continuada.

94 R. Maritain escreve "desconhecido", enquanto a redação de Psichari sugere pensar em "absoluto". Passagem parcialmente semelhante pode ser encontrada em EC (p.357): "Kant atribuiu uma origem extra--intelectual aos termos entre os quais as relações são estabelecidas. Ele afirmava, contra seus predecessores imediatos, que o conhecimento não é totalmente solucionável em termos de inteligência. Ele reintegrou à filosofia, mas modificando-o, transportando-o para outro plano, esse elemento essencial da filosofia de Descartes, que havia sido abandonado pelos cartesianos. Dessa forma, abriu o caminho para uma filosofia nova, que se teria instalado na matéria extra--intelectual do conhecimento por um esforço superior de intuição. Coincidindo com essa matéria, adotando o mesmo ritmo e o mesmo movimento, não poderia a consciência, por dois esforços de direção contrária, elevando-se e descendo a cada vez, apreender de dentro e não mais perceber de fora as duas formas de realidade, corpo e espírito? Esse duplo esforço não nos faria, na medida do possível, reviver o absoluto?". Para uma visão geral da relação que Bergson estabelece com Kant, ver Barthélemy-Madaule, *Bergson adversaire de Kant*.

95 No manuscrito, há somente a abreviação "d.".

Décima aula
Sessão de 21 de fevereiro de 1902

Certamente o tempo homogêneo é completamente diferente
da duração que descrevemos até aqui. O erro da filosofia foi
sempre o de não separar os dois tempos. Se considerássemos o
tempo como heterogêneo, muitos problemas filosóficos seriam
simplificados. Descartes, assim como Kant, fez do tempo algo
descontínuo. Se a continuidade for restabelecida, pode-se adotar uma posição intermediária entre os dois filósofos. É possível, entre muitos problemas, perguntarmos se, em lugar de
considerar o tempo como uma continuidade no descontínuo,
poderíamos restabelecer a sua plena mobilidade.

Eu gostaria de procurar em primeiro lugar onde, em qual
ser, em qual coisa se encontra essa duração que acreditamos
encontrar em nós. A duração, tal como a representamos, não se
distingue do sujeito. A questão de saber o que dura é, portanto,
a mesma que saber o que pode durar. Alguma coisa caracteriza essa consciência que pode durar. Trata-se da memória. O
inconsciente é o espírito sem memória, ["]*omne corpus est mens*

momentanea ["].[96] Por toda a parte em que há sobrevivência do passado no presente, há consciência. Se assim for, o domínio da consciência e da duração pode ser bem mais abrangente. É evidente que há, entre os animais, alguma memória. Também nos parece certo que a consciência do molusco, por exemplo, exista em alguma medida. Ademais, essa sobrevivência talvez seja o caráter geral de tudo o que é organizado. Hering escreveu um pequeno livro sobre isso: *Da memória concebida como propriedade dos tecidos organizados.*[97] Para o naturalista, encontraremos muitas definições da vida, todas imperfeitas. Se quisermos extrair sua propriedade mais característica, seria a hereditariedade. O protoplasma é matéria bruta e organizada. Se tomamos o óvulo

---

96 Citação tirada da *Theoria motus abstracti, Philosophische Schriften* de Leibniz, publicada em 1671 pela Academia Real Francesa (v.VI, p.266). A frase completa implica a relação com a memória: "omne corpus est mens momentanea, seu carens recordatione". A fórmula serve para mostrar que os corpos por si só não podem assegurar os complexos movimentos observáveis na natureza, como o movimento circular que, na ausência de uma atração gravitacional, e excluindo a tese cartesiana dos vórtices, só pode ser explicado pela intervenção da alma que memoriza e soma os diferentes *conatus* ou tendências que nada mais são do que começos dos movimentos, tornando assim possíveis os movimentos complexos. Bergson interpreta essa expressão na perspectiva dos desenvolvimentos de *La Monadologie* (§19, 25, 1881 [1714]), texto mais conhecido no final do século XIX e no início do XX, especialmente graças à edição realizada por Boutroux, no qual são expostos os princípios gerais de distinção das mônadas. Bergson retomará essa fórmula ao traduzi-la na conferência *La Conscience et la vie* (CV, p.5).

97 Karl Ewald Konstantin Hering (1834-1918), fisiologista alemão. A publicação em questão é *Über das Gedächtnis als eine allgemeine Funktion der organisierten Materie, Vortrag gehalten in der feierlichen Sitzung der Kaiserlichen Akademie der Wissenschaften in Wien am 30 Mai 1870.*

no momento da segmentação, pode-se dizer que essa matéria contém em si os resultados de milhões de anos de experiências acumuladas. Um organismo superior concreto possui ainda mais milhões de anos acumulados. Parece que o objetivo perseguido (tudo se passa como se houvesse um) é sintetizar um número cada vez maior de experiências. Por meio da geração sexuada, há acúmulo maior, dado que se trata da reunião de duas memórias. Em resumo, tudo indica que o objetivo da vida seja a memória e que a finalidade seja o desenvolvimento da memória. A vida assemelha-se a uma lição recitada. Há sempre continuidade do passado no presente; as partes da vida se prolongam, se penetram, se determinam. Assim, a penetração dos estados é, por toda parte, a característica da duração. Se assim for, surge um dilema. Ou [se deve] admitir que a matéria termina e recomeça em todos os momentos, ou [se deve] admitir que algo do momento presente passa no momento seguinte. Pergunto se podemos conceber essa passagem de outro modo que sob a forma da consciência. Se eu suprimo essa consciência espectadora, é preciso retornar à primeira hipótese, a de Descartes. Não há objeto material que não seja ligado ao resto do universo. Se, então, queremos considerar filosoficamente o mundo, ele nos aparecerá como um grande todo no espaço, chamando por uma história a se desdobrar, tendo assim uma consciência, uma memória. Mas [se] não há uma duração, há durações desigualmente tensionadas, desigualmente ricas. Na matéria, a duração [é constituída] de pequenas vibrações.[98] No animal, a consciência é sempre parasitária dessa consciência diluída da matéria. Se há várias consciências, como se opera

---

98 Palavra ilegível no manuscrito.

a passagem de tais durações ao tempo homogêneo, [que é] o mesmo para todos [?]

Podemos primeiramente interrogar a nós mesmos. O que a princípio impressiona nossa consciência são os objetos. Dizemos: não é o tempo, porque não há mudança. Então, representamos os objetos em agitação, modificando-se, mas logo vemos que essa representação é insuficiente. Nós estamos limitados a um meio restrito. Saímos desse meio, observamos diversos lugares, depois finalmente o próprio universo. O próprio universo evoluindo, a mudança universal, aí está o tempo. Mas substituímos o movimento universal por algo incolor. Preferimos obter, no meio do espaço, um escoamento sem fim. O tempo nos parece ser um meio móvel. Isso seria o espaço tomando-se por leito e nele fluindo. É a mobilidade de um meio. No entanto, essa representação é plena de contradições. Há duas representações do espaço que nos reenviam uma à outra. Na imagem da mobilidade, somos conduzidos à representação de um meio imóvel. Além disso, não podemos representar esse tempo nem como homogêneo nem como heterogêneo. Há a mudança disto e daquilo, mas há a mudança como isto e como aquilo. O tempo homogêneo é a síntese dessas mudanças. Na realidade, existem várias durações que devem ser distinguidas. Não se deve julgar o espaço heterogêneo com o espaço homogêneo. O espaço homogêneo é necessário para a prática, mas, em metafísica, raciocinar sobre o tempo homogêneo como se ele fosse a duração é expor-se a muitas contradições. O idealismo moderno pode ser refutado por meio desse retorno ao espaço heterogêneo e contínuo.

***

Conclusão: não há uma duração, mas durações. Essa multiplicidade é tanto mais rica quanto mais profunda é a vida interior. Podemos, portanto, imaginar uma série contínua de durações cada vez mais concentradas. Entretanto, há um tempo homogêneo para todos, comum a todos os seres conscientes ou inconscientes. Muitos problemas filosóficos provêm da substituição das durações múltiplas pelo tempo homogêneo. Não se tem o direito de usar um símbolo para a análise.

A questão agora é a seguinte: qual é exatamente a operação pela qual essa transferência é feita? Essa passagem seria impossível se não fôssemos corpos. Nós nos percebemos como imagens que denominamos corpos,[99] somos sempre acompanhados pelo mesmo corpo, capaz de se deslocar no espaço. Todo ser que dura é, ao mesmo tempo, um ser que pode mover-se no espaço. Ao mesmo tempo em que a continuidade de [minha/a] vida interior se desdobra no exterior, há um movimento uniforme no espaço. Nada me impede de substituir a duração interna pelo movimento no espaço, pois são dois processos paralelos. Posso, portanto, considerá-los substituíveis um pelo outro. Quando [sinto][100] meu movimento no espaço, suponho passos sucessivos, mas, por meio da memória, obtenho uma adição dos passos entre si, um processo de penetração recíproca; se eu tomar a duração interior e a linha do meu corpo em deslocamento à superfície, posso conceber uma série de intermediários. Nada me impede de finalmente substituir essa duração por uma linha descrita no espaço ao mesmo

---

99 Encontramos essa ideia do corpo concebido como imagem pelo senso comum já em MM (p.201-2).
100 Termo difícil de decifrar no manuscrito.

tempo em que acontece esse desenrolar da vida interior. Posso fazer isso se for útil para mim; ora, isso é útil, indispensável, pois é somente sob essa condição que posso obter um termo de comparação em relação aos outros seres e às outras coisas. Sem essa substituição, não haverá medida comum, nem pontos de contato, nem ciência das relações entre essas durações que são incomensuráveis e incomparáveis entre si. Ao contrário, a linha pela qual substituo a duração é algo comparável a outras partes da linha e a outras linhas. Eu posso substituir essa duração por um tempo conceitual, alguma coisa perfeitamente preparada para a forma conceitual. Para a ciência, esse tempo tem todas as vantagens sobre a duração real. Poderia ser útil aqui comparar os diferentes processos pelos quais cada duração é traduzida em espaço, mas devemos supor tantas durações quantos graus na existência. Há durações mais ou menos ricas e concentradas, e devemos representá-las de acordo com quatro consciências elementares. O que dizemos será verdadeiro até mesmo para coisas que chamamos de inconscientes. É impossível, dissemos, conceder ao universo uma existência no tempo sem lhe atribuir uma ponte entre os vários momentos de duração, ou então ser[ia][101] necessário aceitar a teoria da criação contínua de Descartes. É preciso, então, supor no universo uma consciência que reúne ao menos dois momentos: neutralizamos as transformações do universo e supomos uma mudança sem cor, escoando-se como um rio sem fim. Os antigos filosofavam com mais clareza que nós. Para Aristó-

---

[101] No manuscrito, há somente a abreviação "faudr.", que deve se referir a *faudrait*.

teles, o tempo é a medida do movimento, do movimento da última esfera. Mas o filósofo grego diz também que é a alma que faz o tempo. É difícil saber como ele conciliava essas duas coisas.[102] Plotino nos diz que é a alma do mundo que cria o tempo. A alma do mundo, em sua própria processão, dá a duração.[103] A duração é, portanto, algo psicológico. É verdade que, quando chegamos à tradução mais precisa, constatamos que o mundo material é esférico e que o movimento da esfera é um tempo mensurável. No entanto, para ver o tempo real, devemos nos colocar na própria esfera; a alma do mundo é para nós a duração elementar, a memória do inconsciente. Ao lado, estará o tempo mensurável.

Gostaria de traduzir sob uma forma esquemática o que acabo de dizer. Em S, uma duração real, uma sucessão de qualidades que se penetram.[104]

---

102 Aristóteles define o tempo como "o número do movimento segundo o anterior e posterior" (Aristóteles, *Física*, IV, 11, 219 b, p.252), supõe a conexão de duas atividades: a do móvel, que está em movimento, e a da alma, que numera esse movimento, sendo uma tão necessária quanto a outra para que o tempo seja possível. Entretanto, o grego parece atribuir, no final do livro IV, certa prioridade à atividade da alma sobre o movimento do móvel, o que parece contrariar a própria definição de tempo (ver sobre esse ponto *Física*, IV, 14, 223 a 20-21).

103 Posição plotiniana exposta na terceira enéada, cap.7. Bergson retornará a essa concepção plotiniana da alma do mundo no curso sobre a história da ideia de tempo (ver HI, p.268).

104 Esquema semelhante é encontrado nas notas de Raïssa Maritain, exceto por alguns detalhes: sob os pontos S, S' e S", por exemplo, há uma seta descendente; os pontos M e T não são mencionados, e cada representação espacial de duração é conectada à duração ver-

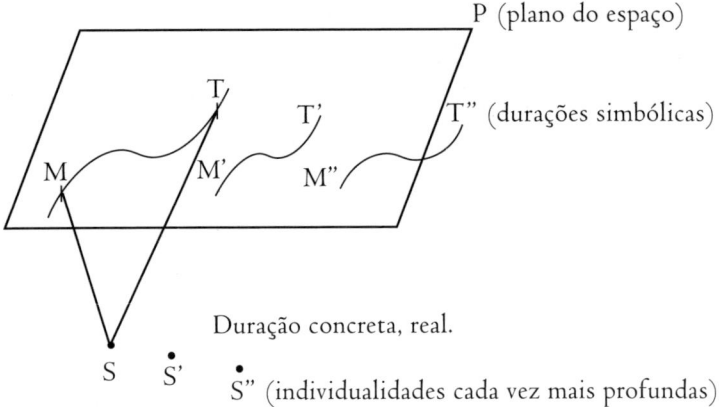

O esforço [palavra ilegível] ser é levar as durações a se socializarem e se espacializarem. Elas se elevam em direção ao plano do espaço. Para obter M, T, P... é necessário admitir que S, S', S"... se movem com um movimento que se traduz em durações comparáveis entre si. O papel da ciência (ciências físicas, matemáticas) é substituir a duração real por movimentos

___

dadeira por uma linha vertical. Além disso, em lugar de "individualidades cada vez mais profundas", lemos "as individualidades estão se tornando cada vez mais marcadas".

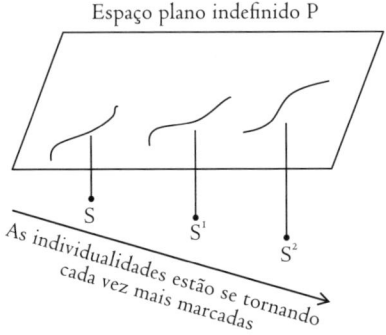

90

descritos no espaço de modo a compor simultaneidades. Nas ciências, não se trata jamais da questão da duração. Para ela, o tempo não é nada além de um número que conte simultaneidades. A ciência nunca se inquieta com o que há entre as simultaneidades. Divide-se o espaço em 24 partes iguais que passam pelo eixo do mundo formando dois diedros de 15 graus. Será declarado que uma hora decorreu quando a Terra tiver passado de um ponto ao outro. Mas o que se denomina aqui de passagem do tempo corresponde à operação pela qual se contam simultaneidades. Medir o tempo consiste em conservar simultaneidades. Divide-se o tempo em partes, anotam-se as simultaneidades entre os fenômenos [palavra ilegível] a passagem da Terra [palavra ilegível] diversos planos traçados e [concebido] as coexistências entre os fenômenos e a passagem da Terra. Suponho que os movimentos iriam duas vezes mais rápido. Não haveria o que mudar nas cifras da ciência. Tudo iria duas vezes mais rápido, mas nada teria mudado; essa suposição consiste em acreditar que nada mudou, e é uma hipótese absurda. Na vida não é a mesma coisa, porque a vida vive a duração. Poderíamos fazer a cinemática suprimindo o tempo e o movimento. Para estabelecer essa convenção bastaria (cf. M. Calimant)[105] [suponhamos][106] duas curvas — S, T —, e que contemos os comprimentos dos arcos de uma [medida].[107] O ponto pode ser determinado pelo comprimento do arco; e nos pontos S e T

---

105 Autor não identificado.

106 No manuscrito, "supposa" em vez de "supposons".

107 Encontramos no manuscrito a repetição do termo "certa"; pareceu-nos mais sensato substituí-la pela palavra "medida", mais coerente com o sentido da frase.

podemos fazer as duas curvas corresponderem ponto a ponto, de modo que possamos passar de S a T. Convenhamos chamar de velocidade a derivada de S em relação a T. Convenhamos chamar de aceleração uma nova função da primeira. A cinemática subsiste. A mecânica se passa inteiramente, portanto, sem tempo nem espaço. Suponhamos novamente que a duração de todas as coisas seja acelerada a tal ponto que seria instantânea para nossa consciência. Isto não é impossível (estrela cadente, carvão vermelho agitado no escuro etc.). Uma consciência perceberia todos os fenômenos nesse tempo que equivale ao instantâneo. Veríamos o movimento da Terra desde sua origem passada até seu fim futuro sob a forma de uma imensa espiral, e todas as fórmulas da física se conservariam tais e quais. Bastaria comparar a situação da Terra sobre essa espiral e os fenômenos contemporâneos. Entretanto, não haveria mais duração, apenas instantaneidade. Os matemáticos estabelecem ideias correspondentes. Não há na ciência nenhum meio para estabelecer que dois tempos são iguais. É preciso supor para isso que o movimento da terra é uniforme, mas nada o prova. Trata-se de pura convenção. A igualdade somente pode ser definida pela superposição, só é possível superpor linhas e é preciso admitir que linhas iguais correspondem a durações iguais. A igualdade de duração é aqui sempre convencional. Já para a consciência, não acontece a mesma coisa. Nossa consciência declara que dois dias são mais ou menos os mesmos. Ela é competente. O movimento da Terra é uniforme, diz a consciência. A ciência se apodera dessa ideia, mas, se fosse apenas ciência, ela se absteria desse resultado trazido pela consciência.

Décima primeira aula
Sessão de 28 de fevereiro de 1902[?]

Aplicação das perspectivas formuladas sobre a duração. Kant formulou, sob forma de antinomias, as contradições nas quais lhe pareceu que desembocava a filosofia moderna enquanto dogmática. Toda filosofia chega, segundo ele, a um número de impasses. O que temos de mais simples a fazer é tomar as antinomias do filósofo (as duas próximas aulas que tratarão das duas primeiras antinomias: antinomias [estáticas][108] e antinomias dinâmicas).[109] Para isso, mostraremos que essas pretensas contradições repousam sobre a aproximação contraditória entre dois elementos indissociáveis. Hoje gostaria de mostrar como há contrariedade nos aspectos do tempo e do espaço.

---

108 No manuscrito, em lugar de "estáticas", encontra-se "antinomia matemáticas".

109 Bergson não tratará de todas as antinomias, mas das duas primeiras de cada série, na medida em que se relacionam com a questão do tempo, a saber: antinomia que diz respeito ao caráter finito ou infinito do mundo, e a que diz respeito à possibilidade de uma causa incondicionada. Ver Kant, "Dialética transcendental", op. cit., AK III, 294-5, p.430-1; AK III, 308-9, p.442-4.

Quais são as características do espaço e do tempo? No tempo,[110] há sucessão,[111] coisa indefinível, sentida mais do que percebida. Há então diversidade necessária, heterogeneidade. Dois momentos aparecem sempre como diversamente coloridos. A duração implica sempre, em proporções variadas, a consciência de algo equivalente, algo que retém a característica essencial. Esse algo é a memória, a conservação do passado no presente. Existe duração somente ali onde há um interior, uma consciência, uma memória. Tomando-se o termo consciência em sentido geral, chega-se à conclusão indicada. Dessa forma, acrescentamos que a duração não é algo impessoal, exterior aos seres que duram, uma espécie de meio indiferente e vazio. A duração é inseparável do ser que dura, consubstanciada com o ser. Há tantas durações quantos seres que duram e poderemos assim tomar a duração da matéria bruta e pensar numa consciência diluída. Poderemos instalar, sobre essa duração, durações parasitas — esta é apenas uma maneira de ver as coisas —, mas não deixa de haver durações múltiplas.

O espaço[112] é exatamente o oposto; ele não tem sucessão temporal. É a negação da sucessão. É necessariamente homogêneo; as diferenças qualitativas são colocadas sobre o espaço. Para encontrá-lo é preciso ultrapassar as diferenças e encontrar partes idênticas. É preciso buscar, sob a cor,[113] o incolor. A homogeneidade real é o espaço; e o espaço é, de alguma maneira,

---

110 Sublinhado duas vezes no manuscrito.
111 Todas as passagens sublinhadas na edição do texto são sublinhadas no manuscrito.
112 Sublinhado duas vezes no manuscrito.
113 No manuscrito, logo depois da preposição "sob", há uma palavra ilegível, aparentemente rasurada.

por definição, aquilo que é exterior à consciência. É a negação da consciência. Se retirarmos toda a consciência, resta um espaço árido e incolor. Se fizermos tábua rasa de tudo aquilo que somos, resta o espaço. Os antigos viam muito bem: denominavam o espaço de não ser. É o próprio modelo da exterioridade. Há somente um único espaço. Segundo Kant, não poderemos representar fragmentos do espaço sem considerá-los partes de um só espaço;[114] pode-se, por abstração, dissociar os meios do tempo e do espaço. Nós então veríamos a diferença. Um fenômeno se repete. Pensamos nisso quando falamos das leis da natureza. Na duração verdadeira, não se pode representar o mesmo fato se repetindo. Haverá sempre algo mais em um acontecimento [que] vem depois do outro. O estado da pessoa não permaneceu o mesmo. A lembrança do estado anterior muda o estado atual. Um fato de consciência não pode repetir-se como idêntico a si mesmo. Pelo simples fato de que um estado se prolonga, ele muda. Ademais, várias ocorrências concomitantes não podem ser reproduzidas no teatro da consciência. Se falamos de motivos idênticos agindo sobre diferentes pessoas, falamos em abstrato. Não há jamais as mesmas condições, jamais os mesmos fatos. No espaço, a rigor, podemos supor as mesmas condições (causalidade).

114 Kant, "Estética transcendental", op. cit., AK IV, 32-3, §2, p.121: "O espaço não é um conceito discursivo ou, como se diz, universal, de toda coisa em geral, mas sim uma intuição pura. Pois, primeiramente, só é possível representar um único espaço, e quando se fala de vários, entende-se por isso apenas partes de um só e mesmo espaço único. [...] Ele é por essência uno; o diverso nele, por consequência, o conceito universal de espaços em geral repousa pura e simplesmente sobre limitações".

Mas, no mundo interior, o que isso poderia significar[?] Há uma história que se desenrola; [contudo] não pode haver <u>leis históricas</u>. Os antecedentes são sempre novos, também nova é a ação. A diversidade no espaço e no tempo é absolutamente diferente. Primeiro, causalidade, determinação. Segundo, desenvolvimento contínuo, liberdade.

A confusão do tempo com o espaço leva a dificuldades intransponíveis. Quando pensamos no tempo, pensamos em pontos sobre uma linha, em elementos justapostos e simultâneos. Se pensamos o tempo através do espaço, ele perde a continuidade [e][115] a heterogeneidade. É um grande rio homogêneo que corre no leito do espaço. Além disso, o tempo se torna exterior a todos os seres, pois pensamos na duração em geral. Essa representação do tempo através do espaço contamina o tempo. O tempo também marca o espaço. O espaço de Kant é, em parte, feito de duração.

Eu gostaria de preparar a próxima aula. Essa contaminação recíproca dá origem a um problema insolúvel: o da infinitude do espaço. Dadas as premissas,[116] a que conclusão dogmática chegamos? Essa questão é diferente da [in]finitude do mundo material. Essa segunda problemática é científica, ou pode sê-lo. Certos fenômenos só podem ser explicáveis se admitirmos a [in]finitude do mundo; não é de modo algum absurdo supor que a ciência pode provar que o mundo é finito, ou mesmo infinito, embora aqui a dúvida continue a reinar. Mas esta não é a questão levantada [nas/pelas][117] antinomias de Kant. O filósofo

---

115 Palavra difícil de decifrar no manuscrito.
116 No manuscrito, "prémices" em vez de "premisses".
117 Palavra difícil de decifrar no manuscrito.

[coloca]¹¹⁸ o espaço ora como finito, ora infinito. É verdade, como Kant pretende nas antinomias, que nós representamos o espaço como finito e infinito de uma só vez? Não hesitamos em declarar: representamos o espaço como infinito. Se o espaço é um continente, ele é infinito. Se fosse uma soma, seria uma soma finita. No entanto, o espaço envolve essa operação. Não importa até onde a operação vá, o continente será sempre infinito. Nós tentamos contar, mas sabemos que é infinito. No caso do tempo, podemos representá-lo somente como finito. A duração é uma ação sempre terminada. Nossa própria duração tem um começo e um fim. A duração do universo é representada por uma sucessão de mudanças que têm um começo no tempo. Posso representar um universo anteriormente imutável, mas ele duraria? Toda duração, todo tempo é finito. A duração pura sempre se mantém dentro de limites precisos. A primeira antinomia de Kant decorre apenas dessa confusão. O tempo visto através do espaço se torna infinito, um continente universal. Porém, não podemos somar indefinidamente, e fazemos o espaço coincidir com a soma obtida no momento dado. Ora tomamos o espaço e o tempo como puros e infinitos, ora, contaminados, atribuímos a um deles a infinitude, ao outro, a finitude.

---

118 No manuscrito, discernimos apenas duas letras, "po".

Décima segunda aula
Sessão de 14 de março de 1902[119]

Vamos estudar a primeira das antinomias kantianas (antinomia matemática) e a terceira (antinomia dinâmica), tomadas por nós como paradigma das dificuldades levantadas pela confusão entre as características do espaço e do tempo. Se pudesse ser demonstrado que tais oposições não são irredutíveis, teríamos encontrado, graças à análise de Kant, as razões pelas quais o velho dogmatismo e o próprio kantismo fracassaram. É indispensável em primeiro lugar estudar rapidamente a teoria kantiana do tempo. Num capítulo da "Estética transcendental",[120] Kant diz que o tempo é *a priori* por cinco razões:

---

119 As duas próximas aulas foram anotadas por Jacques Chevalier, que indicou as respectivas datas. Chevalier atribuía presumivelmente essas aulas ao curso sobre a ideia de causa. Ver Chevalier, *Entretiens avec Bergson*, p.6-7.

120 Kant, "Estética transcendental", op. cit., AK IV, 36, §4, p.126-7. Bergson resume, em primeiro lugar, as cinco razões da "exposição metafísica do conceito de tempo", subtítulo acrescentado ao §4 na segunda edição da *Crítica da razão pura*.

1. O tempo não pode ser um conceito empírico porque a sucessão e a simultaneidade são quadros necessários para a percepção, dados independentemente do espaço. Por que a sucessão não seria dada na experiência, particularmente na experiência interna? Se torna visível por que Kant mantém o caráter *a priori* da sucessão, concebe a realidade como uma sucessão: se concebe a realidade como multiplicidade de grãos de poeira colados ou filetados,* é então necessário que, antes do diverso da intuição, desse dado, haja a cola e o fio, ou seja, a simultaneidade e a sucessão. No entanto, a separação em grãos é obra nossa, consequentemente, a cola e o fio também: o que é dado primitivamente na experiência é a continuidade. Essa razão não pode, portanto, provar a aprioridade do tempo.

2. O tempo é uma representação necessária na base de todas as intuições, sem ele a mente não terá intuições. Aparentemente, eu poderia representar o mundo sem o auxílio da duração: podemos nos desfazer da representação da duração sem conceber forçosamente que o mundo seja abolido. Com a representação do espaço, ocorre algo totalmente diferente. O erro de Kant, justamente, é o de representar o tempo sob a forma de espaço, e desse modo estabelecer — o que é verdadeiro — que o tempo assim

---

* O termo usado por Bergson é "enfilés", do verbo "enfiler". Pouco usado em português, literalmente é "filetado", admitindo-se também "rosqueado". Neste trecho, trata-se da ação de ordenar ou enfileirar pérolas ou contas por meio de um fio, formando um colar. A imagem é recorrente na filosofia de Bergson, sempre que reafirma sua crítica à concepção da vida mental como ligação exterior de elementos isolados. (N. T.)

compreendido é necessário para que possa haver intuição. Ele provou esse ponto apenas para o caso do espaço.

3. O tempo tem uma só dimensão. Trata-se de um axioma necessário, que não pode ser tirado da experiência, portanto, o tempo é *a priori*. É verdade afirmar que o tempo tem somente uma dimensão se aceitamos uma representação do tempo sob forma espacial, conforme o símbolo de uma linha indefinida no espaço. Kant cita um segundo axioma que lhe parece ser *a priori*: dois momentos do tempo são sucessivos, não simultâneos. Não estou bem certo disso. Tomemos duas durações diferentes, dois ritmos de consciência que são simultâneos; não tenho aí a representação de dois elementos do tempo que coexistem? Na experiência de Kant, trata-se de espaço, não de duração real.

4. O tempo é uma forma pura da intuição sensível: tempos diferentes são apenas partes diferentes de um mesmo tempo. É realmente certo que tempos diferentes não diferem uns dos outros como as várias espécies de um mesmo gênero? Não se devem projetar as durações no espaço a fim de obter para elas uma representação simbólica una e simples, pois desse modo se deforma o tempo.

5. A representação do tempo é dada como infinita porque grandezas determinadas de tempo são algo recortado no tempo em geral e, por isso, o tempo total deve ser ilimitado. Mas o tempo é um ato, um progresso, isto é, finito, limitado. O Ser, ao ser posto como o não Ser, o meio vago em que tudo se move, pode ser definido como alguma coisa ilimitada; mas o tempo só será considerado ilimitado se for traduzido simbolicamente sob a forma de uma linha contínua até o infinito.

Podemos agora entender a confusão da qual surgem as dificuldades apontadas por Kant. Nas antinomias, nas quais o filósofo aborda diretamente a realidade, ele vai mais longe do que na "Estética transcendental": representa por vezes a duração real, finita, salvaguardando a concepção da duração *a priori*, e infinita, tal como estabeleceu nesse texto. Kant oscila então entre duas representações da duração; o mesmo ocorre com duas representações de espaço, uma pura, outra misturada de duração. Primeira antinomia. O mundo tem um começo no tempo e é limitado no espaço; o mundo não tem começo e não tem limites no espaço. Pode concluir, assim, que o espaço e o tempo são formas *a priori* de nosso espírito.

Vejamos as provas: 1) O mundo tem um começo, porque, na hipótese contrária, seria preciso representar como decorrida, isto é, finita, essa síntese infinita que seria o tempo.

Antí[tese]. O mundo não tem começo, caso contrário, teria sido precedido de um tempo vazio, quer dizer, de nada, e *ex nihilo nihil*. Não podemos nos ater a uma duração limitada, somos obrigados a cercá-la com um tempo vazio.

No entanto, enquanto na tese a duração é postulada como uma operação, um progresso, na antítese ela é colocada como algo espacial, totalmente feito. Aqui, não é do tempo que Kant fala, mas do espaço.

Tese. O mundo é limitado no espaço porque, se não o for, seria necessário um tempo infinito para conseguir enumerar todas as suas partes, o que é impossível. É então o tempo que nos impede de considerar o espaço como infinito. Mas o espaço é algo que eu me dou como maior que toda representação, toda síntese, e ele não é indefinido, mas infinito, porque o espaço puro é totalmente feito.

Antí[tese]. Kant não tem dificuldade para demonstrar que o mundo é ilimitado no espaço, raciocínio a salvo de qualquer objeção, uma vez que o espaço transborda por toda parte que dele se representa.

Kant tem razão, no caso do tempo, na tese; está errado na antítese. Sobre o espaço, tem razão na antítese, está errado na tese. A fonte das dificuldades que ele assinala por meio dessa dupla antinomia é a confusão entre o tempo e o espaço contaminados um pelo outro, ao passo que seria preciso considerá-los em estado puro, no qual veremos que o espaço é infinito e o tempo, finito.

Décima terceira aula
Sessão de 22 de março de 1902

Chego à terceira antinomia, dinâmica, não mais matemática. Tese. A causalidade natural não basta para a explicação dos fenômenos, é preciso também afirmar a liberdade. Antítese. Há somente a causalidade natural, a determinação, e não liberdade.

Demonstração da tese. Kant distingue a causalidade natural da causalidade livre: a primeira é a operação de uma causa que é efeito de outra; a segunda é a operação de uma causa que não tem causa, que existe por si, que é um começo absoluto. É preciso que haja causalidade livre distinta da causalidade natural: de onde vem, questiona Kant, o fato de que procuramos uma causa para cada coisa? Isso resulta da nossa tendência a completar o incompleto; eis por que remontamos sempre à série dos efeitos e das causas. Suponhamos que essa regressão não tenha final, que não haja causa absoluta, isso significaria contradizer o próprio princípio que pretendemos aplicar. É necessário, então, estabelecer uma causa absoluta, que se basta por si, isto é, a liberdade.

É de se notar que essa maneira de argumentar talvez nos conduza antes à hipótese de uma criação do mundo do que à da liberdade humana. Para Kant, se a liberdade existe, trata-se de um começo absoluto. Ele reconheceu (na nota sobre a terceira antinomia) que sua argumentação tende a colocar a liberdade na origem do todo, mais do que na origem de nossas ações,[121] porém, pensou poder daí deduzir a liberdade das partes. Essa nota é sugestiva porque nos faz compreender os motivos pelos quais os pós-kantianos passaram tão facilmente do eu a Deus e [ligam[?]][122] [de] perto esses termos como dois pontos de vista sobre uma mesma realidade. Demonstração da antítese. Suponham que haja um começo absoluto: não há mais unidade em nossa experiência; vocês postulam um hiato que produz na natureza [onde reina] uma solução de continuidade, uma interrupção abrupta, e que destrói a lei da causalidade natural. Portanto, não poderia haver causalidade livre, pois a sequência de causas e efeitos seria rompida.

Uma objeção se apresenta: se colocarmos a liberdade não no meio, mas no início da cadeia de causas e efeitos, essa interrupção não se produzirá. Isto mostra que Kant não postula apenas a unidade da experiência, mas também a infinitude da duração, pois se a liberdade fosse colocada no início da experiência, o princípio da infinitude da duração seria refutado.

Assim, na tese, Kant supõe a possibilidade de remontar a um começo absoluto; na antítese, a impossibilidade de um começo na duração.

---

121 Kant, op. cit., AK III, 311, p.446: "Com efeito, essa necessidade de um primeiro e livre começo de uma série de fenômenos só foi propriamente demonstrada na medida em que era exigida para tornar compreensível uma origem do mundo".

122 Termo de difícil compreensão no manuscrito.

Reconduzir o problema da liberdade humana ao problema da origem do todo foi o trabalho do filósofo, e levou a duas soluções possíveis: se há origem do todo, se a duração é finita, há liberdade no começo do todo e, consequentemente, no interior das coisas; se não há origem do todo, se a duração é infinita, não há liberdade, não há começo absoluto, então é inútil colocar a liberdade no interior da série, o que contradiria o princípio da unidade da experiência.

Todavia, se provarmos o caráter finito da duração, a antinomia desaparece, a liberdade aparece como possível. Acontece que há algo mais na terceira antinomia, existe uma concepção de causalidade e de multiplicidade de fenômenos em geral própria de Kant: percebemos por trás uma concepção particular do tempo, e assim voltaremos a ela, mas por uma via dinâmica. Kant representa a causalidade, no mundo dos fenômenos, como algo que vem de fora reunir fatos exteriores uns aos outros, justapostos como grãos de poeira ou como pérolas. A relação causal não é uma relação interior, diversa conforme os diversos materiais aos quais se aplica, ela se acrescenta à multiplicidade de fatos a fim de abraçá-los. Concepção um pouco brutal, sem nuances nem graus, da causalidade e, também, da liberdade: não há nenhum intermediário possível entre a causalidade absoluta e a liberdade absoluta. Não é surpresa que, nessas condições, Kant tenha educadamente reconduzido a liberdade para fora do mundo dos fatos.

Essa antinomia postula a exterioridade em relação aos fatos e a rigidez da relação causal, e podemos perguntar se essa concepção não está sujeita a cautela, como a hipótese que lhe deu origem: hipótese de um tempo traduzido simbolicamente na linguagem do espaço. A relação que une os fatos, sendo a própria continuidade desses fatos seu prolongamento uns nos outros, não lhes é exterior; por outro lado, haverá graus na necessidade dessa relação: nunca, se a ação é livre, podemos ler em seus motivos o que deles resultará, ou seja, a ação; existe pré-formação, não determinação. Mesmo o pintor mais hábil jamais poderá prever, a partir da visão da figura de uma criança, o que ela se tornará na meia-idade e na velhice. No domínio moral, nossa consciência nos diz que somos livres: ao negar a liberdade, é necessário oferecer provas para essa negação.

Assim, a exclusão da liberdade por Kant na terceira antinomia repousa na confusão da duração com seu símbolo espacial, e na concepção de causalidade que resulta dessa confusão. Trata-se de saber se há mesmo, como Kant acredita, apenas um tipo de causalidade, rígida e sem elasticidade, ou se não haveria lugar, por toda parte, para uma indeterminação.

Décima quarta aula
Sessão de 11 de abril de 1902[123]

Senhores,

Tentamos, na primeira parte deste curso, destacar dois pontos que, aliás, consideramos complementares.

Primeiro ponto: se nos analisamos, se nos observamos, conseguimos apreender, no mais profundo de nós mesmos, no que chamamos nossa "duração", uma duração cujas partes, como dissemos, se interpenetram umas nas outras, dado que a duração é contínua, é a própria continuidade, é qualidade e não quantidade. Enquanto as partes de que é feita são heterogêneas, confundindo-se com o que chamamos de pulsações da vida interior. Entendemos que essa duração, causa extensiva à vida interior, à vida psicológica, é uma duração que varia de ser para ser, ou pelo menos de espécie para espécie. Se não podemos sair inteiramente de nós mesmos para representar durações diferentes da nossa, pelo menos podemos – e devemos – supor, em virtude de um raciocínio por analogia, que

---

123 A partir desta aula, transcrevemos a digitação estenográfica dos irmãos Corcos, mais clara e completa do que as notas manuscritas.

as diversas durações diferentes das nossas medem, por assim dizer, todos os graus possíveis de tensão da consciência, o que também poderia ser dito a respeito da força da memória. Que, para resumir, não há um só tempo, há diferentes fluxos, diferentes durações, diferentes desenrolamentos de tempo, múltiplas durações, enfim. Este é o primeiro ponto.

Acrescentamos — segundo ponto, tão importante para nós quanto o primeiro — que o esforço pelo qual conseguimos liberar essa duração, libertá-la em estado puro, apreendê-la tal como ela é originalmente, que esse esforço é doloroso. Trata-se, por assim dizer, de um esforço para subir novamente a encosta da natureza. Não é natural, não está de acordo com a natureza apreender o tempo, percebê-lo sob essa forma. Não é assim que costumamos percebê-lo. As características que normalmente atribuímos ao tempo, e que lhe atribuímos porque acreditamos percebê-las, são as inversas, opostas àquelas que acabamos de enumerar.

Dissemos que as partes da duração, tais como são apreendidas pela consciência ao se redobrar profundamente sobre si mesma, não são partes exteriores umas às outras, mas que se misturam.

No tempo tal como naturalmente aparece à mente e como formulamos em linguagem, existem partes nitidamente exteriores umas às outras, as quais chamamos de "momentos" e que são tão exteriores entre si quanto os pontos justapostos no espaço são exteriores uns aos outros. Dissemos que as partes da duração real são essencialmente heterogêneas entre si, já que coincidem com as partes essencialmente diferentes, sempre em estado de devir, de nossa vida interior.

Totalmente outros são os momentos desse tempo pelo qual substituímos a duração interna; são partes idênticas umas às outras. Nada, dissemos, nada distingue um momento do tempo de outro momento do tempo, e o tempo geralmente aparece como um meio indiferente àquilo que o preenche, sendo sempre o mesmo para acontecimentos diferentes. Dissemos que não há uma duração, uma duração única, mas tantas quanto as que existem e que podemos imaginar consciências com ritmos diferentes, com uma vida mais ou menos rica, desenrolando-se, florescendo, vivendo seu conteúdo de alguma maneira. Ao contrário, o tempo de que se fala, o tempo que representamos claramente, é um tempo que é o mesmo para todos os seres e para todas as coisas, um tempo "impessoal". Em suma, seja qual for o lado pelo qual tomamos essa representação, por assim dizer, clara e distinta do tempo, as características que nela encontramos são profundamente diferentes, diria quase inversas, daquelas que a duração real parece apresentar à consciência.

Perguntamo-nos de onde vinha essa inversão dos aspectos do tempo, e como alguma coisa que se apresenta à consciência dobrada sobre si, refletindo-se sobre si, e por isso segura de si, alguma coisa que representa características de tal forma distintivas — eu diria, quase tão estranhas que não poderíamos tê-las inventado, mesmo se quiséssemos —, como essa coisa, o que quer que ela seja, pôde deformar-se sob o olhar da reflexão e da inteligência que se formulam elas próprias distintamente. Constatamos que essa duração não é jamais percebida por nós em estado natural, jamais é percebida em si mesma, somente a percebemos através de um véu que se interpõe entre ela e nós. Esse véu é o espaço.

Nossa existência decorre no espaço. Somos, sobretudo, seres que agem materialmente no espaço. Teatro de nossa ação, teatro também de nossa representação, o espaço é o meio no qual representamos o tempo e que, por isso, o obscurece ou, pelo menos, deforma suas características originais.

Todas as características que acabamos de constatar no tempo, não como a consciência profunda o apresenta, mas tal como o representamos em geral, todas elas são as próprias características do espaço. É o espaço um meio comum a todos os seres e a todas as coisas, o mesmo para todas e todos, indiferente a tudo que o preenche. O espaço é um meio com partes essencialmente idênticas umas às outras, dado que, se quisermos representar duas coisas iguais e, no entanto, distintas, não há outro meio de fazê-lo a não ser representar partes do espaço, espaços diferentes uns dos outros. Eles são diferentes e, todavia, idênticos por definição.

É ainda no espaço – e no espaço somente – que há exterioridade completa das partes entre si. Afinal, o que é o espaço senão essa própria exterioridade das partes? Qual meio teríamos para justapô-las, representá-las em conjunto, distintas, diferentes, absolutamente separadas? Qual meio teríamos além deste, o espaço? E, finalmente, poderíamos acrescentar, é no espaço que lidamos com elementos não somente distintos, mas imóveis. O espaço é, por definição, a imobilidade. Ora, é certo que decompomos o tempo – este é um ponto para o qual eu poderia e deveria ter chamado a atenção –, decompomos o tempo, o tempo homogêneo, em momentos. Cada um desses momentos nos passa a impressão de ser simples, de ser, por isso mesmo, imóvel, de não ser mais alguma coisa que devém e que dura.

Tal representação seguramente não é uma representação de elementos de duração; trata-se de uma representação de elementos de espaço. Então, quando falamos ordinariamente do tempo, é o espaço que percebemos; na verdade, um espaço no qual introduzimos tudo o que é necessário para que, na prática, ele não seja contrário à essência do tempo real, um espaço em que introduzimos o movimento, um espaço em movimento, poderíamos dizer. Trata-se de um meio homogêneo, é o espaço, mas um espaço que leva consigo, em um movimento uniforme e impessoal, tudo o que o preenche; é como um movimento do espaço ou, porque é impossível dizê-lo e não podemos supor que o espaço se mova para fora de si mesmo, é o espaço movendo-se sobre si, ou seja, algo estranho, bizarro, que no fundo é contraditório, porque, enquanto estivermos lidando com o espaço, estamos lidando com a imobilidade. E, entretanto, está tão bem arrumado que, na prática, pode tomar o lugar da duração, até mesmo pode ser vantajoso servir-se desse esquema em vez da própria duração. Mas, enfim, não é a duração; na realidade, é o espaço com algo dessa mobilidade que é a essência da duração nele introduzida, apenas o suficiente para que ele possa servir de equivalente prático do tempo.

Esta análise, senhores, ocupou a maior parte das aulas do primeiro semestre. Terminamos o semestre deixando entrever que muitas das maiores dificuldades que a filosofia levanta – não ousaria dizer todas as dificuldades – são provenientes do fato de que substituímos a duração real por uma representação totalmente simbólica, representação válida e suficiente para a prática, mas que só pode engendrar, em primeiro lugar, obscuridades e, em seguida, contradições no caso de lhe atribuirmos um valor especulativo. Para abreviar essa demonstração que teria ido bastante longe, em vez de rever as diferentes doutrinas, fomos procurar, no filósofo que pronunciou contra a metafísica a acusação mais enérgica, em Kant, na *Crítica da razão pura*, as contradições – segundo ele, insolúveis para a metafísica –, as antinomias às quais chegamos quando pretendemos que a mente é capaz, unicamente pela força da especulação, de ir além da aparência, de ultrapassar o puro fenômeno a fim de apreender a realidade em si. Kant aponta tais antinomias ou contradições na velha metafísica; para nós, ele tem razão em destacá-las e, ao fazê-lo, efetivamente honrou a filosofia. Ele pôs a nu, como eu diria, as contradições, as dificuldades insolúveis que o velho dogmatismo, de Platão a Leibniz, havia levantado, e concluiu que a metafísica era impossível.

Se pudéssemos estabelecer que as contradições formuladas nas antinomias da *Crítica* se devem, antes de tudo, ao fato de que se substitui a realidade do devir tal como ela é dada imediatamente à consciência por algo que toma o seu lugar, algo que não é essa realidade, não é tempo nem duração, mas espaço; se pudéssemos estabelecer que, à luz dessa distinção, as contradições assinaladas ou se atenuam, ou talvez até se dissolvam, bem, então restaria dessa parte da *Crítica da razão pura* a constatação de que a metafísica anterior errou ao fazer tal confusão e, se a dissiparmos, uma metafísica se torna possível. Assim, seria possível tirar das premissas de Kant outra conclusão, absolutamente diferente. Eis a ideia que expusemos, senhores, nas duas ou três últimas aulas do primeiro semestre.

Antes de passar a um curso que será o desenvolvimento dessa ideia – curso do ano que vem, que será dedicado, aliás esse será o seu título, à história da ideia de tempo, nos gregos primeiramente, depois na filosofia moderna –, para preparar essa história, na qual tentaremos tomar em sua origem e seguir seus desenvolvimentos, primeiro a identificação da duração com o espaço, em seguida todas as conclusões e consequências, umas sendo extremamente úteis para a especulação, outras, ao contrário, perigosas para o desenvolvimento metafísico que delas foi retirado. Eu gostaria – antes de abordar esse estudo e para prepará-lo – de mostrar que essa confusão da duração com o espaço que a simboliza, confusão que sempre me pareceu existir em quase todos os sistemas, não é acidental, como se pode supor, não é algo contingente, que poderia não ter acontecido; é algo necessário; ela se deve à própria conformação de nosso pensamento natural, às leis gerais de nossa inteligência e de nossa faculdade de pensar.

O pensamento humano é, antes de tudo, um pensamento lógico. O pensamento humano trabalha sobre elementos que ele teve o cuidado de preparar de modo que eles pudessem servir a uma elaboração ulterior e indefinida. O pensamento humano é um pensamento que gosta de trabalhar, que tem necessidade de trabalhar, e que faz o possível para preparar seus instrumentos de trabalho.

Gostaria de mostrar que, dada essa necessidade de pensamento, dado que nosso pensamento é um pensamento lógico, dado que nosso pensamento é um pensamento que, para empregar a expressão corrente, trabalha sobre conceitos, ou seja, sobre ideias manejáveis, ideias intelectualmente manejáveis, dado que nosso pensamento é desse modo, é preciso que ele represente a duração, a mobilidade interior das coisas de tal forma que os principais aspectos dessa mobilidade se atenuem, se apaguem e até mesmo, por assim dizer, desapareçam. Em outros termos, gostaria de estabelecer que, por um lado, o pensamento lógico, as operações habituais do pensamento conceitual, e, por outro, que o trabalho pelo qual substituímos a duração real, o devir real percebido pela consciência, por um tempo homogêneo que não é quase nada além do que o espaço levemente modificado para esse uso... eu gostaria de mostrar que essas duas operações, no fundo, coincidem. Trata--se de dois pontos de vista sobre uma única e mesma operação, dois aspectos de um e mesmo trabalho. Eis o que eu gostaria de mostrar. E, acrescento de imediato, não farei essa demonstração – como vocês podem imaginar considerando o que precede – sem certo subentendido, certa intenção, pois o que estou tentando estabelecer, o que gostaria de demonstrar, é que esse pensamento conceitual, esse trabalho do espírito que opera sobre elementos lógicos facilmente manejáveis, esse trabalho é, sem dúvida, algo muito elevado, algo que eleva o homem acima do animal, algo pelo qual o homem, a humanidade, se separa inicialmente da animalidade, algo que está na origem e no fundo, eu quase diria, de todas as coisas humanas, propriamente humanas. Está na origem da linguagem em primeiro lugar. Não falaríamos se não tivéssemos ideias claras e distintas, ideias--conceitos na origem da linguagem, na origem da indústria, da ciência – pelo menos da ciência voltada para a prática, para o útil (porque não há ciência sem símbolos, não há ciência sem linguagem, sem conceitos) –, na própria origem, se quisermos, da filosofia, porque a filosofia não teria sido possível sem essa alavanca que lhe serviu, ou que devia servir, para que ela se elevasse acima da simples materialidade da existência.

Portanto, esse pensamento lógico e conceitual é efetivamente algo muito elevado e, todavia, talvez seja menos elevado do que acreditaram e disseram muitos filósofos – eu diria que quase todos os filósofos acreditaram –, e eles tinham efetivamente razão, de que há a possibilidade de uma metafísica, isto é, possibilidade de uma ciência que ultrapassa as puras aparências, que transcende os fenômenos e que atinge aquilo que se denominou absoluto, isto é, a realidade por trás da aparência. Se a realidade pode ser alcançada, se houver um conhecimento possível, ainda que parcial, do absoluto, é provável, como a história da filosofia parece estabelecer, que ele não pode ser alcançado apenas por conceitos, unicamente por um desenvolvimento do pensamento, um desenvolvimento e uma aplicação do pensamento conceitual que podemos alcançar.

Senhores, não se deve ir muito longe nessa via, seria muito perigoso. Se, de uma maneira ou de outra, o conceito, a pura lógica, o pensamento puramente lógico, deve ser ultrapassado para alcançar a realidade absoluta, é claro que não é de uma maneira arbitrária que devemos ultrapassá-lo. É evidente que devemos guardar sempre um ponto de contato com o pensamento conceitual, que o trabalho que faremos, a tarefa que realizarmos, qualquer que seja, deverá sempre poder ser traduzida, expressar-se o máximo possível em conceitos, em pensamentos lógicos – o máximo possível não significará jamais totalmente possível. E se estamos verdadeiramente na direção do real, na direção metafísica, haverá sempre alguma coisa que não poderá ser traduzida em conceitos, algo de incomensurável com o pensamento lógico, inexprimível por ele e, todavia, será necessário que a maior parte possível desse trabalho seja capaz de passar nos conceitos e expressar-se simbolicamente; caso contrário, estaríamos na pura arbitrariedade, e a lógica não contaria mais para nós.

O que pretendo é que esse trabalho do espírito que transcende a lógica não deve ser ilógico, ele deve poder reduzir a maior parte de nós mesmos a termos lógicos de tal modo que haja sempre algo claramente exprimível e comunicável; e alguma coisa, pouca coisa, quase nada (todavia, o mais importante), será incomunicável e de tal natureza que todos nós poderemos, indubitavelmente, ao repetir o mesmo esforço, chegar a representá-la de maneira análoga, mas não a comunicá-la uns aos outros em estado de algo pronto, aprisionado num símbolo, armazenado num conceito. Eis, portanto, a demonstração que busco e que evidentemente não poderá estar completa sem um exame tão profundo quanto possível dos diferentes sistemas.

O que gostaria de estabelecer – estou tentando ser mais claro – é que o pensamento científico – porque é disso que se trata no fundo, incluamos se quiserem o pensamento matemático –, aquele que encontra seu ideal ou sua forma mais perfeita nas matemáticas, bem, esse pensamento científico que é basicamente apenas o pensamento conceitual (porque pensar por conceito, por símbolo, é algo sempre do mesmo gênero, como veremos), esse pensamento matemático conceitual – como vocês quiserem denominar – não é, como muitos filósofos acreditaram, um começo de metafísica. Não acredito que, ao intensificar a matemática, ao intensificar a lógica, ao praticá-la tal como ela é com mais intensidade e força, possamos constituir uma metafísica. Acredito que a maior parte dos metafísicos acreditou nisso, que muitos metafísicos acreditaram nisso, que até Kant acreditou que a maioria das metafísicas – eu diria que quase todas as metafísicas até o filósofo alemão – continham virtualmente esta afirmação: a de que se tomarmos a ciência, se tomarmos as estruturas da ciência (até Kant a ciência era acima de tudo a matemática ou, se preferirem, a lógica), se tomarmos essa ciência, teremos o esboço de uma metafísica. A ciência consistiria num conhecimento que bastaria impulsionar para mais longe e aprofundar mais intensamente para que ele passasse à realidade absoluta. Kant refutou essa ideia, e a *Crítica da razão pura* estabelece, parece que definitivamente, que nosso conhecimento só alcança a aparência, o relativo, o fenômeno, não atinge o absoluto se não existir outro conhecimento possível além desse e se todo conhecimento se der por meio de conceitos e nos quadros matemáticos. No entanto, em vez de concluir, senhores, que a metafísica é impossível – como fez Kant, parece-me que de modo definitivo –, haveria a opção de concluir que a metafísica é possível, graças a uma operação que não será a operação lógica, a operação mental matemática, mesmo que impulsionada para bem longe, mesmo que praticada com grande força e intensidade, mas graças a outra operação, de natureza diferente, uma operação que não perde absolutamente contato com a primeira, mas que dela se distingue absolutamente.

Se, portanto, Kant deduziu de suas premissas a conclusão de que a metafísica – a especulação pura – é impossível, é evidente que supôs implicitamente que não há outro meio de conhecimento senão o conhecimento por conceito; eis, portanto, por que fez do conhecimento conceitual o mais elevado dos conhecimentos humanos.

É essa ideia que trataremos de examinar, mas de maneira totalmente empírica e concreta,* investigando, durante as poucas aulas que nos restam – temos apenas cinco ou seis encontros –,

---

* A expressão usada por Bergson é "terre à terre", equivalente à expressão coloquial "pé no chão". Optamos por "concreta" para preservar o estilo oral do filósofo, que faz pequenas incursões na informalidade, mas preserva sua elegância e erudição. (N. T.)

o que são os conceitos, qual é a sua origem, como se formam e se, dado o seu princípio, não poderíamos facilmente nos dar conta de sua destinação, se essa destinação é efetivamente metafísica, se poderiam abarcar uma realidade transcendental, metafísica, tal como eles são. Investigando se, em sua origem, os conceitos não testemunhariam a existência de uma faculdade, por assim dizer superior, transcendente, mas uma faculdade que não encontra ocasião de se exercer na vida ordinária e mesmo, posso acrescentar, na ciência propriamente dita com seus quadros matemáticos, uma faculdade que, se existisse, seria uma faculdade metafísica que não tem ocasião de exercer-se porque, praticamente, é necessário ir somente até aí. Ela é inútil, porque na prática é útil que ela não se exerça. De modo que, se pudéssemos fazer essa demonstração, se, por meio de um estudo empírico do conceito, da sua natureza, das suas origens, pudéssemos estabelecer que o conceito (o pensamento conceitual) tem, acima de tudo, uma destinação prática, liberado para ser alguma coisa que vira as costas à especulação, então teríamos estabelecido que, se outra especulação sobre o real absoluto é possível, será por meio de um procedimento diferente, ainda que tenha muitos pontos em comum. Esse procedimento em si deve existir, pois se o conceito é criado pelo homem, é provável que o homem tenha algo em si que o transcende. Se ele o criou, é impossível admitir que tenha esgotado todas as suas forças nessa criação. Deve haver por trás do conceito algo que se formula nele, se aprisiona nele e que, no entanto, tem uma força latente, uma potência, o poder de quebrar essa estrutura em dado momento. Enfim, um estudo empírico, repito, um estudo bastante simples e realista do nascimento do conceito e da sua origem é, até onde posso ver, indispensável; primeiramente para mostrar que a substituição da duração real vivida pela consciência por um tempo homogêneo é uma substituição natural à mente humana, necessária para o pensamento lógico; e posteriormente para mostrar em que sentido uma metafísica pode se orientar para escapar das objeções levantadas por Kant e, em suma, não refutadas totalmente desde Kant, para escapar das objeções que esse filósofo levantou contra toda metafísica e que são de fato válidas contra uma metafísica que aceita a representação simbólica do tempo no espaço, e que considera o pensamento conceitual como o único pensamento verdadeiramente humano.

Repito, senhores, que eu não queria seguir tão longe nessa via, não gostaria de que essas palavras fossem interpretadas no sentido, por assim dizer, de um ataque contra a lógica, contra o intelectualismo. Longe disso. Repito, a metafísica deverá, se ela é possível, formular lógica e cientificamente a maior parte de si mesma, e possuiremos sempre um critério sobre o que é verdadeiro e o que é impossível no princípio das contradições que não pode ser completamente violado e, por conseguinte, não há nada, numa doutrina desse gênero, que possa ser considerado como uma reação contra o intelectualismo. Mas certo intelectualismo deve ser superado se a metafísica é possível, viável; caso contrário, considero que as objeções de Kant contra a metafísica são objeções válidas. De fato, não vemos que, desde Kant, a metafísica tenha se recuperado do golpe que levou, e o desenvolvimento pós-kantiano da metafísica se deteve nitidamente; não vemos que alguma metafísica viável tenha nascido desde então; assim, as objeções kantianas ganharam a parada. É, portanto, ao filósofo alemão que devemos retornar, e é na *Crítica da razão pura* que devemos buscar, como tentamos fazer, as razões pelas quais o dogmatismo metafísico parece sucumbir às objeções kantianas.

Se está demonstrado que tais objeções são válidas contra uma metafísica demasiado intelectualista, uma metafísica que acreditou excessivamente que toda a realidade é redutível a conceitos, uma metafísica que – esta é apenas uma formulação diferente da mesma ideia – acreditou que a duração, o devir, a realidade, como a entendemos, podem ser adequadamente simbolizados em espaço, então, toda a questão, a questão vital para a metafísica é: sim ou não, podemos ir além desses símbolos; sim ou não, podemos pensar de modo diferente o uso de símbolos; sim ou não, a ciência com suas estruturas e símbolos, a ciência matemática com suas estruturas e símbolos puramente lógicos seria efetivamente o único meio de conhecimento de que dispomos?

O prefácio, senhores, é demasiadamente longo. Chego agora ao estudo do conceito que ocupará a última parte do ano.[124]

A questão que deve ser colocada neste momento é: o que é um conceito? O que é o elemento sobre o qual a inteligência lógica trabalha? Primeiramente, como se define o conceito? O conceito é uma representação da mente, portanto, um estado intelectual e, consequentemente, estado do âmbito do estudo psicológico, de estudo puramente empírico. Bem simples. Não se trata de uma questão metafísica, é questão de psicologia. No entanto,

---

124 Nas páginas seguintes, assim como no início do curso de 1902-1903 sobre a história da ideia de tempo, Bergson tratará dos temas que serão abordados na *Introdução à metafísica*, publicada em janeiro de 1903 na *Revue de métaphysique et de morale*, e da qual "boa parte" foi provavelmente escrita durante o verão de 1902 (ver Bergson, carta a X. Léon, 3 de setembro de 1902, apud *Correspondances*, p.76).

veremos que dificilmente há outra pergunta na qual a metafísica tenha penetrado mais do que nessa, e o que se apresentou frequentemente travestido de psicologia são efetivamente teorias metafísicas. Muitas das grandes dificuldades, dos grandes problemas que têm sido levantados em torno das ideias gerais, tanto entre os antigos como entre os modernos, talvez se devam ao fato de que doutrinas, hipóteses metafísicas, foram introduzidas sub-repticiamente numa questão que é, deveria ser, de pura psicologia.

Perguntemo-nos, à luz da psicologia pura, o que é um conceito.

Conceito é, para a maioria dos filósofos, a ideia geral, uma ideia que representa um gênero; em resumo, é assim que Platão representou o conceito. O filósofo grego, creio, foi o primeiro a dizer que o elemento sobre o qual a mente trabalha é a ideia geral, que ele denominou uma ideia – *eida* –, é a representação de um gênero: homem, mesa, casa etc., a mesa em geral, a casa em geral, o homem em geral. É assim, desde Platão, que representamos o conceito.

Como se obtém essa representação? Sobre esse ponto, a maioria dos filósofos concorda, tanto que muitos deles nem mesmo se deram ao trabalho de formular essa análise; eles a supõem implicitamente. O conceito, a ideia geral, nos dizem ou supõe-se, é obtida por um trabalho realizado sobre representações individuais; o conceito é obtido por uma elaboração de representações individuais. Em outras palavras, explico, há duas coisas: percepções de um lado, concepções, conceitos de outro.

Primeiro as percepções. As percepções são individuais. Eu percebo esta lâmpada: trata-se de um indivíduo, o indivíduo lâmpada, que ocupa tal ponto do espaço e tal parte do tempo.

A percepção me dá esta mesa; ela me dá esta informação. Pierre ou Paul que meus olhos percebem, é isso que eu percebo, o que meus sentidos me fornecem, os sentidos me fornecem indivíduos. Agora, ao lado da percepção, há a concepção. De que forma a concepção é diferente da percepção? Ela difere no fato de fornecer à minha inteligência elementos sobre os quais a inteligência poderá trabalhar. Nenhum trabalho é possível sobre uma percepção; sobre uma representação puramente individual não há trabalho lógico-científico que possa ser realizado, não há "ciência do particular" — vocês se lembram desse aforismo de Aristóteles.[125] Se eu pegar a mesa, por exemplo: sobre a mesa individual, sobre esta mesa não posso raciocinar; não posso raciocinar sobre a representação individual desta mesa em particular. Suponho que eu queira fazer o raciocínio mais simples, ou seja, se esta mesa tem três ou quatro pernas, ou se não tem pernas. Será sempre necessário que eu ultrapasse a concepção da mesa individual. Posso obter, por exemplo, o seguinte silogismo: todas as mesas têm quatro pernas, todas as mesas têm uma base. Mas essa representação individual é, portanto, a representação de uma mesa, portanto... Por conseguinte, se eu quiser raciocinar sou obrigado a ir além da simples representação desta mesa individual, a passar ao gênero mesa, à mesa em geral. A concepção, o conceito, ou seja, o elemento de trabalho da mente, o elemento manejável, o elemento inteligível sobre o qual se exerce o pensamento lógico, o conceito é, acima de tudo, uma ideia geral. Eis o que é admitido desde Platão.

---

125 Aforismo tirado do primeiro parágrafo do cap.31 de *Segundos analíticos*, em Aristóteles, *Œuvres complètes*, 87b 29-39, p.258-9.

Nós obtemos essa ideia geral, dissemos, graças à percepção. Mas como, por qual processo, qual é a operação que efetuamos sobre nossas percepções para chegar a concepções, a conceitos? A teoria ou análise com mais frequência apresentada é a de que tomamos objetos individuais, objetos percebidos, e os comparamos; dessa comparação se extraem características comuns aos indivíduos comparáveis; tais características nos servem, então, para constituir uma ideia geral. Por exemplo, ao constituir a ideia de homem, bem, os sentidos, a faculdade de perceber me dão a representação deste homem; ele é filho de outro homem, filho de Paul, de Jacques etc.; então eu os comparo entre si e encontro certas características essenciais, certas características essenciais que são comuns, como a faculdade de falar ou, se preferirem, a faculdade de raciocinar, a faculdade de rir, uma vez que o homem é um animal que ri etc. Trata-se de características que a comparação me mostrou serem comuns aos indivíduos; eu as isolo, as abstraio e, sob essa rubrica, há uma espécie de etiqueta, e classificarei todos os indivíduos homens possíveis. Terei constituído desse modo, graças à abstração que acabei de efetuar, um gênero, isto é, uma gaveta aberta em que poderei guardar todos os homens reais e possíveis.

Portanto, é pela abstração, é pela comparação primeiro, depois pela abstração, é pela comparação dos indivíduos entre si e pela abstração das qualidades que lhes são comuns que chegamos, conforme a análise, a constituir os conceitos, que seriam sempre ideias gerais.

Senhores, não temos tempo, já é muito tarde para examinar em detalhe essa teoria. Adiarei esse exame para a próxima vez. Só preciso chamar a atenção para as enormes dificuldades, dificuldades insuperáveis, que esta análise levanta.

É necessário, para constituir uma ideia geral, comparar indivíduos entre si e isolar as características comuns. Pergunto: como saberemos, uma vez que por hipótese não temos ideias gerais, quais são os indivíduos que devem ser comparados entre si? Respondem: para constituir a ideia geral de homem, você tomará Pierre, Jacques etc.; você isolará as características comuns e, sob essas características comuns, guardará, classificará todos os homens possíveis. Concordo. No entanto, por que comparar Pierre a Paul, e não a uma lâmpada, a um objeto qualquer, se ainda não sei que Pierre, Paul e Jacques têm características comuns e constituem uma espécie, um gênero? Das duas coisas uma: ou eu já sei que Pierre, Paul e Jacques pertencem à mesma categoria e constituem um gênero, então, nesse caso, é inútil supor uma operação complexa como a que vocês descrevem para chegar à ideia geral; ou eu não sei nada sobre ela, mas então qual razão eu teria para comparar Pierre com Paul ou Jacques, mais do que com qualquer outro ser ou coisa?

Assim, desde o início, deparamos com uma dificuldade muito grande, para a qual gostaria de chamar sua atenção desde já. Não é a única, veremos nas próximas aulas que existem outras e, examinando essas dificuldades, seremos levados a nos perguntar se é de fato sob essa forma que devemos representar o conceito, se o conceito é essencialmente uma ideia geral, ou se não seria algo mais em muitos casos, admito que nem sempre, mas com muita frequência. Esta é a pergunta que nos faremos na próxima aula.

Décima quinta aula
Sessão de 18 de abril de 1902

Senhores,

Fomos conduzidos a examinar e aprofundar, nesta aula, o problema do pensamento conceitual. A questão que propomos, que somos levados a tratar – de modo sumário, superficial, é claro, diante do pouco tempo que nos resta – nesta última parte do curso é: em que consiste o conceito, o que é o conceito, ou seja, o elemento de trabalho da mente, a representação sobre a qual a mente é capaz de realizar um trabalho lógico. Dissemos que o conceito, desde Platão e, por assim dizer, para quase todos os filósofos, é a ideia geral, é a representação do gênero. Gostamos de distinguir dois tipos: a concepção e a percepção. A percepção recairia sobre o individual: um homem, uma mesa, uma casa etc. A concepção teria como essência colocar-se sobre o geral, sobre o universal, e a representação do universal seria, por excelência, a representação suscetível de ser trabalhada logicamente pela mente. Dissemos ainda – ao final da última aula – que a questão, de ordem psicológica, que é colocada a todos os filósofos, mesmo aos menos psicólogos entre eles, e que eles resolveram de maneira muito simples, sempre a mesma, porque não há outra maneira de resolvê-la se ela é colocada assim, a questão que se coloca é: como, por qual processo, por qual operação, partindo do individual que é dado pela percepção, chegamos ao universal que é a essência da concepção?

Responde-se a essa questão com a teoria que eu delineei no final da última aula: a percepção nos dá objetos individuais, tomamos esses objetos individuais e os comparamos uns com os outros; dessa comparação, extraímos este ou aquele traço comum. A característica assim isolada pela abstração torna-se uma rubrica, como dissemos, uma gaveta, na qual podemos colocar tantos objetos individuais quantos quisermos, todos aqueles que correspondam a ela. Assim, pelo duplo efeito de comparação, por um lado, e de abstração, por outro, chegaríamos à ideia geral.

Por exemplo, como é formada a ideia geral de homem, o conceito *homem*? Eu percebo, pelos sentidos, este ou aquele homem individual, que chamaremos Pierre, Paul, Jacques etc. A percepção me dá esses indivíduos; eu os comparo uns aos outros, registro este ou aquele traço comum; nesse caso será a faculdade de falar, pensar, rir, as capacidades comuns e próprias dos homens. Dessa forma tenho, e só preciso de uma dessas características, tenho uma qualidade que a abstração liberou dos termos comparados entre si, uma qualidade que me permite generalizar, dado que, sob a rubrica *pensamento*, ou sob a rubrica *riso*, ou *linguagem*, posso classificar quantos seres individuais eu quiser, obtendo assim a representação de um gênero, a representação do gênero homem. Essa representação geral, que seria o conceito de homem, foi obtida por um duplo trabalho de comparação e abstração, sendo a primeira dessas duas operações apenas a preparação da segunda.

Eis a teoria psicológica que resumimos ao final da última aula.

Que certas ideias gerais, digamos até mesmo certos conceitos — veremos que não é exatamente a mesma coisa —, sejam obtidas dessa forma, é incontestável. Esse é o caso de todos os conceitos científicos; não tenho dúvida, por exemplo, de que o conceito de "vertebrados" ou de "mamíferos" tenham sidos obtidos por uma série de operações desse tipo. O naturalista analisou animais individuais, tendo um número muito grande deles diante de seus olhos, e buscou características comuns por comparação. Descobriu que diversos animais tinham em comum a característica, a propriedade de ter um esqueleto, um sistema ósseo, vértebras; isto era suficiente; essa característica, que além do mais envolve muitas outras, permitiu-lhe agrupar um número indefinido de animais individuais e constituir um gênero ou, como dizemos na história natural, um "filo"; o mesmo ocorreu para a classificação dos mamíferos etc. Assim se formam os conceitos científicos.

Trata-se, porém, de conceitos artificiais, e nada prova que os conceitos em geral, os conceitos naturais, naturalmente formados — e que respondem talvez a divisões da realidade também naturais, talvez até mesmo mais naturais —, são obtidos da mesma maneira. Aqui encontramos um exemplo de ilusão que não é rara entre os filósofos: acreditar que o pensamento natural, por si só, não cultivado em uma estufa, procede em geral como ocorre no próprio filósofo, no homem da ciência, no estudioso, ou seja, de maneira geral, naquele que está acostumado a exercer sutilmente seu pensamento, e que hoje é chamado de intelectual. Não é necessariamente assim. Ser filósofo, ser cientista, ser intelectual, é um tipo de ofício, uma profissão que tem seus procedimentos e seus hábitos como qualquer outra. Do fato de que raciocinamos, de que construímos certos conceitos ou nossos conceitos em geral de uma determinada maneira, não se segue absolutamente que seja a forma habitual e, de certa maneira, natural de formar conceitos. Isso é uma digressão, o que me faz chegar ao objetivo deste estudo.

A questão é saber se o conceito é realmente uma ideia geral obtida pela comparação de objetos individuais, cujas características comuns são separadas, isoladas por um esforço de abstração.

Senhores, ao final da última aula, chamei a atenção para uma dificuldade evidente que essa análise levanta: para abstrair as características comuns que servirão para constituir os gêneros, dizem-nos que é necessário comparar objetos individuais. Bem, perguntei como, se ainda não temos a representação do gênero que estamos tentando construir, conseguiríamos escolher, acolher preferencialmente, entre todos os indivíduos possíveis, os que apresentam com precisão as características comuns que podem ser isoladas e servir para a generalização. Para pegar o exemplo mais simples nessa hipótese, disse que, para formar a ideia ou o conceito de homem devemos tomar Pierre, Paul, Jacques etc., compará-los, e então extrair uma ou várias qualidades comuns. Mas por que comparar Pierre a Paul, Jean a Jacques, e não a uma mesa, a uma casa ou a qualquer objeto tomado na totalidade de objetos individuais percebidos? Das duas coisas uma: ou nós já temos, confusamente admito — pouco importa que seja confusa ou distinta —, a representação do gênero homem, já conhecemos previamente as semelhanças que fazem que eles sejam de algum modo parentes uns dos outros, e assim compreendo a comparação de Paul a Pierre, Paul a Jacques, em vez de a uma mesa, a uma casa. (Eu entendo muito bem, mas então de que serve imaginar uma operação complicada, comparações, uma abstração, a fim de obter uma ideia geral, uma vez que nós já a possuímos?) Ou realmente não a possuímos em nenhum grau e, então, não há razão para aproximar, a fim de compará-los, Pierre, Paul, Jacques e Jean, em vez de aproximar Pierre de uma mesa e Jacques de uma casa. Em outras palavras, é preciso escolher entre essas duas hipóteses: ou já temos a ideia de Jean, e então a comparação de que se fala é inútil, ou ainda não a possuímos, e então ela é impossível.

Sei que existe uma hipótese em psicologia, posso até dizer uma teoria, por meio da qual se poderia tentar escapar dessa dificuldade. Trata-se da teoria das imagens genéricas, das imagens gerais. Foi dito que, ao lado e abaixo do conceito propriamente dito, que seria a ideia geral, haveria algo que não seria o conceito, que não seria a ideia geral, mas que a anunciaria, que seria uma antecipação dela — eu diria quase uma cópia —, o equivalente prático da ideia geral, algo que é encontrado no homem abaixo da ideia geral e, no animal, no lugar da ideia geral. Tal seria a imagem geral, a imagem genérica. Supõe-se que nossa percepção nos dá objetos individuais: um homem, outro homem etc., e que essas percepções, por meio de não sei qual operação mecânica, conseguem justapor-se umas às outras e constituir em nossa inteligência, antes da operação do conceito, numa esfera psicológica inferior, uma imagem que se parece com o conceito, pelo fato de que ela é geral, e se parece também com a percepção, pelo fato de que é uma imagem.

Essa comparação tem sido usada para se compreender o seguinte caso: retratos tirados por um processo em que os membros da mesma família posam sucessivamente em frente à câmera e, ao que parece (seria o caso de verificar) de tal forma que as imagens se sobrepõem exatamente – o nariz recobrindo o nariz, a boca recobrindo a boca –, obtendo-se o que se denominou um retrato "compósito", que não seria a fotografia de nenhum dos membros da família, mas sim a de todos, que se pareceria com todos sem assemelhar-se a nenhum em particular. Seria uma sobreposição de imagens individuais e, por isso mesmo, a extração de características comuns por eliminação, dissolução recíproca das diferenças individuais. É fácil obter um retrato como esse? Não sei, é possível que esse retrato exista. No entanto, que a imagem genérica exista em nosso espírito, que haja imagens parecidas ao mesmo tempo com muitos objetos e com nenhum em particular, confesso que não estou ciente de nada isso, e todo esforço que faço para conseguir imaginar um retrato desse gênero é um esforço absolutamente infrutífero; uma imagem, confusa ou distinta, sempre representará um objeto individual. Se ela é confusa, representa-o confusamente; se ela é distinta, o faz distintamente.

Para dizer a verdade, ela é sempre um pouco confusa, sempre; caso contrário, não seria uma imagem, e sim uma percepção. A grande diferença entre a percepção e a imagem que retemos, que evocamos, está em que a percepção é absolutamente distinta, a imagem, quando a consideramos distinta, tem sempre uma certa confusão, apresenta sempre uma imprecisão, e aí está uma das características que a distinguem profundamente da percepção.

Dessa forma, se uma imagem é sempre um pouco vaga, não vejo como haveria imagens genéricas, dado que a imagem genérica só pode ser distinguida da imagem individual pelo que ela tem de vago, e qualquer imagem individual sendo necessariamente mais ou menos vaga não haverá diferença entre a imagem genérica e a individual.

Apelo à observação interior de cada um de vocês. Tentem imaginar uma imagem, a imagem genérica de homem, se quiserem, ou de mesa, que não seja a imagem de tal mesa ou de tal lâmpada. Acredito que não conseguirão fazê-lo, e que terão primeiro a imagem confusa do objeto individual, que se tornará cada vez mais distinta à medida que a pressionarem e a refinarem, mas que ainda assim será uma imagem individual.

Se houvesse imagens desse tipo, genéricas, elas seriam muito preciosas para certas ciências, especialmente quando se consideram os elementos dessas ciências em geometria. Quando estudamos a geometria elementar, quando uma criança se inicia em geometria elementar, seria extremamente útil para ela poder representar a imagem genérica do triângulo, se ela existisse, um triângulo que não fosse isósceles, nem equilátero, nem escaleno, e que fosse tudo isso junto, que apresentasse as características de todos os triângulos ao mesmo tempo. Seria muito conveniente, e evitaria diversos erros.

Quando queremos raciocinar sobre o triângulo, é preciso, se buscamos uma imagem, que a tracemos no quadro e que seja uma imagem de um triângulo determinado; e se não o desenharmos no quadro, mas sim em nossa mente, trata-se ainda de um triângulo determinado; e esse triângulo traçado pelo pensamento e o desenhado no quadro diferenciam-se apenas pela distinção ou confusão, não temos a diferença entre a imagem genérica e a individual. Creio, então, e não sou o único, posso encaminhá-los ao trabalho de alguns psicólogos contemporâneos, em particular a [Stout], psicólogo inglês – *Analytic Psychology* – que conclui não ser possível afirmar a existência da imagem genérica;[126] ele considera que a observação não mostra essa imagem. Eu penso que a imagem genérica é uma dessas invenções de certos psicólogos que estão muito inclinados a ver, por meio da observação interior, o que gostariam que existisse, aquilo que deveria existir para uma teoria ser verdadeira. Certamente é muito difícil explicar a ideia geral, ou melhor, o conceito, por um duplo trabalho de comparação e abstração, se não admitirmos primeiro uma operação mecânica como a que resulta na imagem genérica para explicar a associação entre termos semelhantes. Isso é muito difícil. Assim, admite-se a imagem genérica; e uma vez definido que ela deve existir, acaba--se por vê-la. Mas se nos dispomos a examinar sem preconceitos, sem hipótese, à pura luz da consciência, o que se passa no interior da mente, descobrimos que existem conceitos – teremos que investigar o que é isso –, que existem imagens individuais, que existem imagens confusas, distintas, mas que não existem imagens gerais. Eis o que temos para a primeira fase da operação, a comparação que conduz à abstração.

Haveria muito, e quase a mesma coisa, a dizer sobre a abstração, por sua vez considerada como meio para se chegar a uma

---

126 No manuscrito "State". Trata-se na verdade de Georges Frederick Stout (1860-1944), filósofo e psicólogo inglês. Segundo ele, a imagem mental não apresenta nenhum teor conceitual; ela não pode em nenhum caso ser uma antecipação do gênero: "Deve-se notar que a imagem mental, que com frequência não é simplesmente a que às vezes se encontra para acompanhar o uso das palavras, não é meramente obscura, fragmentária e evanescente, é também mais ou menos irrelevante. Em lugar de incorporar características essenciais do objeto, representa alguma associação casual e insignificante" (Stout, *Analytic Psychology*, v.I, p.84).

ideia geral. Dizem: vocês tomam objetos individuais comparando-os entre si; isolam uma característica comum que depois se torna uma etiqueta que pode ser colada de algum modo sobre tantos objetos individuais quanto quiserem, um número indefinido.

Ora, um número indefinido de objetos individuais, reais ou possíveis, classificados sob uma mesma rubrica, é o que denominamos gênero e, por consequência, é assim que se constituem os conceitos. Tenho muita coisa a dizer sobre esse ponto. Para pegar um exemplo cotidiano, recorro, como já o fizemos várias vezes, a uma lâmpada. Pergunto como se constitui, nessa teoria, o conceito de lâmpada. Vão me dizer: você comparou as lâmpadas entre si; tomou uma delas, extraiu sua característica — a função de iluminar, a propriedade da iluminação —, que lhe permite constituir ou a ideia geral, ou o conceito de lâmpada.

Se me for dada apenas esta lâmpada, o que posso extrair por abstração? Só o que ela apresenta: a função de iluminação. Concordo, mas de forma bastante especial: trata-se da iluminação que lhe é própria, iluminação desta lâmpada individual. Se, portanto, eu extrair de minha percepção dessa lâmpada sua característica de ser uma coisa que ilumina, a característica da iluminação — o que é sem dúvida possível —, essa qualidade retém a individualidade que ela possui e, se ela mantém sua individualidade, se consiste em tal iluminação particular, individual e especial desta lâmpada em particular, como eu poderia classificar um número indefinido de lâmpadas reais ou possíveis sob a etiqueta que, por hipótese, só pode ser colada sobre uma lâmpada? Na verdade, supomos que, ao extrair essa característica desta lâmpada individual, nós a purgamos num só golpe, nós a privamos de sua individualidade, fazendo dela algo impessoal, de não individual, geral. No lugar da iluminação desta lâmpada em particular, teríamos a iluminação em geral e então, de fato, a iluminação em geral poderia transformar-se na gaveta onde todas as lâmpadas possíveis caberão. Só que isso equivale a dizer que, para constituir o gênero, para generalizar, já dispomos da ideia desse gênero, já temos a generalização pronta porque, repito, de duas coisas uma: ou não sabemos como generalizar, não temos a ideia de gênero, não temos a ideia de iluminação em geral, e consequentemente tudo que podemos extrair da percepção da lâmpada é a iluminação individual desta lâmpada; ou então dispomos da ideia de iluminação em geral, e consequentemente temos a ideia de gênero, generalizamos previamente. Então, por que passar pelo intermediário da abstração, e de que serve essa complicada operação, a construção de que vocês falam, dado que a generalização já está pronta? Continuamos ainda andando em círculo, que pode ser formulado da seguinte maneira: para generalizar, é preciso abstrair, mas para abstrair de forma útil, para abstrair com vistas ao objetivo que se tem em mente, é preciso já saber generalizar.

O círculo é um pouco mais difícil de se dar conta, um pouco mais sutil, mas no fundo é idêntico ao que acabamos de citar quando se coloca de um lado a percepção e, de outro, a concepção, e quando se deseja passar da percepção individual à concepção geral. Podem-se imaginar, como se quiser, operações intermediárias, haverá sempre operações circulares de tal maneira que a primeira parte ou a metade só poderia ser feita pela segunda, e a segunda, apenas pela primeira.

Bem, senhores, quando chegamos a círculos desse gênero nas tentativas para resolver um problema filosófico, há muitas chances de que esse problema esteja mal colocado, ou de que se tenha admitido previamente alguma coisa essencial que seria necessário não ter admitido. Se nos colocamos a famosa questão de quem veio primeiro, o ovo ou a galinha, giramos num conceito do mesmo tipo, dado que, para que a galinha exista, deve haver um ovo do qual ela emergiu, mas para que o ovo exista, a galinha deve tê-lo posto. Quando andamos num círculo semelhante, isso indica que o problema não deveria ser colocado dessa forma, que talvez haja um *tertium quid* do qual saíram o ovo e a galinha e que, nesse caso, o problema deva ser formulado de maneira diferente.

O mesmo acontece aqui. Se somos conduzidos a círculos, é possível que o conceito não seja o que se diz, a ideia geral, ou que o percepto, a percepção, não seja o que se diz, algo individual, ou efetivamente que a relação entre os dois não seja a que se supõe. Enfim, deve haver em alguma parte algo que se admitiu como certo e que precisa ser examinado.

Bem, digo imediatamente, o que parece muito questionável e tem necessidade de ser examinado é a seguinte proposição: nossa percepção imediata, desde o início e no estado natural, quando abrimos os olhos, quando estamos em perfeita inocência e não sabemos nada do que há neste mundo, essa percepção é realmente a percepção de algo individual? Será que nossa percepção, por si, nos dá um objeto individual? Se admitirmos isso, admitimos todo o resto; pois, se a percepção nos dá o individual e considerando que a concepção é evidentemente outra coisa, seremos levados a dizer que a concepção é o geral, e como devemos passar da percepção à concepção, teremos que imaginar uma série de intermediários entre os dois, que só podem ser os intermediários que acabamos de enumerar. Mas será que a percepção nos dá mesmo um objeto individual, e essa seria a sua função? É isso que não foi, de forma alguma, demonstrado. Para retomar o exemplo, eu falava de uma lâmpada, um objeto que ilumina. Suponho que percebo esse objeto pela primeira vez quando na situação de uma criança muito pequena que vê objetos mais ou menos claramente, que tem percepções mais ou menos distintas, que tem percepções visuais pela primeira vez, e ainda não tem percepções táteis. A criança percebe a lâmpada, mas é preciso notar que a lâmpada muda totalmente de tamanho e de forma segundo os pontos a partir dos quais é observada; se tirarem uma fotografia de determinada lâmpada situando-se sucessivamente em diferentes pontos da sala, obterão figuras muito diversas, muito diferentes em forma e tamanho. Entretanto, depois de um tempo muito curto, e por uma operação que parece bastante natural, a criança ali vê um objeto, ou seja, algo que não muda, que é imutável, sempre o mesmo. O que isso significa senão que, imediatamente e antes de ter a própria percepção desta lâmpada como um objeto, ela tem a percepção da semelhança, de semelhança da lâmpada consigo mesma? O que precede a ideia de um objeto, da lâmpada individual, é a percepção da semelhança desta lâmpada a si mesma.

Explico com um exemplo mais claro. Considere um objeto que não muda, mas não existem, em nossa experiência, objetos que não mudam. Seja a percepção da lua, de um objeto que vemos, mas que não tocamos. Ela muda constantemente de aspecto, ora é um círculo, ora um crescente, ora um semicírculo; muda de cor conforme a observamos no crepúsculo ou à noite, ou de manhã quando está desaparecendo; muda de tamanho se a olhamos no horizonte ou no zênite; muda constantemente. No entanto, chegamos a constituir um objeto individual. É claro que antes dessa operação há a percepção de uma semelhança; existe a percepção natural, dada pela visão operando por si, de certa semelhança, e é essa semelhança que gradualmente se cristaliza em um objeto individual.

É importante observar que é necessário que as coisas se passem dessa maneira, pois o papel primordial da percepção, antes de nos dar ideias individuais que nos servirão, por meio da abstração e da generalização, para constituir os gêneros de que falamos, o papel da percepção individual não é científico ou especulativo, ela desempenha um papel prático: o de nos mostrar o mais rapidamente possível o que temos de fazer em determinadas circunstâncias. Consequentemente ela deve, antes mesmo de nos apresentar a individualidade, apresentar não propriamente a generalidade, mas essa semelhança, solidez, constância que nos fornece ponto de apoio firme na realidade e que favorece a nossa ação. Importa, acima de tudo, que as semelhanças sejam extraídas da realidade antes mesmo da constituição de objetos individuais, para que nossa ação, a ação subsequente, seja determinada na medida do possível. Há portanto, antes da percepção do geral e do individual, algo *sui generis*, que é a apreensão da semelhança – não da semelhança de um objeto em relação a outro, pois os objetos ainda não estão constituídos, nem mesmo da semelhança de um objeto consigo mesmo, pois ele ainda não foi percebido enquanto objeto individual; não se trata nem da semelhança do objeto consigo mesmo, nem da semelhança do objeto com os outros –, da semelhança pura e simples, algo *sui generis*, muito difícil de definir logicamente e ainda mais difícil de expressar adequadamente, mas que me parece ser um dado da observação imediata, um dado psicológico. Notem que, um vez de posse desse dado, uma vez a semelhança percebida, nada mais fácil que constituir com tais semelhanças, tomando a semelhança como base, um objeto individual, alguma coisa sempre semelhante a si mesma e, uma vez que temos o objeto sempre semelhante a si, então facilmente e pela mesma e operação, idêntica, nós passamos ao gênero, isto é, à semelhança entre objetos diferentes.

Observemos, ademais, que um objeto é muitas vezes bem mais diferente de si mesmo do que de outros objetos, e que é tão difícil (deve ter sido mais no início) construir a imagem de um objeto individual quanto construir a ideia de um gênero. Se vejo uma árvore, por exemplo um carvalho, um carvalho determinado e individual, no inverno, vejo uma árvore com aparência ressecada, sem folhas; é apenas uma massa negra, escura. Algumas semanas depois, se torna algo totalmente diferente, uma massa verde-clara; alguns meses depois, uma massa verde-escura; depois, uma massa amarela mais ou menos seca. São imagens muito diferentes umas das outras.

Bem, se consigo formar a representação do mesmo carvalho, de um só carvalho, que é todos os outros ao mesmo tempo, será bem mais fácil fazê-lo pela mesma operação e, *a fortiori*, representar a similitude entre carvalhos no inverno, e entre todos os carvalhos e todas as árvores no inverno; a ideia de uma semelhança entre todas as árvores, todos os carvalhos, é em suma bem simples, tão simples quanto a ideia da semelhança de um carvalho com ele mesmo em diferentes estações do ano. Não me parece que seja necessário, primeiro, supor uma percepção do objeto individual, natural à nossa faculdade de perceber, à nossa sensibilidade, seguida de uma concepção de ideia geral que seria própria à inteligência, mas a percepção de um objeto individual e a percepção geral são apenas duas espécies de uma só e mesma operação, anterior a essas duas operações, cuja essência consiste em apreender a semelhança na mudança, em solidificar a mudança, fixar o devir, encontrar na variabilidade infinita do devir certo número de pontos de referência, de tal maneira que num limite e durante um período a mudança se assemelhe a si mesma e apresente alguma coisa de estável, como um ponto de apoio para nossa ação.

Essa função interior tanto à constituição do objeto individual quanto à constituição do gênero é, acredito, a operação primitiva, a operação fundamental da inteligência; de onde concluímos enfim, se essa análise é exata, que o que existe na origem do conceito é menos a faculdade de generalizar o individual do que a faculdade de diminuir, de estreitar o devir, de fixar o devir, por fim, de distinguir semelhanças. Há aqui algo muito difícil de se perceber e de se expressar. Todos os nossos hábitos mentais são refratários a essa maneira de encarar as coisas. A linguagem primeiramente: é certo, por razões que vamos expor na próxima sessão, que ela comumente designa gêneros; uma palavra – nem sempre, mas na maior parte das vezes – representa um gênero. Quando digo o homem, a mesa, trata-se de todos os homens, todas as mesas, e é preciso que seja desse modo, caso contrário a linguagem não teria a utilidade prática que deve possuir, como mostraremos. Resulta então que, para designar um objeto individual por meio da linguagem, devemos frequentemente forçar a linguagem, anexar à palavra que, por si só, designava um gênero qualquer, um determinante que limita a sua extensão e a torna individual. Ora, temos o hábito de falar nosso pensamento para nós mesmos. Digo nós, aqueles que têm hábito das coisas literárias e científicas, talvez não todo mundo – aqui também há um erro que temos de retificar –, nós temos o hábito de falar nosso pensamento para nós mesmos. Então, a partir do fato de que é preciso forçar a linguagem para conseguir expressar um objeto individual, concluímos que é preciso forçar nosso pensamento para conseguir pensar o individual; ou, em outros termos, que não é da natureza do pensamento lógico, do pensamento enquanto pensamento, representar o individual. Daí resultaria que existe outra função, outra faculdade, uma diferente e anterior à faculdade lógica, cujo papel seria conhecer o individual, e então a inteligência surgiria e representaria o geral. Trata-se, no entanto, de uma abstração da linguagem. É preciso evidentemente um esforço tão considerável e do mesmo gênero para representar o individual quanto para a representação do geral, e essas duas representações parecem divergir, surgir de algo comum, de um segmento comum. E é nele que é preciso situar-se se quisermos encontrar a origem do pensamento conceitual.

Há também outras razões. É extremamente difícil, não digo representar, mas expressar, que sejamos capazes de perceber semelhanças sem primeiro perceber coisas que são semelhantes. É certo que uma vez constituídos os objetos individuais, uma vez que temos a ideia precisa dos objetos individuais, devemos representar a semelhança como uma semelhança entre objetos, e se falamos de semelhanças, devemos imediatamente procurar o que é semelhante. No entanto, se fizermos abstração dessa lógica da linguagem, se buscarmos a realidade psicológica, aparece claramente que é possível perceber uma semelhança sem perceber objetos que se assemelham, e é certo que, quando uma criança pequena no berço percebe sua mãe, sua babá, outras mulheres ao seu redor – estou considerando a criança pequena começando a perceber –, ela percebe as semelhanças, mas só reconhecerá as pessoas depois. As pessoas serão vários seres individuais que surgirão progressivamente sobre esse fundo uniforme à medida que sua concepção e sua percepção progridem... Em suma, retorno ao ponto: os conceitos individuais devem ser admitidos da mesma forma que os conceitos gerais; há conceitos individuais e há conceitos gerais, e o que é a marca do conceito não é a universalidade, é a fixidez.

Aqui também, senhores – não apresento uma ideia absolutamente nova, ao ler as lógicas de [Lotze],[127] Silva e Wundt,[128] há toda uma tradição na Alemanha –, vocês verão que é admissível, por uma razão ou outra, a existência de conceitos individuais, e que a marca do conceito não é a generalidade. É verdade que não se trata da mesma definição do conceito à qual se chega. Creio que se destaca da análise psicológica, da análise da linguagem e de muitas outras considerações que a marca do conceito é a fixidez, é a imobilização de um devir pelo pensamento, ou ao menos um estreitamento do devir, a redução do devir contínuo a certo número de fases de maneira que em cada uma delas haja similitudes de diferentes partes entre si, o que permite constituir primeiramente individualidades e, em seguida, pelo mesmo processo, generalidades.

Chegamos a uma conclusão, senhores, que deverá ser respaldada por outras considerações, mas eu a formulo imediatamente: o conceito tem, ou parece ter, antes de tudo, um papel prático; o conceito parece primordialmente destinado a fornecer pontos de referência, pontos de apoio para nossa ação no tempo.

---

127 Na transcrição, "Loks".
128 Sobre Lotze e Wundt, ver nota 7.

Digo que seria necessário respaldar essa conclusão excessivamente geral por considerações de outra natureza; seria preciso, antes de tudo, perguntar-se o que é e como essa operação pela qual nós apreendemos de imediato semelhanças é possível. Como podemos, antes mesmo de perceber o individual, perceber a similitude? Questão consideravelmente difícil de resolver, admito, mas talvez a dificuldade não deva ser procurada aqui, e de minha parte eu tenderia a dar uma explicação bastante concreta e fisiológica sobre esse fato; a explicação parece ser: dentro de certos limites, contanto que não sejam demasiado diferentes, excitações exteriores diferentes produzem estados interiores idênticos ou análogos.

A criança cuja percepção não é ainda muito exercitada, a criança de berço, tem a percepção da semelhança entre sua mãe e sua babá antes de distinguir a mãe da babá, simplesmente porque nela existe uma operação de percepção que faz as duas imagens não se diferenciarem. Se você tem uma balança preguiçosa, pode colocar um peso de 2, 3 gramas, e ela não se alterará; será necessário colocar 10, 15, 20 gramas; se ela tivesse consciência de si mesma, perceberia a similitude dos dois ou três primeiros pesos, simplesmente porque não distinguiria a diferença entre eles. O mesmo acontece com a criança. Se é seu pai que se debruça sobre o berço, é provável que ela perceba uma diferença: ele é grande, ele a assusta; a criança não percebe a similitude, é a diferença que a impressiona. Dentro de um limite, dentro de certo raio, ela percebe apenas a semelhança. Isso se daria por uma espécie de preguiça da percepção, pela lentidão da percepção se explicaria com simplicidade esse conhecimento primordial e original da similitude, que está a uma só vez na base da percepção e da concepção.

É verdade que seria necessário explicar, por sua vez, essa preguiça da percepção, e seria bem desagradável fazer que a percepção e a concepção, em suma, que todo o pensamento humano dependesse de um simples acidente fisiológico. Mas, senhores, não acredito que seja um acidente. Não importa a maneira que se raciocine, trata-se de uma questão muito importante: é impossível não ver na organização material do corpo algo que anuncia a inteligência. Não acho possível que a inteligência possa sair dessa organização, ou que seja a inteligência que tenha regulado essa organização em vista de seu funcionamento real; nos dois casos, chegaremos a esta conclusão: é preciso que a organização seja tal que facilite nosso trabalho intelectual e, por consequência, se, na base do trabalho intelectual deve haver a percepção da semelhança, esse conhecimento da semelhança, é preciso que a organização seja tal que as semelhanças nos impressionem antes da constituição das individualidades. Nós o vimos em tudo o que precede este curso, e o curso do ano passado; basta examinar a conformação, a fisiologia dos órgãos dos sentidos para se dar conta de que, de fato, tudo está orientado em nossa organização fisiológica para uma espécie de desaceleração, de concentração do devir exterior; para que possamos dominar as coisas que mudam, devemos ser capazes de moderar seu movimento, de distinguir paradas onde há movimentos; consequentemente, a lei em virtude da qual percebemos e conhecemos primeiro as semelhanças é a mesma lei em virtude da qual nossa percepção, nossos órgãos sensoriais contraem, encolhem, abreviam sua duração, como dissemos, dos movimentos elementares da matéria. Não se trata, portanto, de um simples acidente; há aqui efetivamente algo de essencial e, se a operação intelectual que acabamos de descrever é explicada por um processo sensível, se é mecanicamente explicada por um processo sensível, esse processo tem sua razão última numa necessidade da operação intelectual.

É verdade também, mas vou ser obrigado a adiar o estudo deste ponto para a próxima aula, que essa análise do conceito levaria a outras dificuldades, a dificuldade de saber como, caso a origem ou a função primordial da inteligência sejam efetivamente as que apontamos, pode existir uma diferença entre a inteligência humana e a animal, pois é evidente – ao menos é provável – que a percepção do animal seja como a nossa. Esta é uma questão que se coloca. Limito-me a dizer, desde já, que ela é consideravelmente fácil de ser resolvida e que se descobriria sem dificuldade que, no animal, efetivamente existe um conhecimento da semelhança, mas não um conhecimento intelectual da semelhança. Trata-se de um conhecimento vivido pelo corpo, desempenhado pelo corpo, e não apreendido, refletido na inteligência; sem mencionar que o número de perceptos e conceitos que o animal forma é bem inferior ao nosso, e que ele os forma unicamente em vista de sua utilidade e de sua própria conservação.

Retornarei a esse ponto na próxima aula. Indico uma dificuldade mais considerável, um problema mais difícil que a análise de hoje nos traz: a de respaldar – sobre considerações se possível de outra ordem e mais sólidas – esta visão, esta ideia de que o conceito tem, antes de tudo, uma destinação prática. Indico de imediato em qual direção buscarei outras provas: é no estudo da linguagem e da função da linguagem. Vou tentar mostrar que, dadas as necessidades da vida social, tais como a linguagem as apresenta para nós, deve haver, na própria origem do pensamento conceitual, uma operação como a que acabamos de descrever. Este será o tema da próxima aula.

Décima sexta aula
Sessão de 25 de abril de 1902

Senhores,

Nesta e na próxima sessão gostaria de verificar, como anunciei outro dia acerca da linguagem, as conclusões às quais chegamos nas últimas aulas.

Vocês se lembram de que tais conclusões podem ser resumidas da seguinte maneira: o pensamento conceitual, o pensamento por conceito, ainda que reservado antes de tudo à especulação – sendo um instrumento por excelência da especulação –, parece todavia por suas origens ter destinação prática; em segundo lugar dissemos que, entendendo por conceito o instrumento que a mente manipula em suas operações intelectuais propriamente ditas, o conceito deve ser definido menos pela generalidade do que pela fixidez, sendo sobretudo uma fixação, uma imobilização do devir. Nesse sentido, há conceitos gerais, mas há também individuais, conceitos gerais e conceitos individuais sendo aliás ramos que saíram do mesmo tronco, duas consequências, dois efeitos de uma e mesma operação, operação primordial que é o conhecimento da semelhança, semelhança que é de um lado a de um objeto consigo mesmo, da representação individual; por outro lado, semelhança de um objeto com outros objetos, de onde surge o conceito de gênero. Em ambos os casos, há algo de construído, de fabricado, tendo como material, como matéria-prima, a semelhança, que é ela própria o efeito de uma fixação da mudança; somente pelo fato de que fixamos a mudança, isto é, de que consideramos mudanças sucessivas, suficientemente negligenciáveis, há fixação da semelhança em que há, por dupla construção, de um lado o indivíduo e, de outro, o gênero. Tal foi a conclusão à qual a análise psicológica nos conduziu. Dissemos que era útil verificar esse resultado e confirmá-lo por meio de um estudo da linguagem, considerada em suas principais articulações.

Primeiramente, devo afastar um possível mal-entendido: não pretendo, de modo algum, que a linguagem seja essencial ao pensamento. Ao contrário: considero que os filósofos em geral exageraram demasiadamente a importância da linguagem para o pensamento. Vocês sabem que muitos deles – os últimos que sustentaram essa tese são Locke e Taine[129] – defenderam que o pensamento, enquanto operação lógica, é antes de tudo o discurso, que o pensamento nada mais é que a fala interior e que, por consequência, não se pensaria sem palavras.

Numerosas objeções foram levantadas contra essa tese, algumas excelentes. Eu as deixarei de lado, eu me limitarei a chamar a atenção de vocês para um ponto menos observado, e isolar a causa, a razão pela qual os filósofos puderam cair

---

129 Ver John Locke – para quem as "palavras da boca de todo homem tomam o lugar de ideias" –, *An Essay Concerning Human Understanding*, livro III, p.406; *Essai sur l'entendement humain*, livro III, p.39 *ss*.; e Taine, *De l'intelligence*, livro I, cap.2, p.42-54.

nessa ilusão, para a qual praticamente não há filósofo que, ao se deixar levar por sua filosofia, não se inclinaria fortemente. A razão para tanto é que as questões relativas ao pensamento, sua natureza, suas operações, são questões filosóficas que foram tratadas, sobretudo, pelos filósofos, mas também pelos cientistas, pelos literatos, pelos homens ilustrados, no final das contas sempre por homens que fazem uso constante da palavra, para os quais a palavra é uma espécie de ferramenta, o instrumento habitual. Aquele que escreve, aquele que faz ciência ou filosofia, que se ocupa por profissão com as palavras e as ideias, a palavra sendo sua ferramenta e sua matéria, é um operário que se serve de palavras, um operário agrupador de palavras por assim dizer, e sendo a palavra sua ferramenta habitual, ele não a abandona jamais. É por isso que, quando ele pensa, pensa com palavras e em palavras, e seu pensamento é uma fala interior. Mas isto não significa que uma pessoa cuja ocupação habitual é outra não possa pensar igualmente bem, mesmo que pense de maneira diferente.

Se – tomo emprestado este exemplo de um autor inglês[130] – considero um manejador de veículos numa aldeia* ocupado em construir uma roda; eu, que o observo, faço o seguinte raciocínio: se a roda não está bem-feita, se o centro da roda não for bem situado, o veículo executará oscilações ao avançar. Faço esse raciocínio, o realizo em palavras e meu pensamento é efe-

---

130 Autor não identificado.

* Bergson usa a expressão "charron de village", sem tradução direta para o português. "Charron" refere-se a uma pessoa responsável pela construção e reparação de veículos de tração animal. O exemplo parece ser literário e referir-se a um especialista de uma aldeia. (N. T.)

tivamente uma fala interior. Mas vocês acreditam que esse operário faz esse raciocínio da mesma maneira? Estou convencido de que ele o faz igualmente bem e provavelmente muito melhor, porque em vez de conhecer essas verdades como eu as conheço, de fora, como simples amador que observa, por estar habituado a produzir rodas, ele possui, por assim dizer, essas verdades em suas mãos. Não digo que ele as represente intelectualmente, mas sim por imagens que são imagens de movimentos de ferramentas e imagens de movimentos das mãos. No entanto, essa representação imagética é tão geral, tão instruída, provavelmente até mais erudita que a minha, e isso porque ele pensa com as próprias ferramentas, como eu penso com as minhas. A minha ferramenta é a palavra, as dele são bem diferentes. Por consequência, há efetivamente um paralelismo entre esses dois modos de representação, mas não se trata da mesma representação. E do fato de que nós, habituados à filosofia, à ciência, à literatura, pensamos por palavras e dificilmente conseguimos pensar de outra maneira, não se pode e não se deve concluir, evidentemente, que o pensamento seja idêntico ao discurso, nem mesmo que o pensamento tenha sempre necessidade, para ser distinto, de exprimir-se a si mesmo em palavras.

Eis então, creio, a primeira causa, a primeira razão dessa ilusão que conduz tantos filósofos e psicólogos a considerar o pensamento como sendo, antes de tudo, uma fala interior; eles produzem sua própria psicologia, mas não a psicologia de todo mundo.[131]

---

131 Temas já evocados respectivamente em 1889, no discurso sobre a "especialidade", e em 1895, no "bom senso e os estudos clássicos" (EP, p.45, 153-64).

Essa é a primeira razão, e há outra que, no fundo, retorna à primeira. Diz-se muito frequentemente que a palavra é indispensável ao menos para fixar a ideia, que a ideia em si mesma é algo fugaz, em vias de dissipar-se, e que se a palavra não estivesse ali para sustentá-la, seria como se não existisse, volatizando-se assim que formada.

Aqui, novamente, há uma ilusão decorrente do fato de que representamos o conceito, a ideia, como algo puramente teórico, algo feito para a especulação pura e, consequentemente, que se isola e pode ser isolado no pensamento normal, tal como o naturalista, por exemplo, isola uma classe, um gênero ou uma espécie.

Ora, não é assim que o pensamento se apresenta geralmente. Nunca pensamos uma ideia em estado natural; pensamos ideias, uma interpenetração de ideias, de relações de ideias entre si. Se nos colocarmos nesse ponto de vista, constataremos que, sem dúvida, é difícil pensar uma ideia sem uma palavra, mas é muito fácil pensar ideias gerais, abstratas, sem recorrer a ela.

Se me pedem para pensar o homem, eu reconheço que é muito difícil sem usar uma palavra; ou eu represento uma ideia de um homem determinado, e então se trata de uma imagem, ou de fato é a palavra que se solidifica sob meu olhar à medida que busco fixar com firmeza a ideia. Isso é verdade, mas se eu tomar a seguinte representação: o homem é racional, posso gradualmente fazer abstração das palavras. Pelo menos é assim comigo, e a representação também é clara; é a representação de uma relação entre imagens quaisquer, alguma coisa que é muito clara, mesmo quando as palavras desaparecem.

Acontece que representar o homem em geral não serve para nada senão para o filósofo, o pensador, o cientista. Não se trata de uma operação normal; nunca, na prática, temos que representar o homem em geral. Temos que representar de maneira geral alguma coisa do homem. Se pronuncio diante de vocês o termo *homem*, imediatamente vocês me perguntarão: O que você tem a dizer sobre o homem? Para vocês, homem é apenas um juízo iniciado, uma afirmação que começa e, por consequência, a representação natural à mente não é a de uma ideia, é a de uma implicação de uma ideia. Vejam bem, para representar o homem, necessito de um símbolo individual, porque a própria operação é artificial. Mas, se tomo o pensamento em estado natural, ela é possível; ela é até mesmo fácil sem palavras. Há, no fundo dessa segunda ilusão, a mesma coisa que na primeira: a ideia de que, a princípio, a operação do pensamento é totalmente científica, e em seguida que a linguagem tem um objetivo unicamente científico.

Assim, não consideramos a linguagem como sendo o próprio pensamento, nem mesmo como indispensável a ele. Entretanto, é incontestável que, como a linguagem é o meio de comunicação do pensamento, ele necessariamente se modela, fundindo-se tanto quanto possível nas necessidades da linguagem. Pensamos ordinariamente de modo a poder expressar com o maior conforto possível o que pensamos. Indubitavelmente, o pensamento é a causa, e a linguagem é somente um efeito, mas a causa aqui leva em consideração o efeito. O pensamento é a fonte, se quiserem, de onde flui a linguagem, mas a linguagem, desde que é formada ou à medida que se forma, cava um leito, e nesse leito o pensamento deverá fluir. Assim, podemos presumir que toda necessidade fundamental da linguagem será ou se tornará uma necessidade do pensamento, ao menos do pensamento normal.

Enfim, sem mesmo ir tão longe e admitindo, como o mínimo possível, que a linguagem é a expressão corriqueira e normal do pensamento, nos será concedido que devemos reencontrar na linguagem em seu uso habitual aquilo que dissemos sobre o pensamento em suas operações naturais e que, desse modo, o estudo breve e sumário ao qual acabamos de submetê-la, em seus elementos essenciais e em suas principais articulações, deve verificar e confirmar os resultados obtidos pela análise psicológica direta do pensamento. É esse estudo que eu gostaria de realizar.

É evidente que isso só pode ser um esboço, uma vez que para essa análise apenas dispomos desta aula e da seguinte, e o estudo é imenso. Seria necessário pegar todas as categorias gramaticais e analisá-las em profundidade, e apesar de não podermos fazer tal exame aqui, podemos esboçá-lo e indicar os seus pontos essenciais.

O caminho que devemos seguir é o seguinte: dado o objetivo que estamos perseguindo, devemos tomar a linguagem e dela gradualmente eliminar tudo o que parecer acidental, tudo o que não for essencial. Devemos proceder por eliminações, e, de eliminação em eliminação, reter o que provavelmente será bastante simples, e que será conforme ou contrário ao que nossa análise psicológica nos deixou como resíduo na outra aula.

Primeiro, quais são as grandes direções da linguagem? A linguagem ou afirma, ou nega, ou interroga. Afirmação, negação, interrogação; tais são as três direções, por assim dizer, do discurso. Consideremos em primeiro lugar a negação.

O que é negar? Em nenhum lugar se manifesta melhor do que aqui, por assim dizer, a ilusão. Existe uma parte de ilusão, a ilusão daqueles que querem fazer do pensamento lógico, das operações intelectuais, fazer da linguagem, algo puramente teórico, uma espécie de simbolização, de álgebra, inventada para expressar – para o prazer de expressar-se – o pensamento se realizando por si mesmo, ou seja, para o prazer. O que se disse a propósito da negação? Houve muita discussão sobre esse tema. Foi questionado se, num juízo negativo, numa proposição negativa, a negação deve recair sobre o atributo ou sobre o verbo, e em qual caso ela deve recair sobre um ou outro. Se digo "esta mesa não é redonda", a questão será saber se a negação, o "não", recai sobre o verbo de ligação "é" ou sobre o atributo "redonda". No segundo caso, minha proposição teria o seguinte significado: a mesa é não redonda, a mesa faz parte do gênero não redonda. Ou seja, a proposição significaria que a mesa deve ser excluída do gênero redondo. Num caso a proposição indicaria, apesar de tudo, uma relação de inclusão num gênero, o gênero de tudo o que não é redondo; no outro, a proposição formularia uma relação de exclusão.

É certo que do ponto de vista lógico é pertinente colocar tais questões. Mas – eu repito uma verdade comum – essa não é a verdade psicológica. Psicologicamente, é preciso considerar o pensamento e, sobretudo, a linguagem de um ponto de vista totalmente distinto. A linguagem é, antes de tudo, um meio de comunicação entre os homens, ela é feita para que o homem informe o homem, e para que os homens evitem erros possíveis. Ao não se admitir isso, é extremamente difícil representar, por assim dizer, até mesmo a gênese, o nascimento, a possibilidade de uma proposição negativa. Se eu for deixado à minha própria sorte, com meus próprios recursos, se estou sozinho fora da sociedade, jamais terei a ideia de formular o juízo "a mesa não é redonda". Direi "esta mesa é retangular". Se digo "ela não é redonda", é porque eu penso que outros homens poderão cometer esse erro. Negar é retificar um erro real ou possível. A negação tem sempre um valor corretivo ou preventivo; ela é de essência profilática, é feita para evitar, para antecipar-se sobre um possível erro.[132] Retorno assim à minha questão. Quando tenho uma frase como esta, um juízo como "a mesa não é redonda", é claro que a negação não recai sobre o verbo, nem sobre o adjetivo; ela se coloca sobre a proposição inteira, está na rejeição da proposição afirmativa suposta. Dizer "a mesa não é redonda" consiste em supor o juízo de que a mesa é redonda. Isso é um erro; vocês podem acreditar que ela é redonda, mas ela não é. Trata-se de colocar a afirmação como um juízo possível e dela desviar-se, tomar, diante dessa afirmação, a atitude de alguém que a rejeita, e que a rejeita para corrigir um erro ou impedir que outras pessoas o cometam.

É aqui que eu queria chegar. Chegamos, passando por um desvio, por outros caminhos, a uma conclusão diferente da dos lógicos, a de que a negação pode ser reconduzida a uma afirmação, que a essência é a afirmação, que sempre afirmamos e que negar consiste em desviar-se de uma afirmação possível.[133] Eis o que se dá com a negação. Tratemos agora da interrogação.

Lógicos e psicólogos se ocuparam bem menos da interrogação, o que é compreensível. É sempre pela mesma razão. O pen-

---

132 Ideia que será retomada no capítulo IV de *A evolução criadora*, a propósito da ideia de nada, depois em *O pensamento e o movente* (ver EC, p.275-98; PM, p.65-8; e PR, p.8-11).

133 Posição que se encontra particularmente em Christoph von Sigwart (1830-1904) em *Logik*, t.I, p.119 *ss.*, e que Bergson cita em EC (p.287).

samento sempre foi representado como tendo prioritariamente um objetivo teórico-especulativo, e a linguagem, como sistema de símbolos teóricos destinado a expressar o pensamento, repito, para o prazer de expressar. Se é assim, compreende-se a afirmação e a negação, mas não se compreende a interrogação. A afirmação e a negação são compreendidas. Os filósofos são representados ao modo platônico, tomando ideias, aproximando-as, examinando se há por que casá-las, ou se o casamento não é possível. Afirmação de um lado, negação de outro. E a interrogação não encontra seu lugar; seria como uma intrusa, provocaria escândalo. No entanto, ela existe, e é muito instrutiva considerando-se o ponto de partida no qual desejamos nos colocar.

A interrogação nos revela efetivamente a função própria da linguagem, que é antes de tudo um meio de comunicação entre os homens, um instrumento de ensinamentos mútuos. Por meio da interrogação nos informamos, reivindicamo-nos a vida social, fazemos apelo ao outro; em nenhum lugar a função ou a destinação social da linguagem é mais evidente do que na interrogação.

Mas qual é a relação da interrogação com a afirmação, e até que ponto a forma interrogativa é primitiva? É bastante difícil chegar a uma conclusão sobre esse ponto se nos ativermos às linguagens atuais. Nas nossas línguas não há termo especial para marcar uma interrogação, e fazemos isso ao inverter a posição das palavras. Se nos transportarmos para as línguas antigas, por exemplo, de modo mais geral às línguas nas quais há palavras especiais para indicar a interrogação, eis o que encontramos: há termos que marcam ou evocam geralmente uma ideia de multiplicidade, mas uma multiplicidade que não é definida, a ideia de multiplicidade indefinida. Os interrogativos *qui, quid*, em latim, têm, a princípio, o significado de alguns, de certos; especialmente em grego τις τινες, o που significa quando, e em algum lugar, ποτε, em algum momento. Este é o caso da maioria das palavras que marcam a interrogação. Foi até mesmo dito que a palavra grega αρα, que significa "será que",* tem a mesma raiz que *aristmas*; é bastante curioso que termos interrogativos sejam termos partitivos que expressam pluralidade, mas uma pluralidade não definida.

Refletindo melhor sobre isso, entendemos muito bem que esse poderia ter sido o caso se a interrogação derivasse da afirmação. Se, por exemplo, disponho apenas da proposição afirmativa e quero fazer uma pergunta, quase não tenho outra forma de fazê-la senão afirmando, mas afirmando de forma incompleta e indeterminada, de modo a deixar espaço para uma determinação que virá de outrem.

Por exemplo, quero expressar a ideia "quais são as árvores que estão atualmente florindo", mas não disponho da forma interrogativa. Direi: certas árvores estão florindo? E pronunciarei "certas" de modo a mostrar que não sei quais árvores estão em flor, e caberá ao interlocutor completar minha ideia. Poderíamos, assim, dizer que a interrogação é uma afirmação incompleta, que chama a atenção por um meio ou por outro para o fato de que é incompleta. Interrogar é afirmar, com o desejo e a esperança de ser interrompido ou ao menos de ser

---

* Trata-se da expressão "est-ce que", introdução a uma questão em francês; ela admite ser traduzida por "será que", podendo também ser suprimida na frase traduzida apenas pela sua forma interrogativa. Outra opção aceitável para a tradução é "seria possível que". (N. T.)

completado. Assim, em última análise, vê-se que a interrogação é reconduzida a uma afirmação, uma afirmação com a particularidade de não ser uma afirmação em abstrato, mas a afirmação de alguém a alguém, e uma afirmação incompleta que, sendo enunciada diante de alguém, pede para ser completada, de modo que, em última análise, quer consideremos a negação, quer a interrogação, é ainda à afirmação que somos reenviados.

Devemos agora analisar a afirmação, e, se a tomamos na linguagem – não importa onde nem como –, encontramo-nos na presença de afirmações extremamente complexas.

Ao abrir um livro ao acaso, encontrarão frases compostas de frases ligadas, coordenadas entre si de alguma maneira, subordinadas umas às outras; e, à primeira vista, ficamos perplexos com essa complexidade.

Entretanto, se nos reportamos à etimologia – e é a única forma positiva, científica, de proceder – das palavras que marcam a conexão e a dependência dos membros de frases entre si, constatamos que essas palavras não marcaram primitivamente a dependência, nem a conexão ou a ligação. Trata-se sempre de palavras que começaram marcando a limitação da ideia, palavras que começaram limitando o sentido da frase à qual estavam ligadas. Isso se passa com todas as palavras que expressam relações deste tipo: quem, que, quando, se etc. "Se" significou inicialmente assim [*sic*], o termo *quid*, que é relativo, foi sempre em primeiro lugar uma demonstração – em grego, o termo *os*; "*qui ai os esé*", disse Homero, e assim por diante. Tais palavras indicavam ou marcavam, portanto, em primeiro lugar, uma limitação do significado da frase a que se referiam, à qual estavam ligadas; foi apenas gradualmente que as frases a que estavam ligadas se aproximaram de outras. Essas palavras marcaram, por assim dizer, soldas, soldagens de natureza diversa entre as frases assim aproximadas; pode-se dizer que frases muito complexas foram formadas do mesmo modo que as sociedades. Estas se formaram de homens justapostos; uma vez que os homens se justapõem, eles se organizam; entre eles, organiza-se uma divisão do trabalho e, dessa divisão, resulta uma subordinação dos homens, como unidades sociais. Por outro lado, vocês sabem que há quem defenda a ideia de que os organismos vivos foram formados dessa maneira, que os organismos elementares – por exemplo, os unicelulares –, sendo homogêneos, foram capazes de se unir e, por sua soldagem, foram capazes de dividir seu trabalho de tal forma que se constituíram tecidos diferentes, ocorrendo uma subordinação recíproca de algumas partes às outras.

Isso foi contestado no caso dos organismos, mas parece certo para a linguagem: a frase complexa como a possuímos foi feita de unidades simples, unidades simples que são frases, frases muito simples, mas todas principais, nenhuma delas sendo subordinada. A princípio, havia apenas frases de uma simplicidade principal, de extrema simplicidade com e para cada uma delas, e foi esta ou aquela limitação que a preparou para uma subordinação. Pelo simples efeito da justaposição dessas frases entre si, foram realizadas soldagens; formou-se uma espécie de sociedade ou de organismo e, então, termos que não possuíam certo significado no início vieram a marcar a coordenação, a subordinação e todas as nuances de coordenação e subordinação de elementos uns aos outros.

É impossível entrar no detalhe dessa demonstração; ela pertence, aliás, ao âmbito da filologia mais do que da filosofia e da psicologia. Para mim, é suficiente ter indicado o princípio da investigação e a consequência geral à qual ela chega.

Concluímos finalmente que o elemento essencial da linguagem, de decomposição em decomposição, de simplificação em simplificação, é a afirmação simples.

O que é, então, a afirmação simples? Quais são seus tipos? Se analisarmos as línguas que foram estudadas mais profundamente, as línguas indo-europeias – eu incluiria as línguas semíticas –, chegamos à conclusão de que existem dois tipos de afirmação, dois tipos de frases elementares: o primeiro tipo é composto de um sujeito, um verbo ativo e um complemento direto. Exemplo: o carpinteiro faz a mesa; o homem veste uma roupa preta; o relógio marca a hora, indica a hora.

Como se vê, a essência de uma afirmação desse gênero consiste em destacar duas coisas, dois objetos, dos quais um é o sujeito, o outro é a regência.* E então, depois, perceber – ou mais frequentemente imaginar – uma ação que parte do sujeito para chegar à regência, ao complemento. Se digo: "o carpinteiro faz a mesa", bem, eu tenho um espetáculo diante dos olhos. Vejo o carpinteiro que executa certos movimentos, decomponho esses espetáculos da seguinte maneira: primeiro objeto, um carpinteiro; segundo, uma mesa. Uma ação sobrevém à mesa, o carpinteiro sendo o agente, e a mesa, o paciente. E depois, o verbo que marca a transição, a passagem da ação do agente ao paciente. Daí o nome transitivo dado ao verbo ativo; ele marca uma passagem. "O relógio indica a hora" é a mesma coisa. O relógio é um agente, a hora é um paciente. E, então, indicar, marcar, significa que há uma ação que passa do relógio à hora. O relógio age, e a hora, por assim dizer, se deixa fazer. Há um agente e um paciente. Eis o primeiro tipo de afirmação.

---

* Tradução do termo técnico "régime" em linguística. (N. T.)

Segundo tipo: o relógio é redondo, a mesa é retangular, a peça de vestuário é preta. Dessa vez há um sujeito, mas não um complemento, e sim um atributo; a ligação é o verbo ser que une o sujeito ao atributo. Nesse tipo de frase, indicamos que o objeto roupa contém o atributo preto, ou, sob o ponto de vista da extensão, que a roupa está contida na categoria de objetos pretos. Em ambos os casos, a relação é de inclusão.

O artifício nesse segundo caso é completamente diferente do primeiro. O artifício consiste em tomar o espetáculo diante de si; trata-se de um espetáculo que pode ser tanto moral quanto material, e depois, em vez de dividi-lo em duas partes, em que uma influencia a outra, em vez de dividi-lo em duas partes, em que uma se afirma estar contida no todo... Tomo a roupa preta, que é uma percepção indivisível – abstraio o preto, e concluo que o preto está contido na roupa. Eis o segundo tipo de afirmação.

Portanto, para resumir, existem dois tipos de sentenças simples. Uma frase que é uma sentença de atribuição, que enuncia a inclusão de alguma coisa em outra, e uma frase que chamaremos, por assim dizer, dramática, porque é um tanto dramática. Há uma maneira dramática de se expressar que consiste em representar, em ver ações em toda parte, e depois falar como se uma determinada ação que estava contida em um objeto se transportasse para outro.

Dado que estamos procurando o fundo e as profundezas da linguagem, já que a decompomos de modo a chegar ao que é mais elementar, surge imediatamente uma questão para o homem, a de saber se, desses dois tipos, existe um que seja redutível ao outro e, portanto, menos simples que o outro.

Notemos imediatamente o que essa forma de expressar tem de artificial ou, pelo menos, distorcida. O carpinteiro faz a mesa; o relógio marca a hora; o homem veste uma peça de roupa preta. Eis os três exemplos que tomamos anteriormente. Às vezes isto corresponde à realidade; com mais frequência é completamente artificial. Se digo que "o carpinteiro faz a mesa", enuncio algo real; há uma ação real realizada pelo carpinteiro; ele se move e, de fato, fabrica uma mesa. Mas quando digo "o relógio marca as horas" é bem diferente. O relógio não é alguém ou mesmo algo que faz alguma coisa, que age. Nem a hora é algo que sofre a ação, que se deixa fazer, que se deixa mostrar, trata-se de uma reconstrução dramática de algo que é; é uma realidade vista por alguém, por uma mente que quer ver por toda parte, mais ou menos, um drama, uma ação. Se digo "o homem está vestindo uma roupa preta", em certo sentido há de fato a ação de vestir, é de fato uma ação real, mas o que percebo não é isso; eu percebo um homem e sobre esse homem uma roupa preta. Notem que a linguagem poderia muito bem ter sido feita e desenvolvida de tal forma que essa impressão tivesse sido registrada, em vez de uma reconstrução que foi expressa na fala. Sabemos, Stendhal o disse, que há idiotas para quem a ideia de "este homem veste uma roupa preta" é expressa da seguinte maneira: "este homem, com preto, com roupa" (trata-se de um dialeto muito inferior falado, ao que tudo indica, pelos selvagens de Bornéu).

Notem que essa forma nos dá, verdadeiramente, a impressão imediata. Vejo este homem (primeira impressão), e, depois, há o preto. Olho mais de perto: é uma peça de vestuário. Esta é a maneira impressionista de se expressar, e poderíamos imaginar que as línguas um pouco mais perfeitas teriam evoluído nessa direção, em uma direção semelhante. E, se assim tivesse acontecido, nossa literatura teria sido bem diferente, e bem diferente também, até certo ponto, teria sido nossa filosofia.

No entanto, esta não é a maneira como nossas linguagens geralmente evoluíram, e, pelo efeito bastante dramático do caráter de nossa imaginação, a forma dramática prevaleceu. Em vez de notarmos isso imediatamente, preferimos reconstruí-la à nossa maneira, supondo espécies de atores e, entre esses atores, cenas, algo um pouco teatral.

Resumindo, essa maneira de se expressar – maneira que pressupõe um sujeito, que requer um sujeito, um complemento e uma forma ativa, algo que age, que sofre a ação, uma ação que passa de um a outro – parece ser, antes, uma maneira artificial de falar e pode-se presumir, pode-se pressentir que não se trata de algo primitivo e totalmente natural. A análise psicológica diz isso e a filologia parece confirmar se julgarmos certas obras, nas quais devemos colocar as do M. [Bréal].[134] Em um trabalho muito interessante, ele nos mostra que o verbo ativo é um verbo formado relativamente tarde, que o verbo neutro deve tê-lo precedido.

Uma frase como "o sol ilumina o campo" pertence a uma linguagem já consideravelmente avançada, muito mais avançada que "o sol brilha". Brilhar é um verbo neutro; o verbo neutro expressa uma ação em alguns casos, concordo, mas uma ação encerrada no sujeito, que expira, por assim dizer, no

---

134 "Préa" na cópia datilografada. Trata-se de fato de Auguste Bréal (1832-1915), filólogo e linguista, professor do Collège de France. O livro ao qual Bergson se refere é *Essai de sémantique: science des significations*.

sujeito, em vez de encontrar um complemento. Na verdade, na maioria das vezes ele expressa um estado, não uma ação. É um fato bastante curioso que o verbo neutro, segundo a filologia, ou segundo o filólogo que acabo de mencionar, tenha evoluído naturalmente em nossas línguas para a forma ativa – isto por razões de natureza filológica, pois as línguas são feitas de modo que uma vez que as palavras são colocadas lado a lado, elas têm tendência a governar umas às outras.[135] Isto é um pouco do que acontece nas sociedades humanas; uma tende a governar as outras. O mesmo ocorre com as palavras; uma palavra ligada a outra tende a governá-la, há uma espécie de atração do complemento pelo verbo ativo, como se o verbo

---

135 Bergson faz referência ao *Essai de sémantique*, cap.XX, p.209-10: "Todo mundo conhece a diferença entre os verbos ditos neutros e os ditos transitivos; os primeiros bastando-se a si mesmos, expressando uma ação que forma um sentido completo (como correr, andar, dormir), os outros solicitando depois de si o que se denomina complemento. Foi levantada a questão sobre quais desses verbos seriam os mais antigos. Para mim, a resposta não deixa dúvidas: não só os verbos neutros são os mais antigos, mas também é preciso admitir um período em que só existiram verbos neutros. Eu creio, com efeito, que as palavras foram criadas para ter uma significação plena por si mesmas e não para servir a uma sintaxe que ainda nem existia. Dado que alguns desses verbos foram frequentemente associados a termos que determinavam o seu alcance, que dirigiam a sua ação sobre certo objeto, a mente se habituou a um acompanhamento desse gênero de forma que veio a esperar algo que lhe produzisse o efeito de um acréscimo obrigatório, de uma direção necessária. Por meio de uma transferência ideal cujos análogos se encontram fora da linguística, nossa inteligência acreditou ter sentido nas palavras o que era resultado de nosso costume; surgiram desde então verbos que exigiam, depois deles, um complemento. O verbo transitivo foi assim criado".

ativo ligado a seu sujeito procurasse governar alguma coisa. É assim que o neutro evolui para a forma ativa, e o que antes significava brilhar acaba significando iluminar. Exemplos curiosos têm sido dados. Foi demonstrado que, em várias línguas, a palavra que significa "ir" acaba significando "pedir", *petere*, *igneonai*, porque indica a ideia de buscar, de pedir, e que pouco a pouco o verbo neutro acaba se tornando transitivo. O que precede uma frase como "o sol ilumina o campo" é uma frase como "o sol brilha", "o sol é brilhante".

Chegamos à conclusão de que, destas duas maneiras de se expressar – uma mais dramática, a outra que expressa uma simples relação de inclusão –, a segunda (não a primeira) é verdadeiramente natural, primitiva e fundamental.

Uma última questão se coloca, a de saber se, nos juízos "a mesa é redonda", "o sol está brilhando", "a roupa é preta", nessas frases totalmente simples, nós não poderíamos operar mais uma simplificação, se todos os elementos das frases são igualmente indispensáveis e essenciais.

Os filólogos vêm em nosso auxílio e nos dizem que, de modo geral, o verbo deve ter tido uma aparição relativamente tardia. Em primeiro lugar, existem muitas línguas inferiores, é evidente, que não têm verbos; onde há verbo, sempre encontramos em sua origem algo que não é o verbo, que é substantivo ou adjetivo, ou um pronome que é uma espécie de substantivo. Sabe-se que a conjugação grega φερω, φερες – "eu carrego, você carrega" etc. –, é resultado da soldagem de um substantivo e de um pronome, e que essa conjugação etimologicamente significa "carregador" – eu, carregador; você, carregador; ele etc.

Seria possível dizer que se trata do mesmo caso para verbos concretos, como o desse exemplo, mas que, [a respeito] do verbo ser, a ligação "é" algo mais antiga, mais verdadeiramente originária? Não. Em todas as línguas em que encontramos a origem do verbo *ser*, primeiro descobrimos que esse verbo significava "respirar", ou "ficar de pé", portanto, algo totalmente concreto. Esse significado concreto foi se modificando, chegando, por fim, à ideia de "existir" em geral; a coisa é. Esse mesmo significado tornou-se mais volátil, a palavra *é* acabou por designar apenas a afirmação, como neste juízo atributivo: "a mesa é redonda".

Portanto, a rigor, podemos dispensar o termo [é] – não digo a ideia –, e de fato há línguas que a dispensam, de modo que, efetivamente e em suma, o que encontramos como elementos essenciais e, ao que parece, irredutíveis da linguagem, são o sujeito e o atributo, o substantivo e o adjetivo.

Esgotamos, como vocês podem ver, tão rapidamente, tão sumariamente quanto possível, a eliminação de todos os elementos que não eram essenciais na linguagem. Reconduzimos a negação e a interrogação à afirmação; as afirmações complexas a afirmações simples; afirmações simples a dois tipos, um que expressa uma ação passando de um sujeito a um complemento, o outro que expressa a inclusão de um atributo em um sujeito. Desses dois tipos, reduzimos o segundo ao primeiro. Do primeiro tipo, eliminamos a parte que é um verbo e que não parecia absolutamente essencial, indispensável; restam dois elementos, o nome e o adjetivo.

Uma última questão poderia ser levantada, a de saber se existe algo ainda mais simples. Se houvesse algo mais simples, estaríamos na própria raiz da linguagem; teríamos o processo originário e fértil, a operação da qual teriam surgido, por uma espécie de cisão ou ramificação, todos os elementos que compõem a linguagem pronta. Bem, talvez esse processo exista, talvez possa ser encontrado. É isso que investigaremos na próxima ocasião. Tentaremos nos colocar na origem da linguagem, no ponto em que ela emerge do pensamento, e então chegaremos a um estudo um pouco menos abstrato e árido do que este que estamos fazendo hoje. Tentaremos mostrar como a constituição da linguagem e consequentemente, em certa medida, a conformação do pensamento derivam de certas necessidades práticas, necessidades sociais, é preciso ressaltar. É a vida social – como tentaremos mostrar na próxima aula – que, por intermédio da linguagem, linguagem que não é o próprio pensamento, que não é absolutamente indispensável ao pensamento, mas de que o pensamento sempre aspira a fazer uso em maior ou menor grau, é a vida social que deve orientar o pensamento em certa direção. E é porque o pensamento tomou essa direção que a inteligência por conceito, o pensamento conceitual, é o que é. Portanto, como podem ver, seguiremos um caminho muito sinuoso até a conclusão que enunciamos no início deste curso, a saber, que no estudo do pensamento, no estudo da inteligência, devemos levar em conta, sobretudo, a destinação prática, a destinação útil.

É sobre esse ponto que nos concentraremos na próxima aula.

Décima sétima aula
Sessão de 2 de maio de 1902

Senhores,

Vocês se lembram como fomos levados, na última aula, a analisar rapidamente a linguagem em seus principais elementos. Dissemos que o conceito, o pensamento conceitual ao qual fomos conduzidos por nosso estudo da duração, pode ter duas formas, ou antes colocar-se sobre dois objetos diferentes, que são o indivíduo e o gênero. Há conceitos de indivíduos, conceitos individuais, e há conceitos de gênero, conceitos gerais, ambos, o conceito individual e o geral, derivados de uma fonte comum: o conhecimento imediato da semelhança.

Admitimos uma percepção ou um conhecimento imediato da semelhança que é alguma coisa que oferece, de um lado, a concepção do indivíduo, de outro, a concepção de gênero, sendo ela mesma um meio-termo, algo intermediário que se fixa por assim dizer em representação do indivíduo, ou, ao contrário, se sutiliza, se volatiliza em representação do gênero. Portanto, concepção do indivíduo e concepção do gênero são dois ramos saídos do mesmo tronco, o conhecimento imediato da semelhança.

Eis o ponto ao qual fomos conduzidos por essa primeira análise do pensamento conceitual e, ao buscar verificá-lo na linguagem, havíamos constatado que, reduzindo progressivamente a linguagem a seus elementos mais simples, decompondo as proposições mais complexas em proposições elementares, reconduzindo entre essas proposições elementares os tipos derivados ao tipo primitivo, constatamos que a linguagem possui dois elementos essenciais e irredutíveis: o sujeito e o atributo, o nome e o adjetivo, que exprime a atribuição, a qualidade ou o estado. Esta foi a conclusão à qual chegamos na última aula.

Devemos agora – e aqui está a introdução à ideia que desejamos desenvolver hoje – determinar a função, o respectivo papel desses dois elementos da linguagem: o adjetivo e o nome. O nome ou substantivo parece ter a dupla função de expressar tanto o concreto, o individual, quanto o imutável, o imóvel.

Digo que ele expressa primeiramente o individual. Quando digo "o homem", "a mesa", trata-se de uma concepção individual, de um conceito de indivíduo que se apresenta de início à mente.

Sei o que dirão, qual é a resposta habitual: que *homem* e *mesa* expressam, antes de tudo, gêneros e que, quando eu pronuncio esses termos, como não especifico que se trata de tal homem, de tal mesa, é do homem em geral e da mesa em geral que estou tratando.

Sem dúvida. Mas se os termos *homem* e *mesa* evocam a representação do gênero, seria na qualidade de substantivo enquanto nome? É evidente que não. É na medida em que eu os represento como atributos possíveis, como espécies de adjetivos. Se digo, por exemplo, que Pierre é homem, que Paul é homem, que Jacques é homem, na medida em que Pierre, Paul,

Jacques etc. podem admitir como qualificativo o termo *homem*, eles representam efetivamente um gênero, mas somente por meio do estado qualificativo. E se tomo cada um desses termos tal como ele é, como um nome, como um qualificativo, ele só pode expressar algo substancial, um ser individual. De fato, essa representação, quando buscamos torná-la mais precisa, evoca na mente uma representação individual, uma imagem de um homem determinado. Assim, se tomo o substantivo como substantivo, e não como podendo sempre fundir-se em adjetivo, enquanto atributo possível por assim dizer, ele representa algo concreto e individual. Acrescento que ele representa alguma coisa estável, imóvel e invariável. Se digo "a mesa", o termo *mesa* designa, enquanto substantivo, algo que não muda.

Aqui ainda temos as aparências contra nós. Alguém dirá: "esta mesa está limpa"; mas pode tornar-se suja e passar por todos os estados intermediários que existem entre o limpo e o sujo, mudando assim indefinidamente; "ela é retangular", pode tornar-se redonda; e assim por diante. Sem dúvida isso pode acontecer, mas reflitam um instante e verão que, se o termo *mesa* representa para mim algo variável, isso se dá apenas por meio de qualificativos diferentes que eu lhe acrescento. Represento essa mesa variando na medida em que ela está limpa, suja etc., enquanto qualificada sucessivamente por um grande número de termos que são todos qualificativos e expressam estados que, se me atenho à mesa como mesa, se tenho na mente apenas o termo *mesa*, tornam essa representação mental o suporte de uma multidão de qualidades que mudam, encontram-se, sucedem-se, o suporte permanecendo imóvel, imutável. É, portanto, somente porque tenho o hábito de sempre vincular um ou um número indefinido de qualificativos a um substantivo que posso representar esse substantivo como expressando algo variável e móvel, ao passo que, se o tomo em si mesmo, temos a representação de algo que não muda, que expressa imutabilidade.

Diremos, então, que esse elemento essencial da linguagem, que é o nome ou o substantivo, expressa de um lado algo individual, concreto, e, de outro, algo que não se modifica.

Há outro elemento da linguagem com o qual nos deparamos: o adjetivo, que expressa, ao contrário, de um lado o geral e, de outro, a mudança.

O geral, em primeiro lugar, é evidente. Se digo: "preto", "branco", "limpo", "sujo" etc., é claro que esses termos convêm, aplicam-se a todos os objetos limpos, todos os objetos sujos, pretos, brancos etc. O adjetivo, justamente porque é um qualificativo, porque expressa um estado, aplica-se a um número muito grande e indefinido de objetos individuais possíveis. Portanto, ele é por essência representativo de um gênero. Ele é precisamente o que vem aplicar-se sobre o objeto. Representem um objeto como algo individual como uma pessoa, o adjetivo expressará uma roupa, uma roupa pronta, de confecção, que pode servir a diversas pessoas, mas desde que elas tenham aproximadamente a mesma compleição.

Portanto, o que essa palavra está disposta, mais que a outra, a expressar é o geral, além de o móvel, o que se transforma.

A segunda propriedade do adjetivo é menos marcante que a primeira. Consideremos um juízo como "a mesa é preta"; ela tem uma cor, preta. É claro que não posso representar a mesa como preta se não penso também em diversas outras cores que a mesa poderia assumir. Ou essa qualificação não tem nenhum sentido preciso para minha mente, ou eu a represento como escolhida de alguma maneira entre muitas outras qualificações possíveis. Essa mesa me aparece, então, como podendo passar por tantos estados quanto quisermos, podendo mudar indefinidamente. Cada qualificativo é como uma fase, um estado dessa mudança, e é enquanto colhida entre todas as outras qualidades possíveis, enquanto comparável a elas, que essa qualidade determinada é representável. Não se pode representar uma qualidade sem pensar na contrária e em todas as qualidades intermediárias entre ela e a oposta; toda qualidade determinada é como que retirada, colhida, eu dizia, de um grande conjunto de qualidades que expressam toda a continuidade das mudanças possíveis que um objeto pode sofrer. Consequentemente, quem diz qualidade, diz mudança – real ou possível, percebida ou pensada. Tal é a dupla função dos dois termos, dos dois elementos aos quais nossa análise reduziu a linguagem.

Se procurarmos agora aproximar essa conclusão daquelas às quais fomos conduzidos por nossa análise da duração na primeira parte deste curso, acredito que o resumo do que encontramos é: dissemos que a realidade, o real, é antes de tudo uma continuidade, uma continuidade de mudança; a realidade é primordialmente o que dura e o que dura é o que muda, mas o que muda de tal maneira que o momento anterior se prolongue no seguinte e que a transição de um a outro seja uma transição insensível. Representamos, então, uma existência concreta, real, como uma continuidade perfeita de duração. Representemos isto por uma figura. Eis uma linha:

a
b
c
d

Algo contínuo. A existência, a realidade, a duração é essa própria continuidade, ou seja, um número indefinido, infinito de estados que se sucedem e penetram-se uns nos outros.

Se quisermos aproximar as conclusões às quais acabamos de chegar nas quais desembocava a análise da duração, constatamos que a função da linguagem é tomar essa continuidade de mudança representada por uma linha e distinguir, fixar ao longo dessa continuidade de mudança, uma quantidade de momentos, como estados sucessivos que nomeamos *a, b, c, d*.

Representem essa linha como o espectro solar, com o número indefinido de nuances, pode-se até dizer cores, que ele compreenda. Para expressar essa linha, a linguagem determina alguns pontos de referência e de cores (*a, b, c, d*...; violeta, vermelho, azul, verde...). E ela nomeará, indicando por palavras, os diferentes pontos. As palavras que são destinadas a representar os diferentes estados, os momentos distintos da mudança contínua serão os qualificativos, os adjetivos. Só que, por esse trabalho de denominação que implica um trabalho de divisão, a continuidade foi rompida. Todos os intermediários foram suprimidos entre *a* e *b*, entre *b* e *c*. Há um intervalo que permanece não expresso.

É preciso expressar de alguma forma que esse intervalo subsiste. Há transição insensível de uma parte a outra, mas que essa transição e sobretudo a insensibilidade dessa transição permanece sem expressão.

É para expressar a transição que existe alguma coisa que retém os diferentes momentos da mudança entre si; é para expressar que existe um fio — retomo aqui uma antiga imagem que empreguei — que passou por todos esses termos multicores; é para tal expressão que existe o substantivo. Este expressa, nas transformações contínuas, a continuidade; trata-se de alguma coisa que é a transição de um estado a outro, a insensibilidade da transição que, por isso mesmo, assegura a unidade. Embora ele seja constantemente diferente de si, o substantivo será algo que corrige – aliás, imperfeitamente – o que há de incorreto na divisão da continuidade, na representação de uma continuidade por meio de certo número de pontos ou momentos.

Eis o que será o nosso substantivo, o nome. Se é desse modo que definimos um e outro, adjetivo e substantivo, entenderemos o que dissemos anteriormente, que um deve expressar original e essencialmente o indivíduo e o concreto, enquanto o outro expressa, antes, o abstrato e o geral.

Consideremos um número de existências concretas. Uma vez que adotamos como símbolo uma linha reta, teremos outras linhas retas:

Cada uma dessas existências deverá ser considerada como uma continuidade de momentos e, consequentemente, como uma multiplicidade de estados que se prolongam uns nos outros. Assim, teremos para a segunda existência:

a'	a"
b'	a"
c'	a"
d'	a"

Nessas diferentes existências está compreendido que o substantivo expressa sucessivamente a continuidade das transições, que é diferente se passarmos de uma existência a outra; donde se segue que o substantivo expressará algo individual, sendo em cada caso uma continuidade *sui generis* que é aqui a de *a* a *b*, alhures a de *a"* a *b"* etc. O substantivo assim designará o indivíduo, sendo – não direi substrato – a continuidade das transições *sui generis*, a característica de cada existência tomada separadamente.

No entanto, se tomo um dos estados, ao longo de uma dessas continuidades, digamos *b*, e se considero as outras continuidades, não é impossível que eu encontre, ao longo dessas outras continuidades, estados semelhantes a *b*. Poderia haver, poderia não haver. Seria possível que não houvesse nenhuma semelhança no mundo, que nada se assemelhasse a nada. Mas existe. E por que existe? Trata-se de outra questão. Já que é assim, encontrarei outro termo que eu possa aproximar. Dessa forma, serei capaz de unir por um traço contínuo os diferentes pontos que representarão o que há de comum a um número consideravelmente grande de existências possíveis.

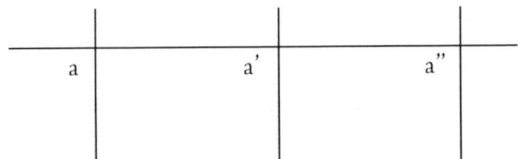

Tal termo é o adjetivo. Vocês veem o artifício da linguagem para expressar uma realidade em continuidade, a continuidade da mudança. É para distinguir, nessa continuidade de mudanças, estados substituíveis uns pelos outros que eles serão expressos por um termo que denominaremos qualificativo ou adjetivo. E, a fim de reunir o que foi desarticulado, para expressar o fato de que todos esses estados são apenas pontos que foram distinguidos ao longo de uma continuidade ininterrupta, criaremos termos que expressem não mais a mobilidade, mas a estabilidade. Essa estabilidade, por um lado, e essa mobilidade, por outro, ao se unirem produzirão algo que expressará, na medida do possível, a realidade concreta.

Tal seria então, senhores, o artifício essencial da linguagem expressa: a imutabilidade e a mutabilidade; de um lado, o estável, de outro, o móvel, o que muda. Esta é a sua dupla função, e a linguagem não pode realizar um ato simples e elementar, que pertence à sua função, sem unir esses dois termos ou elementos, de modo, repito, a reproduzir ou expressar na medida do possível a continuidade do real.

Se pudéssemos retornar às origens da linguagem, se pudéssemos tomá-la no ponto exato em que ela sai do pensamento, provavelmente constataríamos que esses dois elementos que acabamos de distinguir começaram por se confundir, que o adjetivo e o substantivo saíram de um termo único, de uma palavra que expressa algo intermediário entre o que se poderia chamar a solidez do substantivo e, ao contrário, a fluidez do termo que o qualifica. Nas línguas indo-europeias, nas quais podemos subir suficientemente alto na origem das palavras, constatamos que os substantivos são em geral antigos adjetivos, antigos qualificativos. Assim, o sol é um termo que provavelmente significou de início o brilhante, aquilo que brilha; o pé era primitivamente o caminhante, um estado, um ato, uma qualidade qualquer que ele qualifica.

Eu me espantaria se esses qualificativos tivessem tido inicialmente o sentido bem determinado de um qualificativo, pois o sentido de um qualificativo somente é determinado quando se determinou também um substantivo ao qual ele se acrescenta. Se nos situamos antes mesmo que o substantivo tenha feito sua aparição nítida, fica claro que o adjetivo que supostamente o precede não é um adjetivo; trata-se de um intermediário entre o sentido do substantivo e o do qualificativo, algo que vai solidificar-se em substantivo e, mais tarde – como eu disse há pouco –, volatilizar-se em algo mais móvel, que será a qualificação.

Seja como for, só podemos fazer hipóteses, conjecturas, mas o que sabemos respalda as conjecturas. É provável que a linguagem, com todos os elementos que a compõem, com a infinita complexidade que assumiu, tenha saído da inteligência humana nessa forma muito simples: um termo semissubstantivo, semiadjetivo, mas que tem uma tendência irresistível a dissociar-se em dois, um dos quais se tornará a expressão de um sujeito, a expressão de uma coisa, e o outro será a expressão de uma qualidade. Essa tendência de dividir-se, decompor-se, é evidentemente a própria essência da linguagem, que, tal como emergiu da inteligência humana, tem propensão a separar-se em dois, à dicotomia. Poderíamos dizer que a linguagem é essencialmente dicotômica.

Por que ela é dicotômica? Chegamos à questão essencial: por que a linguagem tende a se dividir em dois? Observem que, para o objetivo que perseguimos, a questão é essencial, pois constatamos que a essência do pensamento conceitual é a tendência a dividir-se em dois, a tomar o conhecimento imediato –

o de uma semelhança –, a distinguir algo estável e individual de algo móvel e geral, originando a dupla forma do conceito.

O que dissemos sobre o conceito, verificamos na linguagem; fizemos a suposição de que, provavelmente, até mesmo as exigências da linguagem, a necessidade de criar para si uma linguagem é precisamente aquilo que impulsionou o pensamento a adotar essa forma conceitual, que se presta melhor à linguagem.

A questão importante é saber por que a linguagem apresenta essa forma, por que tomou essa direção e não outra, por que enfim a linguagem é – e retorno à minha expressão – de essência dicotômica, e por que a percepção, o conhecimento imediato nos sendo dado como indiviso, a linguagem tende sempre a fazer passar da estabilidade para a mobilidade, e assim expressar o real por meio de misturas ou combinações desses dois elementos mais ou menos derivados.

Creio que a resposta a essa questão deva ser procurada nas condições da vida social, ou melhor, nas tendências profundas e naturais que nos impulsionam à vida social, exigindo que sejamos seres sociais, mas por isso mesmo determinando de certa forma as tendências de nossa representação.

Se olharmos o conjunto das faculdades psicológicas do homem, não de um ponto de vista abstrato, mas levando em consideração que são faculdades úteis, que servem a um propósito, que têm um objetivo, e considerarmos a evolução geral dos seres vivos – e eu tomo aqui o termo *evolução* num sentido vago, muito geral, que não implica necessariamente a ideia de descendência –, veremos uma sucessão organizada, a sucessão de seres na medida em que parecem ligados entre si ou conectáveis uns aos outros, e não apenas seguindo uns aos outros ao acaso. Se, então, de um lado fazemos essa análise psicológica e, de outro, lançamos um olhar sobre esse conjunto de formas, de organismos, acredito que chegaremos à seguinte conclusão: toda evolução geral da vida parece ter como objetivo primeiramente a vida social. Não é o caso de entrar nessa análise aqui, mas já tive oportunidade de dizer algumas palavras sobre esse tema. A análise psicológica de nossas faculdades parece efetivamente mostrar que o objetivo da evolução é realizar a vida em sociedade, a fim de, em meio à vida coletiva, alcançar um progresso ulterior dos indivíduos.

A sociedade é originariamente um objetivo, a vida social é uma meta, mas uma meta que deve ser apenas um meio. Poderíamos dizer que a fórmula do progresso precisamente é o progresso primeiro *para* a sociedade, em seguida *pela* sociedade. Há aqui uma dualidade de fins, um fim que se torna um meio. Ou seja, há um duplo programa cuja primeira metade é a de alcançar a vida social, e a segunda, servir-se da vida social, que foi meta inicial, como um instrumento para um progresso ulterior da vida individual.

Portanto, se consideramos a primeira parte desse programa — a realização da vida social —, constatamos que ela foi realizada, e muito bem realizada, ao longo de certas linhas evolutivas, de certas direções da evolução que não desembocaram no homem, mas que resultaram em certas espécies animais, sobretudo em certas categorias de insetos.

É notável observar como certas espécies de insetos vivem uma vida social verdadeiramente perfeita em seu gênero. Aquele que acompanhou o trabalho realizado numa colmeia de abelhas, que leu a sua descrição, fica maravilhado diante da perfeição dessa vida social. Constatamos que as abelhas resolveram problemas sociais que ainda nos atormentam, que, numa colmeia, não há nem ricos, nem pobres, todo mundo está satisfeito, todo mundo trabalha e trabalha segundo suas aptidões e faculdades, todo mundo obedece e ninguém comanda, não há governo e a sociedade desenvolve-se admiravelmente por si mesma. É a justiça absoluta, cada um fazendo o que tem de fazer, e recebendo o que lhe é devido. É a devoção, é o sacrifício de cada um por todos e de todos pela comunidade.

Trata-se, portanto, de uma vida social que é perfeita em seu gênero e, contudo, ninguém sustentará que o homem não seja infinitamente superior a tais insetos. O que é então que lhes falta e por que uma evolução – supondo-se que haja uma evolução, um progresso – tão brilhantemente começada se deteve, se enfraqueceu? O que falta à vida social do inseto, mas que se encontra na sociedade humana? Por que o animal – neste caso, o inseto – parece girar num círculo do qual não consegue sair para avançar, como se ele tivesse tomado um impulso para ir a algum lugar, mas que o impulso não tivesse sido suficientemente forte, como se tivesse sido obrigado a interromper sua rota?

A resposta a essa questão consiste simplesmente no fato de que, numa sociedade de abelhas, tudo caminha admiravelmente bem, mas o indivíduo, seja porque se dedica ou se sacrifica voluntariamente, seja qual for a causa, não é levado em consideração. É a disciplina social perfeita, mas é somente a disciplina social. Não há sombra de iniciativa individual. A abelha não busca tomar essa iniciativa; ela não poderia tomá-la. Além disso, fora da colmeia ela é impotente, ininteligente, estúpida, ao passo que ela desenvolve na colmeia maravilhas de inteligência.

Parece que, depois de ser orientada para a vida social, ou ter tomado o elã, ou recebido a impulsão necessária para ir mais longe, tendo alcançado a vida social, a abelha foi fascinada por essa coletividade que deveria ser apenas um meio, mas se tornou um fim. Ela foi, digamos, hipnotizada, e, tal como num estado de sonambulismo perpétuo, gira incessantemente no círculo que constituiu, de uma vez por todas, sem poder superá-lo. O que falta é, ao lado da disciplina social, a iniciativa individual.[136]

Chego dessa maneira, por um longo desvio, ao ponto que eu desejava. Creio que aquilo que há no fundo da inteligência e da vontade humanas, da natureza humana em geral, é uma dupla exigência, uma dualidade de tendências, uma dualidade até mesmo de ação que é, por assim dizer, de tal forma contínua, de tal forma constante e frequente e tão regularmente repetida que não encontro outro termo com o qual compará-la senão a dualidade do ato de inspiração e expiração no fenômeno da respiração. Essa dualidade de tendências se constituiu, de um lado, pela tendência a submeter-se a uma ordem social, a uma regra social, a uma disciplina social, e, de outro, a acrescentar sempre algo de seu próprio fundo, algo de si próprio àquilo que a sociedade já possui, por isso mesmo ela tende a realizar um ato de iniciativa

---

136 Estas análises prenunciam tanto a reflexão de Bergson sobre o elã no final do primeiro capítulo de *Evolução criadora* (EC, p.89-98), quanto a distinção entre moral fechada e aberta em *As duas fontes da moral e da religião* (ver nota seguinte).

própria que é distinto, quase oposto, da simples submissão à regra social. Disciplina social de um lado, iniciativa individual de outro, eis a dupla tendência entre as quais o homem, enquanto ação e representação, se divide continuamente.

Se admitirmos que assim se passam as coisas, significa que não podemos agir e pensar sem experimentar de algum modo um impulso em dois sentidos distintos, e acredito que vocês poderão explicar por que a linguagem, tomando a representação em estado único, a representação de uma continuidade móvel, foi levada a dissociá-la em dois termos impulsionados em sentidos diferentes. De um lado, o sentido da estabilidade, trata-se do nome, do substantivo; de outro, o sentido da mobilidade, o atributo, o qualificativo.

A linguagem não é uma coisa inventada para a ciência e a filosofia, ela é o instrumento da vida social. Foi inventada pelos homens para comunicarem-se entre si, para servirem uns aos outros, na luta que eles enfrentam contra a fome, a doença, os inimigos de todo gênero etc. A linguagem, como tudo o que é humano, não pode evitar seguir duas direções diferentes, uma das quais corresponde ao que chamo de um lado de disciplina social e, de outro, ao que chamaria de iniciativa individual.

O que é preciso para que o homem possa comunicar-se com o homem? É necessário primeiro que haja algo que deve ser entendido; é necessário que haja um termo que expresse o ponto de vista comum a todos, um termo não qualificado que expresse não a percepção de Paul, Jacques, Pierre, mas o que todos eles perceberiam igualmente. É necessário um termo que expresse a base da informação fornecida, algo aceito por todos, um termo que expresse o que a pessoa vai oferecer de sua experiência; é preciso algo como um primeiro termo de submissão à sociedade, e um segundo termo que seja uma iniciativa individual.[137]

Se eu tomar uma frase mais simples possível, como "o sol está encoberto", há nela duas informações. O sol em estado indeterminado, que não está mais encoberto do que brilhante, resplandecente, não mais no horizonte do que no zênite, não mais a pino do que posto, o sol independente da percepção de Pierre, Paul ou Jean. E há também o qualificativo, que representa precisamente a informação que trago. Começo com um termo que, em seu estado indeterminado, por não expressar esta ou aquela percepção individual, expressa por isso mesmo o que é comum a todas as percepções. Ele marca o objeto sobre o qual a informação se colocará, e então eu acrescento a própria informação, a qualificação. Assim, nessa dicotomia, nessa tendência dicotômica que encontramos na origem da linguagem, existe a tendência que encontraremos em todas as outras faculdades humanas, a tendência de que toda representação e toda ação se dividam em duas partes: uma que chamarei de conservadora, representando o elemento conservador; a outra, o elemento progressivo e quase revolucionário. Há dois elementos que não ocorrem em estado explícito, mas sim no estado de tendências.

Se essa tendência é representativa, se ela é a própria característica de nossa atividade, é preciso que a linguagem – uma das principais manifestações dessa atividade – manifeste essa dua-

---

137 Distinção que lembra a do fechado e a do aberto presente em *As duas fontes da moral e da religião*. Bergson vinculará claramente a primeira moralidade à linguagem, enquanto a segunda é de difícil expressão (ver DS, p.57-8; ver também a carta inédita a Jacques Maritain citada na nota 6).

lidade de tendências. Em suma, constatamos na origem dessa dicotomia uma exigência da vida social, tal como o homem a compreende e tal como ela existe apenas para o homem. Dicotomia que é o procedimento fundamental da linguagem e, por consequência, está na origem do pensamento conceitual.

Sob essa forma, a ideia pode parecer paradoxal por certos ângulos, mas creio que não seja possível comparar o homem aos animais sem chegar à conclusão de que o que é característico do homem é efetivamente o que acabamos de dizer. É precisamente isso que distingue o homem do animal e que o torna capaz de falar.

Por que o animal não fala? Não é porque ele não possui os órgãos da fala; existem pássaros admiravelmente dotados para isso, tão bem dotados quanto nós. Não se trata, como dissemos algumas vezes, de que o animal não tem ideias gerais – não estou chegando ao limite de afirmar que ele tenha ideias gerais – mas, para falar, não é necessário ter ideias gerais; pode-se muito bem falar seja com ideias de coisas individuais, seja simplesmente com representações, eu diria quase com essas ações que ocupam o lugar de ideias gerais. O animal as possui; ele não tem ideias gerais, mas alguma coisa equivalente, possui ações, o que poderíamos chamar de atitudes. Um cão de caça não assume a mesma atitude diante de uma lebre ou uma perdiz. Ele tem, portanto, a representação geral da lebre e da perdiz, ele distingue muito bem esses dois gêneros. Um cão qualquer distingue um homem de um animal e, mais ainda, um animal qualquer de um cão.

Eis que, então, o animal dispõe de alguma coisa equivalente às ideias gerais; ele não as representa, mas as desempenha, as atua. Se possuísse a habilidade da linguagem, ele poderia ter criado uma linguagem para expressar essas generalidades. O que então falta ao animal para falar? É aquilo que acabamos de dizer: se, para falar, é preciso que haja uma tendência dicotômica da representação, se para falar é preciso que a representação ou intuição global, tal como é dada à mente, possa cindir-se em dois elementos – um, conservador, expressa um ato de submissão à sociedade, representa o estável, o impessoal na representação; o outro, ao contrário, expressa o que há na representação de móvel, variável e pessoal.*

Se é preciso que essa tendência dicotômica exista, compreende-se que, onde ela não exista, a linguagem não seja possível. O animal, quer o consideremos pelo lado da representação ou pelo da ação, tem uma existência unilinear; ele vai direto para a frente; se for uma questão de ação, ele vai em linha reta, ele não encontra, como nós, encruzilhadas nas quais se detém em alguns momentos de crise, hesitando entre movimentos diferentes; sua existência é unilinear e sua representação não mais se cinde; ele passa de imagem a imagem, talvez de ideia a ideia, mas sempre ao longo de uma única e mesma linha. Ao passo que a existência humana se caracteriza pela tendência incessante da intuição a cindir-se em duas. Onde essa cisão existe, a linguagem é possível. Mas se ela existe não seria porque experimentamos a necessidade de falar, de comunicar aos outros e a nós mesmos o nosso pensamento? E se experimentamos essa necessidade não é porque, antes de tudo, há em nós uma

---

* Aqui encontramos o que é provavelmente uma lacuna nas anotações do curso. Falta à frase um complemento para as sucessivas frases iniciadas com "se para falar...". No entanto, a ideia é simples: se é necessário possuir essa capacidade de cisão da representação global para de fato exercer a capacidade de falar, o animal não a possui. O parágrafo seguinte completa a explicação. (N. T.)

exigência fundamental de vida social? De modo que é sempre a essa exigência que retornamos quando nos situamos na origem do pensamento conceitual: existe uma necessidade da socialização, o que não quer dizer que – e aqui concluo – o conceito não tenha valor, eu não diria apenas científico, mas até mesmo que não tenha valor metafísico.

Sem dúvida, já dissemos muitas vezes ao longo deste curso que a metafísica deve fazer um esforço para transcender o conceito, que deve tentar retornar, esforçar-se para retornar à intuição de duração cada vez mais contraída até que essa duração se contraia no que poderíamos chamar de eternidade. A metafísica é isso, mas nós só podemos ter essa intuição por meio de conceitos. Um ser que não tivesse passado pela mediação dos conceitos estaria, como acabamos de dizer, em virtude da própria análise que acabamos de fazer, na condição de um animal; não superaria a animalidade. Foi o conceito que, ao provocar uma dicotomia, uma divisão do pensamento, trouxe, assim, a reflexão[,] criou a reflexão. Foi, portanto, o conceito que libertou a inteligência da condição animal. Isso é indiscutível, e não significa que, para chegar ao que existe em si, não seja necessário transcender a linguagem, mesmo que isso signifique tomá-la sempre como ponto de apoio.[138]

É a este último ponto, às condições gerais da metafísica, que retornaremos nas duas últimas aulas deste curso, servindo-nos sobretudo da história da filosofia.

---

138 Passagem que lembra a presente em *A evolução criadora* (EC, p.152): "Há coisas que somente a inteligência é capaz de buscar, mas que, por si só, nunca encontrará. Essas coisas só o instinto encontraria, mas nunca as buscará".

Décima oitava aula
Sessão de 9 de maio de 1902

Senhores,

Devo, em primeiro lugar, responder a uma objeção que me foi feita por um ouvinte deste curso e que, tenho certeza, se apresentou à mente de muitos dos que ouviram minhas explicações na última aula; objeção útil, interessante e que mostra que não me expressei com clareza suficiente.

Vocês se lembram de que nós tentamos estabelecer que percebemos imediatamente uma continuidade variável e movente, que decompomos e substituímos a mudança contínua por etapas, que, na rota percorrida pelo movimento, colocamos certo número de pontos de referência aos quais atribuímos nomes. Obtemos assim uma série de termos que a linguagem expressa por meio de adjetivos, ou seja, por meio do que será o atributo. Em seguida, uma vez que a continuidade variável se vê cortada em pedaços, é forçoso expressar de algum modo que ela forme um todo, que exista um fio que passe através dessas pérolas multicoloridas; e expressamos essa unidade por um termo de outra natureza, que será o nome, o substantivo. Desse modo, teremos de um lado elementos múltiplos e termos que expres-

189

sam elementos múltiplos; de outro, um termo que expressa a unidade dos elementos e a continuidade da transposição pela qual se passa de um ao outro.

Acrescentamos que o primeiro desses dois tipos de elementos ou termos, que será o substantivo ou o sujeito, é por essência individual, expressando o fio sempre individual que reúne a continuidade de etapas ou de qualidades entre si; o outro termo é geral, o atributo ou o adjetivo que expressa um gênero, dado que expressa uma qualidade recolhida ao longo das qualidades moventes e variáveis presentes neste objeto, mas também em muitos outros, tal como prova a experiência, sendo comum a um número tão grande quanto se queira de objetos individuais.

Portanto, de um lado o individual, do outro o geral.

Também tentamos estabelecer que, apenas pelo fato de que falamos, temos uma tendência a falar e somos seres sociáveis e feitos para a palavra, para compartilhar impressões e ideias, estamos sujeitos em toda ocasião ou circunstância a uma espécie de necessidade de dicotomia – eis a expressão que empregamos outro dia –, ou seja, procuramos estabelecer que temos uma tendência a dividir nossas intuições em duas partes. Explicamos a divisão que tínhamos acabado de fazer, em sujeito e atributo, em substantivo e adjetivo, por meio de tal propensão. Dissemos que, nesse âmbito, o substantivo ou sujeito expressa o ponto de vista social, e o adjetivo ou atributo, o ponto de vista individual; que colocar o primeiro desses termos é de algum modo agir segundo a disciplina social, a obediência à sociedade, em que o sujeito representa algo que não tem atribuição determinada, que todo mundo se representa da mesma maneira; já o atributo representa o que cada um atribui de si próprio a esse sujeito. Assim, o atributo representa o ponto de vista próprio a cada um de nós, e o sujeito representa o ponto de vista social.

A objeção é a seguinte: não haveria contradição entre o primeiro e o segundo? Se nos colocarmos no primeiro ponto de vista, o sujeito representa o individual e o atributo, o geral; é assim que nós os definimos. Se nos colocarmos no segundo ponto de vista, a partir da função dicotômica da linguagem, o que se torna individual é o adjetivo, é ele que consiste no aporte de cada um, e o sujeito se torna geral e universal.

Creio que devo ter me expressado mal: talvez também a ideia em si mesma se preste a uma dupla interpretação. Quando digo que o sujeito representa o individual, sendo, em cada caso particular, o fio que reúne entre si qualidades diversas e moventes, expresso que o sujeito designa sem dúvida a individualidade, mas a individualidade separada de todas as suas qualidades, de tudo o que a determina. Trata-se, então, de uma individualidade absolutamente livre, que não é determinada pelo que quer que seja e que, nesse sentido, pode ser pensada da mesma maneira por todos os homens. A representação dessa individualidade sendo independente do ponto de vista no qual nos colocamos.

Se digo "o sol", há várias maneiras de representar a situação. Posso representar o sol tal como eu o percebo imediatamente, mudando, movendo-se etc. Mas quando eu faço do sol o sujeito de uma frase, quando faço dele um substantivo, despojo-o de todas as suas determinações, faço dele um sujeito vazio que aguarda todos os atributos possíveis. E, justamente porque ele é indeterminado, não se trata mais do sol percebido por mim, nem por vocês; ele não representa mais o meu ponto de vista, mas o de todo mundo; ele não é determinado, não tem esta ou aquela determinação que lhe advém do fato de que Paul, Pierre ou Jacques o perceberam num certo momento e sob tal aspecto; ele pode, por consequência, representar um ponto de vista universal ainda que designe a individualidade do sol, o fio que reúne todos os aspectos do sol entre si.

Se, por outro lado, eu digo "o sol está encoberto", "encoberto" expressa certamente a minha percepção pessoal, o que eu percebi do sol, o que se expressa é o meu ponto de vista. Entretanto, é evidente que, se eu o expresso, é para ser compreendido, e não posso ser compreendido se encoberto não for alguma coisa que designe um gênero, uma qualidade conhecida de todos; o que é pessoal aqui não é a ideia expressa, é a aplicação que faço dela nesse estado particular. Ao dizer "o céu está encoberto", trago essa informação de modo que, quando digo que o sujeito é individual e o atributo é geral, expresso algo incontestável, e quando digo que o sujeito representa o ponto de vista social e o atributo o ponto de vista individual, expresso uma ideia correlativa à primeira, porque o sujeito é efetivamente individual, eu admito, mas ele somente pode ser utilizado sob a condição de ser despojado de todas as suas determinações, de modo que todo mundo poderá representá-lo da mesma forma. Ao contrário, o atributo representará o ponto de vista individual, o que não o impedirá de ser um adjetivo representativo de um gênero; ele é representativo de um gênero e é isso que faz que seja inteligível, compreendido; e, todavia, a aplicação que dele faço em cada caso particular é alguma coisa de individual, pois expressa o meu ponto de vista. Há aí alguma coisa difícil de expressar devido ao duplo sentido do termo individualidade. É certo que há dois modos de representar a individualidade de alguma coisa, a verdadeira maneira seria representar alguma coisa na sua complexidade movente, com toda a riqueza de seus atributos; essa é a impressão imediata da individualidade, eu posso representar esse algo constantemente variável e movente. Mas não é assim que se deve tomar o termo *individualidade*. Quando falamos de conceitos individuais, quando digo "o sol" e quando faço dele o sujeito de uma proposição, renuncio à necessidade de conhecer e compreender a individualidade, à maneira totalmente pessoal de apreender o individual; eu escolho a maneira social, porque ela é muito mais prática. Se aceito esse ponto de vista, não somente extraio do sol aquilo que percebo, mas o que todos os outros percebem, então eu despojo a percepção individual de tudo que a torna complexa e rica, guardo apenas a forma, a forma vazia e não determinada da individualidade, forma que pode ser preenchida indefinidamente por materiais trazidos de fora, e então tenho uma nova representação da individualidade, na forma de um conceito, uma representação que pode ser de algum modo socializada.

Portanto, o sujeito representa efetivamente o individual e o atributo, o geral, o que não impede o sujeito de representar o ponto de vista social e o atributo, o ponto de vista individual. Não acredito que haja contradição entre essas duas proposições. No entanto, reconheço que há uma dificuldade de entendimento aqui e tinha de assinalá-la.

Chego agora ao que será o objeto próprio desta e da próxima aulas, as duas últimas do curso. Gostaria de indicar uma ou duas conclusões gerais que podem ser extraídas dos encontros precedentes; gostaria também, tanto quanto for possível, de preparar o curso do ano que vem, que terá ainda como tema a ideia de tempo, mas considerada de outro ponto de vista; será um estudo da história da ideia de tempo. Não se trata de contar essa história pelo simples fato de contá-la, mas para provar alguma coisa, para mostrar que a filosofia, desde as suas origens com os gregos, se encaminha por um movimento contínuo em direção a certo ponto. O objeto do curso será então dogmático, ainda que a forma seja necessariamente histórica.

Como transição entre o curso deste ano e o do próximo, gostaria de indicar brevemente – já o fizemos neste e no ano passado, mas seria bom ressaltar mais explicitamente – as duas questões em torno das quais, segundo nossas pesquisas e nossos estudos, a filosofia pareceu gravitar nos metafísicos.

As duas questões são, de um lado, o problema do tempo e, de outro, o problema do conceito ou do pensamento conceitual. O problema fundamental, o problema que serviu como ponto de partida é a questão do tempo; o que deu impulso à metafísica, provocou, por assim dizer, o seu nascimento, foram as dificuldades e contradições que parecem nascer da própria existência do tempo, da existência do devir, da existência do que chamamos de duração concreta. Eis o que colocou o problema.

De outro lado, não há dúvida de que, para resolvê-lo, tem havido, ao longo da história da filosofia, um esforço contínuo para substituir a duração, que é algo em movimento, por qualquer coisa imóvel, que não muda. Essa coisa imóvel que substitui a mutabilidade do real é o conceito, a representação intelectual, aquela que é capaz de se prestar a um trabalho lógico, o conceito mais ou menos hipostasiado, mais ou menos projetado fora da mente.

Eis algo estável, algo imutável pelo qual a filosofia sempre procurou substituir a continuidade de mudança, de modo que ao longo de toda a história da filosofia encontramos sob diversas formas a ideia de que o conceito não é o que tentamos estabelecer, que ele até pode ser originariamente um instrumento de ação, alguma coisa prática, que surgiu sob o impulso da linguagem, da necessidade social, mas que ele é infinitamente superior, é alguma coisa – não direi de origem divina – de origem transcendente. Encontramos a ideia de que existe algo como uma ciência, uma ciência pronta, armazenada em conceitos objetivos e apenas esperando para ser colhido, como se fosse uma fruta madura que só teríamos o trabalho de colher, uma amêndoa de que só temos de quebrar a casca para comer. Há o "completamente feito", algo como uma ciência objetiva e transcendente; existem, como pais uns dos outros e classificados por ordem hierárquica, esperando simplesmente que os procuremos, conceitos imutáveis que representam mais ou menos um sentido pronto. Assim, a mutabilidade das coisas, o devir, tudo isso somente reproduz de maneira incompleta, insuficiente, esses conceitos que existem em si e têm certa objetividade segundo os sistemas, mas que, enfim, são sempre objetivos num grau ou outro, eu diria quase transcendentes. Esta é uma ideia que encontramos de certa forma atenuada, clara, distinta, mas que está presente em todas as tradições filosóficas, de modo que, por fim, a filosofia, tanto dos antigos como dos modernos, parece, como disse anteriormente, gravitar em torno dessas duas questões: o tempo e o conceito, a teoria dos conceitos estando destinada a superar as dificuldades que os problemas do tempo e da duração levantam.

Senhores, tentaremos fazer a demonstração desse ponto, no ano que vem, de maneira precisa e tão completa quanto possível, passando em revista os sistemas, estudando-os, pois não se deve estudar um sistema em bloco (isso seria um modo de deixar escapar a sua essência), mas pode-se estudá-lo sobre um ponto particular, sobre a questão do tempo. Não desejamos antecipar esse estudo, afinal impossível resumi-lo em duas aulas, mas o que podemos e devemos fazer para preparar tal estudo é tomar, entre os antigos e entre os modernos, um filósofo que consideremos mais ou menos importante, mais ou menos representativo, e a partir dele verificar as duas teses que desejamos denunciar.

Não encontraremos, aliás, grande embaraço para escolher. Estamos de acordo em reconhecer que a filosofia foi, enquanto metafísica, derivada de Platão e do platonismo e, entre os modernos, é evidente que o filósofo que melhor discerniu as tendências da filosofia moderna e as submeteu à crítica mais severa foi Kant. Hoje gostaria de dizer algumas palavras sobre Platão, e na próxima aula sobre Kant; não apenas para dar uma ideia da doutrina deles, mas para verificar, de maneira geral e necessariamente muito distante, as duas teses que acabei de enunciar, a saber, que a dificuldade essencial é o tempo e que a solução que se oferece é o conceito.

No que diz respeito à filosofia de Platão, a demonstração não é difícil; a filosofia de Platão, o idealismo platônico, foi evidentemente apenas uma transformação do idealismo dos eleatas.[139] A grande dificuldade para os eleatas e os filósofos que lhe eram contemporâneos, os primeiros filósofos da Grécia, era a mudança, o devir. Nós mostramos neste ano como os problemas que o devir levanta, as dificuldades que se vinculam à duração concreta, estavam presentes desde muito cedo na

---

139 Ver a seguir.

mente dos filósofos; como Zenão de Eleia colocou essas dificuldades sob uma forma totalmente precisa e de algum modo aguda ao analisar a mudança de um ângulo mais concreto, mais palpável, a do movimento no espaço, e tendo extraído as dificuldades e contradições que nascem do movimento espacial; não retornarei a esse exame. Limito-me a lembrá-los de que todas as dificuldades, todas as contradições nos pareceram nascer do fato de que, uma vez sendo possível simbolizar a duração em espaço e representá-la pelo espaço, somos muito naturalmente tentados a acreditar que os raciocínios empreendidos sobre o espaço, símbolo da duração, podem igualmente se aplicar à duração pura. O espaço é apenas uma representação cômoda e prática da duração; ele é, aliás, parente próximo da linguagem, existe um parentesco estrito entre a representação da duração pelo espaço e a representação da duração por palavras; esses dois simbolismos são parentes próximos e correlativos.

Portanto, se raciocinarmos sobre o símbolo, se transferirmos o resultado desse raciocínio sobre o símbolo para a coisa simbolizada, há uma boa chance de estarmos errados, porque o paralelismo entre a coisa simbolizada e o símbolo pode existir em um ponto, o ponto que nos interessa na prática, e não existir em outros. Assim, nascem contradições a partir desse raciocínio, absurdos que se supõem inerentes à própria duração, mas que, na realidade, são inerentes ao símbolo, ou antes à confusão entre o símbolo e a coisa simbolizada.

Foi isso o que nossa crítica procurou estabelecer, mas não foi assim que Zenão entendeu as coisas, e como o seu raciocínio sobre o tempo e sobre o movimento no espaço o conduzia a absurdos e contradições, e a realidade, segundo ele ou segundo os filósofos de sua escola – pois não se tratava de uma conclusão dele –, não pode ser alguma coisa absurda, contraditória e irracional, o eleata concluiu que não existe mudança, devir, que a realidade é imutável.

Este é o ponto de partida da filosofia grega: enquanto a consideração do devir nos conduz a absurdos, como a realidade não pode ser absurda, a realidade não devém, ela é imutabilidade.

O que é essa imutabilidade? Como é possível defini-la e representá-la? Os filósofos da escola de Zenão não a definiram, nem a representaram. Mais ainda, conforme sua doutrina, que consistia em ir até o fim de um princípio estabelecido, a realidade não pode ser determinada, qualquer determinação do ser provocaria a sua degradação; tudo o que se pode dizer do ser é que ele é; o ser é, o não ser não é. Dessa forma, esses filósofos estabeleceram a imutabilidade do ser, mas não definiram e não podiam definir a natureza do ser; eles não constituíram, não podiam ter a ideia de constituir uma ciência do imutável. E é isso que tentou fazer Platão. Nesse sentido, Platão é o verdadeiro criador da metafísica, junto aos eleatas. Ele afirmou que o movimento, o devir, a mudança não pode ser a existência, dado que ele implica absurdo e contradição.

Mas em lugar de se limitar a essa afirmação ou antes a essa negação, ele acreditou na possibilidade de uma ciência que estudaria em si mesmo o ser imutável, que determinaria os diferentes aspectos dessa imutabilidade que ele situa acima da mudança, e que é a própria realidade; o resto seria ilusão, fantasma, projeção do real no espaço e no tempo. Eis a ideia de Platão.

Como ele foi conduzido a essa ideia, como sobretudo ele a realizou? Tentei mostrar no ano passado, e só retornarei brevemente a esse ponto, que Platão provavelmente não teria chegado a tal ideia se já não houvesse em seu tempo uma ciência constituída que estudava as coisas variáveis, as coisas móveis, em modelos ou arquétipos imutáveis; essa ciência é a geometria. O geômetra substitui as ideias vagas, indefinidas e moventes, que encontramos em nossa experiência material, por modelos precisos, definidos e imutáveis. O geômetra substitui o círculo como ele é em nossa experiência – um círculo imperfeito que não é jamais absolutamente ele mesmo, que está sujeito à mudança, ao devir – por um círculo ideal, construído por nós, e ele considera esse círculo uma espécie de modelo transcendente sobre o qual se regulam os círculos individuais. Ele raciocina sobre esse círculo, de sua definição tira consequências que aplica aos círculos reais, aos círculos materiais aos quais ele desce.

Portanto, a geometria, tal como ela estava constituída no tempo de Platão, é efetivamente uma ciência do imutável, do imóvel; é uma ciência que se eleva para além das coisas mutáveis, variáveis, da experiência, para estudar os modelos ou arquétipos sobre os quais a experiência se regula, e os resultados que ela obtém por meio da consideração desses modelos são aplicados em seguida pura e simplesmente nas coisas da experiência cotidiana. Tal é então o artifício da geometria.

Por que não poderíamos constituir uma espécie de geometria universal? Por quê? Uma vez que as coisas estão num perpétuo estado de devir, e que nossa ciência não pode apreender o devir, encontrando-se rapidamente em impasses, em presença de contradições, por que não fazer para a totalidade das coisas o que os geômetras fazem para as figuras? Em particular, por que não constituiríamos uma ciência que seria como uma geometria universal que, transportando-nos para um mundo inteligível, nos mostraria as relações existentes entre os arquétipos, os modelos inteligíveis dos objetos variáveis e moventes que temos sob os olhos, entre os quais nenhuma relação estável, nenhuma relação definida pode ser estabelecida? Essa foi a ideia platônica, o problema platônico. Para resolvê-lo, havia dois meios, duas vias se abriam. O primeiro meio consistia em ampliar e em aperfeiçoar a geometria, em dar-lhe uma generalidade bem maior, em fazer dela um instrumento matemático capaz de tudo abarcar; em lugar de ser a ciência das figuras, seria a ciência das grandezas, das quantidades em geral, e então, por intermédio das quantidades, seria feito um esforço para abarcar as qualidades, seria constituída uma física matemática e, depois, teria havido a tentativa de chegar às propriedades biológicas, a tentativa de encaixar nesse enquadramento matemático propriedades cada vez mais completas e elevadas das coisas. Em suma, seria constituída verdadeiramente, com símbolos matemáticos, uma matemática universal.

É nessa via que a filosofia moderna se engajou. A filosofia moderna desde Galileu foi inteiramente dominada por esse sonho irrealizável, creio eu, de uma matemática universal, de uma grande matemática capaz de tudo abarcar.[140] Essa foi a

---

140 Bergson parece basear-se na famosa passagem de Galileu, já mencionada em *A ideia de causa* (ver anexo, p.119): "A filosofia está escrita neste imenso livro que está sempre aberto diante de nossos olhos, quero dizer o Universo, mas não se pode entendê-la a menos que se tente primeiro entender sua linguagem e conhecer os caracteres com os quais está escrito. Ele está escrito na linguagem matemática, e seus caracteres são triângulos, círculos e outras figuras geométri-

ideia de Descartes,[141] Leibniz,[142] foi até mesmo a ideia de Kant, pois a ciência que Kant criticou, cuja teoria ele desenvolveu na *Crítica da razão pura*, consiste na ciência identificada a uma matemática universal.[143] Essa via é então aquela em que a

---

cas, sem os quais é humanamente impossível entender uma palavra. Sem eles, trata-se de uma vaga errância em um obscuro labirinto" (*Le Opere di Galileo Galilei*, v.VI, 1933 [1896], §6, p.232; *L'Essayeur de Galilée*, p.141). Bergson mencionará novamente essa ideia de matemática universal no curso de 1902-1903 sobre a história da ideia de tempo (HI, p.329-36), no curso de 1904-1905 sobre a evolução do problema da liberdade (EL, p.341), e, criticamente, em *A evolução criadora* (EC, p.39).

141 Ideia formulada especialmente nas *Regras para a direção do espírito* (ver *Regulæ ad directionem ingenii*, AT X, em *Œuvres philosophiques*, p.77-203). Sobre a concepção cartesiana de *mathesis*, ver Marion, *Sur l'Ontologie grise de Descartes*, assim como Rabouin, *Mathesis universalis*, p.251-346.

142 Embora Leibniz sempre tenha defendido a ideia de uma ciência universal, a noção de matemática universal tem para ele um significado mais restrito, principalmente o de uma "lógica da imaginação" (Leibniz, *Elementa nova matheseos universalis*, VI, 4, p.513), e não o de uma ciência universal. Bergson atribui um papel à matemática universal que só é justificado por uma passagem dos *Nouveaux essais*, IV, 17, §4. Essa aproximação era, no entanto, comum na época; ver sobre este ponto Couturat, *La Logique de Leibniz*, p.306; e Russell, *A Critical Exposition of the Philosophy of Leibniz*, p.200. Sobre a noção leibniziana de *mathesis universalis*, ver a coleção das obras de Leibniz, *Mathesis universalis: écrits sur la mathématique universelle*, organizada por D. Rabouin.

143 Bergson está ciente de que não há nenhuma referência na obra de Kant à noção de uma matemática universal (ver o curso sobre a ideia de causa, p.120), porém, segundo Bergson, essa "filiação é real", ela consiste no postulado de um "conhecimento integral, a existência de um conhecimento uno e sistemático de toda a realidade", que é garantido no kantismo pela "unidade sintética originária da apercepção" (HI, p.333).

filosofia moderna se engajou, devendo de resto, cedo ou tarde, chegar a um impasse, pois não acredito – não se trata de uma opinião pessoal, a experiência mostrou desde um século – que a matemática possa ir tão longe. Chega um momento em que a realidade se esquiva e se recusa a entrar nos quadros matemáticos. Seja como for, é certo que as descobertas matemáticas e físicas do Renascimento fizeram surgir a esperança de uma matemática universal; e era natural que a filosofia, que sempre foi a filosofia da ciência, pois não há filosofia pura e simplesmente – a filosofia é sempre *de* alguma coisa, de um determinado conhecimento –, era natural que a filosofia fosse a filosofia dessa ciência. É então a via que parecia mais natural. No entanto, é evidente que só era possível nela engajar-se a partir das grandes descobertas físicas e matemáticas; foi preciso esperar vinte séculos de descobertas; portanto, não é desse lado que Platão podia procurar.

Havia outra via que fora aberta a Platão pelo mestre ao qual ele acreditou dever, com ou sem razão, toda a sua filosofia, Sócrates.[144]

Vocês se lembram, senhores, que Sócrates, ao romper com a tradição dos filósofos gregos, a tradição dos físicos, tinha assumido como meta da filosofia um fim prático. Não havia

---

144 Referência a Sócrates baseada no trecho de Aristóteles, *Metafísica*, A, 6, 987b 1-5: "Sócrates, cujas preocupações se debruçavam sobre as coisas morais, e de modo algum sobre a Natureza como um todo. Entretanto, tinha buscado nesse campo o universal e fixado, sendo o primeiro, o pensamento sobre definições. Platão aceitou seus ensinamentos, mas sua formação inicial o levou a pensar que esse universal devia existir em realidades de outra ordem que as coisas sensíveis". Esse ponto é também desenvolvido a seguir e na nota 145.

razão, ele dizia, para se ocupar das coisas físicas. Primeiramente porque não se chegaria a lugar algum; os filósofos mostraram que as investigações dos físicos não produziam acordo. Havia tantas opiniões quanto filósofos. Além disso, não se trata de assunto nosso; são os deuses que presidem a natureza, cabe a eles se ocuparem da natureza e de sua constituição; o assunto do homem são as coisas da vida e, por consequência, a ciência que devemos constituir é uma ciência da prática. Fiel a essa ideia, Sócrates preocupava-se em definir as coisas da vida prática, em particular as motivações da ação; ele procurava o que é útil, o que é conveniente, o que é bom. Todos esses termos eram sinônimos para ele, consequentemente ele buscava extrair da conduta e das ações dos homens certas fórmulas gerais que pudessem tornar-se regras de conduta e motivos absolutamente precisos e definidos de ação. É por isso que Sócrates foi diretamente ao que hoje denominamos conceito, isto é, a ideia definida, ideia suscetível de ser manejada logicamente pela mente. O que ele buscava era extrair das ações humanas os conceitos norteadores dessas ações, o conceito das diferentes virtudes, por exemplo, o que é a virtude, o que é a coragem. [?]

Vocês devem se lembrar do método que seguia para alcançar esse objetivo: ele visava a uma definição geral, à definição de um conceito. Ele chegava a essa definição pela indução, que não se identifica à indução comum; a indução socrática era um procedimento que consiste em comparar as opiniões dos homens entre si a respeito de um ponto determinado e em corrigi-las umas pelas outras, extraindo dessas opiniões, todas imperfeitas e incompletas, alguma coisa, uma fórmula ou ideia que as colocava em acordo, que paira acima das contradições, um conceito que fosse superior à mobilidade das ações e também das opiniões humanas. Portanto, o método socrático é a busca do conceito.

Sócrates aplicava esse método, aliás, somente às ações dos homens, ações humanas. A inovação, a invenção de Platão foi generalizar esse método e fazer uma aplicação universal dos conceitos, nos quais Sócrates tinha visto o instrumento do trabalho filosófico por excelência.

Como Platão fez essa aplicação e como encontrou no conceito a solução para o problema que obviamente havia colocado a si mesmo? O problema deve ter sido colocado da seguinte forma: ampliar a geometria, obter uma ciência que seja, para todas as coisas móveis da experiência, o que a geometria é para as figuras reais.

A solução estava bem indicada. Dissemos no outro dia que – dada a intuição da variabilidade, da mudança, em virtude daquilo que denominamos de função dicotômica da linguagem e também de algumas outras tendências – há como a aspiração, nessa intuição, de se dividir em duas partes: de um lado, um sujeito indeterminado do qual nada se pode dizer – afirmamos que se tratava do ponto de partida social, um sujeito indeterminado que esperará que lhe sejam atribuídas todas as determinações –; depois, de outro lado, atributos que expressam diferentes determinações sucessivas possíveis – por exemplo, aqui está um objeto que muda de cor, que passa por todas as nuances sucessivas do espectro. Tenho sob meus olhos uma continuidade de mudança, eu a decomponho sob o próprio impulso da linguagem, sob a pressão da linguagem, eu a decomponho em duas partes: primeiro, o que denomino de objeto ou sujeito, algo que representará a individualidade desse objeto, mas uma individualidade vazia; de outro lado, distingo um

certo número de pontos de referência, de determinações, um
certo número, por assim dizer, de cores marcantes do espectro.
Eu chamo todas elas por um mesmo nome, as considero como
atributos desse objeto; se me coloco no ponto de vista da linguagem, tenho assim atributos sucessivos, adjetivos ou qualificativos, mas de qualquer forma tenho representações estáveis
e gerais na medida em que podem ser aplicadas não apenas ao
objeto que tenho diante de mim, mas também a muitos outros.
Então, posso considerar – e tal será o método platônico –
cada uma dessas etapas do devir. Considerarei cada uma das
determinações como alguma coisa que existe por si. E assim
as mudanças sucessivas do objeto ou a continuidade das mudanças será, por assim dizer, a sucessão nesse objeto das diferentes qualidades estáveis que acabei de distinguir. O objeto
será o encontro de todas essas qualidades, será – creio que já
empreguei tal expressão – como uma tela na qual passarão sucessivamente as figuras de uma lanterna mágica; cada uma das
ideias – é desse modo que Platão as denomina – é em si mesma
algo imutável. Mas a ideia projeta, por assim dizer, no espaço
e no tempo, uma sombra de si mesma; todas essas sombras
passam no objeto, no objeto vazio que as espera; é tal sucessão
que nos dá a impressão do devir. O devir se resolve em imobilidade. Há modelos imutáveis cuja projeção sucessiva – a continuidade de mudança, de devir – percebemos no espaço e no
tempo; não se trata de outra coisa senão a confusão do devir, o
devir se resolve em termos que não devêm, em termos imóveis,
e esses termos imóveis são precisamente os conceitos; em outros termos, os conceitos criados sob o impulso ou a pressão
da linguagem, os conceitos que existem em tudo e para tudo,
os conceitos que não podemos nos impedir de criar porque é

necessário falar em toda e qualquer ocasião. O conceito – instrumento de trabalho do filósofo por excelência – será para um objeto qualquer o que a figura geométrica é para a figura real. Aliás, a figura geométrica já é um conceito.

O método platônico é, portanto, um método que consiste em constituir uma espécie de grande geometria capaz de tudo abarcar ao estabelecer a relação, a semelhança que existe entre o conceito em geral e o conceito das figuras geométricas. Em especial, o conceito de uma figura geométrica é o conceito de algo que é o conceito imutável de um objeto variável; o conceito geral é diferente, no sentido de que eu posso dizer que o conceito de quente e de frio é um modelo imutável, sobre o qual se regula a diversidade movente do calor e do frio, o calor e o frio reais expressando de maneira confusa e em toda a sua mobilidade o calor e o frio, que são modelos imutáveis, arquétipos, suprassensíveis. Em outros termos, ainda, o platonismo é a conjunção, por assim dizer, entre a ideia de conceito qualquer e o conceito geométrico, sendo os conceitos em geral utilizados pelos filósofos tal como o conceito geométrico é usado pelos matemáticos.

Eis o que tentei estabelecer no ano passado, e me limito a evocar a tese sem entrar no detalhe da demonstração.

Se procurarmos extrair o princípio ou a ideia fundamental dessa solução do problema filosófico, o que encontraremos? Noto inicialmente que essa maneira de compreender o platonismo é bem antiga. Essa espécie de análise, de desmontagem que acabei de fazer é realizada pelo próprio Aristóteles no primeiro livro da *Metafísica*, no qual nos indica a gênese do platonismo. O que ele nos diz? Diz que Platão foi conduzido a sua doutrina pela filosofia dos jônicos, porém, mais justo dizer, a dos eleatas.[145] Segundo ele, com os jônicos, não há ciência possível daquilo que flui. Nós dizemos do devir, da duração... *ton reonto* das coisas que fluem, é daí que ele partiu. E, então, junto a seu mestre Sócrates, ele foi da opinião de que se deve buscar o universal *to cotomon* o conceito. É verdade, acrescentou Aristóteles, que Sócrates aplicou esse método apenas às coisas éticas, *teri*, que ele se preocupava apenas com as coisas éticas. Já Platão transferiu esse método para as coisas em geral. Por fim, Aristóteles acrescenta que o método de Platão é apenas uma imitação do de Pitágoras, que a relação que Platão estabelecia entre as ideias e as coisas é a mesma que Pitágoras estabelece entre os números e as coisas. Aristóteles se expressa mais ou menos da seguinte forma: Platão só mudou as palavras; Pitágoras tinha falado de uma imitação, *mimesis*, e Platão falou de uma participação, *méthexis*.[146] Por esse ângulo, em Aristóteles, a seguinte interpretação do platonismo certamente é verdadeira: o platonismo se formou pela conjunção entre as ideias matemáticas dos pitagóricos e as ideias éticas de Sócrates. O uso do conceito, que tinha significado puramente ético e moral em Sócrates, tem significado geométrico e matemático em Platão. Tal é,

---

145 Bergson refere-se à *Metafísica*, A, 6, 987 a 30-988 a 15. Segundo Aristóteles, Heráclito e Pitágoras, filósofos jônicos, influenciaram Platão no desenvolvimento de sua doutrina das Ideias. Bergson, de acordo com seu argumento na p.74, também vê Platão como um herdeiro dos eleatas. O restante do parágrafo é um resumo da *Metafísica*, A, 6, 987 b 5-15. Os pitagóricos, no entanto, desempenham papel importante segundo Bergson, pois foram eles que viram a importância de um espaço vazio, "necessário ao nosso pensamento, para distinguir objetos de objetos e até noções de noções" ("L'Idée de lieu chez Aristote", M, p.19).

146 Palavra rasurada no texto datilografado.

portanto, a gênese do platonismo: tomar os conceitos prontos na linguagem, as ideias gerais que encontramos inteiramente prontas na linguagem, e erigi-las em modelos imutáveis, sobre os quais a mutabilidade das coisas é regulada.

Se é preciso encontrar a base dessa doutrina, o motivo oculto do platonismo, é patente a ideia de que a linguagem traz uma ciência da realidade de alguma forma totalmente pronta, que as distinções feitas pelas linguagens não são distinções relativas à nossa conveniência, à nossa utilidade prática, à nossa ação sobre as coisas, elas são distinções essenciais, científicas, metafísicas.

Exagero de propósito, e me dou conta de que o próprio Platão declarou que era preciso distinguir a ciência que a linguagem nos traz, que é em suma apenas opinião, e a ciência que o filósofo constrói. Sim. Mas qual é a diferença entre essas duas ciências? A construção filosófica, a dialética, se as observamos de perto, não são diferentes de uma reforma e de uma correção da linguagem usual. A ideia platônica é a de que existe, armazenada na linguagem que falamos, a ciência do todo; é necessário procurá-la, corrigir a linguagem; há alguma coisa a refazer e desfazer. A linguagem que falamos naturalmente é a linguagem divina, mas deformada; de algum modo falamos o dialeto dessa linguagem. É preciso retornar à linguagem natural, isto é, a filosofia, mas a filosofia é uma linguagem, e de resto os próprios termos, os termos dos quais Platão se serviu são muito significativos. O método por excelência é a dialética; o termo *dialecta* em grego tem dois sentidos: de um lado, classificação, triagem; de outro, diálogo, conversação. A filosofia se faz pelo diálogo e pela conversação, pelo choque entre diversas opiniões expressas na linguagem, choque que faz os ângulos se arredondarem de alguma forma, que as imperfeições se compensem, os defeitos se neutralizem mutuamente e que, finalmente, obtenhamos uma opinião que paire acima das diversas opiniões e contradições.

Portanto, há nessa doutrina a ideia de uma espécie de divindade da linguagem, uma espécie de divindade do conceito tal como ele é formado pela linguagem, como se ele fosse formado por uma linguagem perfeita. A nossa é imperfeita; é preciso chegar a uma linguagem perfeita. É na linguagem que está a ciência, e esta é a ideia grega por excelência; *logos*, em grego, significa linguagem, discurso, e significa igualmente explicação, ciência; a ciência é um discurso, uma linguagem; a essência da filosofia grega está aí, no conceito, isto é, a representação tal como ela é formada sob impulsão da linguagem, o conceito sendo a ciência do ser, a ciência que nos dá o próprio absoluto. Aí está a base da filosofia grega.

O que tentaremos estabelecer na próxima aula é que esta é, a despeito das aparências, também a base da filosofia moderna até Kant. O ponto de vista dos antigos e a concepção dos modernos: a metafísica dos modernos é somente um prolongamento da concepção dos antigos; a forma é outra, as consequências extraídas são diferentes, a aplicação é diversa, mas a ideia central é a mesma.

O que tentaremos mostrar, muito sumariamente, é que a ideia diretriz da filosofia moderna foi essa apresentada e que, consequentemente, o problema que se coloca — o qual tentaremos estudar no ano que vem — é: será que, para superar as dificuldades e as contradições que o estudo da duração levanta, para alcançar uma ciência do real, devemos nos contentar com o conceito inteiramente pronto; será que deveríamos acreditar na possibilidade de uma ciência totalmente pronta existindo nas coisas, que basta ir procurá-la; ou então diante da presença das dificuldades insuperáveis nas quais a filosofia em suma desembocou, e que paralisaram o seu esforço desde Kant, será possível investigar se a ciência – não se trata aqui de negar a ciência ou de enfraquecê-la, pelo contrário –, enquanto ultrapassa esse fenômeno e se aproxima da realidade, não pode e não deve ser outra coisa[?] Será que, nessa substituição da mobilidade do devir pelo conceito, não haveria a ideia de que o devir é alguma coisa em si mesmo inapreensível, que a duração é em si mesma algo contraditório, e essa ideia não se deve simplesmente ao fato de que, desde a Antiguidade, confundiu-se a duração, o devir, com uma representação simbólica sobre a qual o raciocínio se exerce, da qual o raciocínio extrai toda espécie de dificuldades e de contradições, mas que é possível descartar se desejamos retornar à própria realidade e, se ao descartar esse símbolo, levantando esse véu, encontramos alguma coisa. Parece-me que isso é, em si, perfeitamente inteligível e nem um pouco contraditório.

O objetivo da próxima aula, a qual servirá de transição entre este curso e o do ano que vem, consistirá em estabelecer por um estudo muito breve, não digo a filosofia de Kant, mas sim as ideias que serviram de ponto de partida para a filosofia kantiana; o objetivo será estabelecer que a metafísica nos tempos modernos partiu da ideia de que pode haver uma ciência das coisas inteiramente pronta, a ideia platônica. Do mesmo modo que Platão acreditou num mundo inteligível em que as ideias estão dispostas em sua ordem hierárquica, supõe-se que os objetos que temos diante dos olhos contêm, inerente a eles mesmos, a seus fenômenos, uma espécie de metafísica que bastaria liberar.

A questão que nos colocaremos é: essa ideia não conduz a determinada concepção da ciência que, precisamente, torna a metafísica impossível? Tal é a conclusão kantiana; e assim, sob o pretexto de fundar ainda mais a ciência, sob o pretexto de torná-la capaz de abraçar tudo, ela estaria condenada a ser alguma coisa relativa que está separada do conhecimento metafísico por um abismo, ou haveria razões para aproximar a ciência da metafísica, para tornar a ciência cada vez mais capaz de atingir o real, aceitando expressamente a ideia de uma ciência que não seja puramente matemática, que pode dar lugar à indeterminação, à contingência, à liberdade. Enfim, seria a ideia de uma ciência que não é um sistema pronto (e de algum modo mecânico) de conceitos, que só tem de ser extraído da realidade, sistema que estaria nela implicado, mas trata-se de uma ciência que requer, que deve exigir constantemente um esforço de invenção, de criação, um esforço para retomar contato com a realidade movente em transformação, ou seja, com aquilo que denominamos de duração.

Eis a questão que nos colocaremos na próxima sessão.

Décima nona aula
Sessão de 16 de maio de 1902

Senhores,

Na última aula tentamos, como conclusão deste curso e como introdução ao curso do ano que vem, destacar uma das ideias essenciais da filosofia antiga, da filosofia grega. Isso foi feito do seguinte ponto de vista: a relação entre a duração, a intuição do tempo e o pensamento conceitual. Dissemos, e este foi o *leitmotiv* de todo o curso, que a duração nos é apresentada natural e imediatamente como uma continuidade móvel de qualidades que se prolongam umas nas outras. Dissemos que não há uma duração, mas durações, mais ou menos tensionadas, que representam ou correspondem a todos os graus concebíveis de tensão, desde o relaxamento completo, que seria o mais baixo grau de materialidade, até a tensão mais alta, a duração contraída inteiramente em si, que seria a eternidade.

Durações concretas, cada uma percebida ou perceptível por si mesma, é isso o que sempre nos pareceu ser dado imediatamente no real, e dissemos que conhecer a realidade em si era conhecer essa duração ou essas durações, conhecê-las do interior. Nós apreendemos a nossa realidade; quanto às durações que medem todos os graus possíveis de tensão, somente poderíamos apreendê-las por um esforço de simpatia com existências diferentes da nossa, ainda que talvez de mesma natureza. É esse esforço de tensão, de ligação, esse esforço de simpatia que é preciso solicitar à metafísica. Eis uma das ideias centrais do curso deste ano.

Acrescentamos, como ideia complementar à precedente, que é para nós inevitável tornar essa duração, tanto quanto possível, suscetível de expressão; nós tendemos a socializar nosso interior, nosso estado de alma, nós devemos exteriorizá-lo, socializá-lo; o homem é um animal político, ζῷον πολιτικὸν. Existe em nosso pensamento uma tendência a se oferecer de tal maneira que a linguagem possa expressá-lo de forma mais fácil e, por isso, o pensamento se torne o mais prático possível. O conceito responde a esse esforço do pensamento para apresentar-se inteiramente exteriorizável e de algum modo socializável.

Como o conceito realiza tal meta? Como atinge esse objetivo?

O conceito, dissemos, não é algo distinto de um ponto de vista imóvel sobre a mobilidade do devir. Há a duração, continuidade de transições, continuidade coletiva, mobilidade e, em seguida, de tempos em tempos e não por acaso, mas segundo regras bem estabelecidas, nosso pensamento toma como que instantâneos, ele imobiliza, sobre o trajeto do tempo, da duração, certas transições, certas passagens; ele substitui assim a continuidade do devir que é dada à intuição por uma descontinuidade de fases, que são como vários outros estados distinguidos ao longo da rota que a duração percorre.

Assim, pela necessidade de que nosso pensamento assuma a forma de mais fácil expressão, o conceito converte o que é dado como continuidade de devir em uma descontinuidade de termos fixos que são como várias outras concreções da duração; trata-se dos elementos do pensamento conceitual. Eis o segundo ponto.

Esses conceitos — insistimos neste ponto e retornarei a ele no próximo ano — possuem o notável aspecto, que seria preciso explicar do ângulo em que nos situamos, de que se prestam admiravelmente ao trabalho do pensamento, ao trabalho lógico do pensamento que se exerce sobre eles, que os combina e os separa, aproximando-os segundo suas relações de parentesco e estabelecendo entre eles uma hierarquia, absolutamente como o naturalista faz ao encaixar as espécies nos gêneros, os gêneros nas famílias, as famílias nas ordens etc. Assim se constitui naturalmente, eu diria quase facilmente, um mundo composto de conceitos, de ideias, e no qual essas ideias são classificadas e hierarquizadas, no qual elas constituem, a despeito de sua multiplicidade, uma unidade perfeitamente coerente, um conjunto artístico, uma obra de arte. Trata-se de algo que se mantém bem unido, e pelo fato de que se mantém unido, que tem uma ordem, é artístico, ainda que tenha sido a utilidade prática que, de certa forma, impulsionou os conceitos. Mas, em razão de sua natureza, eles são componíveis uns com os outros, eles acabam por formar um conjunto sistemático, e esse conjunto, como tudo que é sistemático, é uma verdadeira obra de arte.

Assim se constitui um mundo de conceitos, um mundo inteligível, no qual tudo é perfeitamente coerente, sistematizado, uno.

Esse mundo inteligível, constituído segundo tais princípios, nos conduz facilmente a considerá-lo como anterior, ou ao menos como superior ao mundo do devir, de onde os elementos foram extraídos. Isso é natural porque ele é estável, imutável, e nossa inteligência discursiva, que raciocina, ou seja, o pensamento conceitual, alcança mais facilmente o estável, para o qual ele em suma é feito, do que o instável que desliza quando a inteligência quer apreendê-lo.

Portanto, devido a essa primeira razão, e porque ele é mais fácil de se pensar, mais conforme à natureza de nossa inteligência discursiva, o mundo dos conceitos nos parece anterior, superior ao mundo da duração e do devir.

Há essa e outra razão, de ordem histórica, que vale sobretudo para a Antiguidade. Dissemos que, quando o pensamento toma consciência distintamente desse mundo dos conceitos que ele construiu e no qual vive, quando toma consciência pela primeira vez, ele se dá conta da semelhança que existe entre o conceito em geral e o conceito inteiramente especial que havia servido à unificação de uma ciência, a única ciência positiva que os antigos tinham conhecido, a matemática, e o conceito geométrico, a figura geométrica.

Ora, os matemáticos chegam a resultados maravilhosos ao considerar a figura geométrica, a figura ideal, considerando o conceito como mais verdadeiro, como mais real que a figura imperfeita e variável que nos é apresentada no mundo do devir. Eles racionam sobre essas figuras, fazem construções, e as construções operadas no mundo das ideias são encontradas em seguida, aproximativamente, no mundo das coisas sensíveis. Tudo o que eles viram lá no alto vão reencontrar aqui embaixo, menos claro, menos distinto. Mas farão aqui embaixo um uso maravilhoso daquilo que viram lá em cima.

A tentação era grande, portanto, de sonhar em constituir uma ciência definitiva da totalidade do real assimilando os conceitos, um conceito qualquer, aos conceitos geométricos. E esses conceitos – liberados do mundo do devir, classificados uns em relação aos outros, constituindo assim um todo, um conjunto coerente de ideias – foram considerados como sendo para a realidade em geral o que a figura geométrica construída pelo geômetra é para a figura real, sensível. Daí a ideia de uma ciência que atinge o absoluto imediatamente, no primeiro golpe e em seu todo, e o faz simplesmente ao descrever o mundo dos conceitos e as relações que os conceitos armazenados na linguagem, numa linguagem corrigida, reformada admito, estabelecem uns com os outros. Tal foi a ideia diretriz da filosofia platônica e podemos dizer que, por intermédio de Platão, tal foi a ideia diretriz da filosofia antiga na medida em que se constituiu como um todo, enquanto possuindo uma tradição.

Foi essa a ideia norteadora dessa filosofia. Mas não há necessidade de ir mais longe hoje, de aprofundar muito, para ver que essa ideia não poderia ter sucesso, que não poderia oferecer uma ciência definitiva, nem uma metafísica satisfatória para a mente.

A prova foi realizada primeiro historicamente. Qual é o grande obstáculo contra o qual a filosofia platônica fracassa? Em primeiro lugar, é o fato de que não há passagem possível do mundo dos conceitos ao mundo da duração, do devir. Coloquem os conceitos, coloquem o mundo inteligível, aí estão os dados. Por que haveria outra coisa? Por que uma duração, por que o tempo, por que uma mobilidade? A ideia platônica tem de notável o fato de que ela é o princípio da explicação por excelência, de que ela sozinha pode tudo explicar, de que por consequência ela é absolutamente incapaz de explicar que haja alguma coisa diferente dela, que haja algo fora dela.

Então, o que aconteceu? Sempre que Platão se encontrou na presença da pergunta "como passar da ideia do mundo inteligível para o mundo sensível, como explicar que haja algo diferente das ideias?", ele respondeu por meio dos mitos, das fábulas, das histórias que se passam no tempo. Nós estamos no mundo do devir; a dialética é impotente para resolver esse problema; a passagem da ideia ao devir é impossível.

Tratava-se de uma fraqueza do pensamento platônico, uma fragilidade acidental, devida à insuficiência do gênio de Platão? É claro que não, a história também o mostra. Como se deu a evolução da filosofia grega depois de Platão, seguindo sempre nessa mesma linha filosófica? É um esforço, nada além disso, substituir o mito platônico por uma explicação racional. Aí está a razão de ser da filosofia de Aristóteles; o que Aristóteles procurou fazer foi aproximar a matéria da forma, o devir do imutável, de tal maneira que houvesse uma transição possível de um ao outro, para que se pudesse passar deste para aquele, por assim dizer, por meio de diminuição ou decrescimento. Ele não conseguiu, assim como o filósofo que estudamos neste ano, do qual explicamos uma passagem no sábado, o filósofo que resume em si a quintessência do que há em Platão e em Aristóteles, Plotino.[147] Em Plotino, a tendência que atravessa todo sistema é visível, a tendência a substituir o mito platônico por uma explicação racional, em apresentar a processão

---

147 Essa ideia será desenvolvida no curso sobre a história da ideia de tempo; ver sobre esse ponto Riquier, "La Figure centrale de Plotin dans l'histoire de la metaphysique", em *Archéologie de Bergson*, cap.3, §13, p.210-33. Bergson também afirmará, no curso sobre a evolução do problema da liberdade, que a filosofia de Plotino é a "quintessência do pensamento antigo" (ver *L'Évolution du problème de la liberté*, p.210).

sob uma forma racional, assim como a conversão de que Platão se ocupou.

Ele fracassou porque se encontrava em presença de uma empreitada que ultrapassa as forças humanas, porque se trata de uma passagem impossível. Ela é impossível, pode-se estabelecer *a priori*, e é a esse ponto que eu gostaria de conduzir minha demonstração.

Qual é, com efeito, ou o que poderia ser chamado de "erro inerente à tal ideia"? Algo que, do mundo dos conceitos inteligíveis, das ideias, possa passar ao mundo do devir, ao mundo sensível. Qual é o postulado dessa busca? É colocar o problema de tentar explicar como se pode extrair o mundo sensível do mundo das ideias; é supor que há menos no que é móvel do que no imóvel, menos na duração do que no conceito. Do menos não se pode tirar o mais; querer tirar uma coisa de outra significa supor que ela está contida na outra; querer passar de um sistema de ideias imutáveis ao sistema do devir consiste em supor que o devir é menos que a imutabilidade. Tal é o postulado de toda filosofia antiga. Todas as tentativas para passar do mundo inteligível ao mundo sensível, da forma à matéria, todas essas tentativas implicam o mesmo postulado, o de que há menos no que muda do que naquilo que é imutável.

Bem, senhores, o que resulta das análises que tentamos realizar é o contrário, e isso é bem evidente. Há mais na mobilidade que na imutabilidade, mais no devir do que naquilo que é simplesmente conceitual e inteligível. O que é de fato o conceito? Nós dissemos que o conceito foi obtido ao se tomar, sobre a continuidade da mudança e do devir, alguns pontos que são imobilizados. Negligenciou-se tudo o que está no intervalo, mas não foi somente o que está no intervalo que foi negligenciado, foi o essencial: a transição de um estado a outro, aquilo que, no movimento ou na mobilidade, é a sua própria essência. Ou seja, querer reconstituir a realidade com essas posições tomadas de tempos em tempos, com os conceitos que balizam os intervalos, consiste numa empreitada comparável a de alguém entre nós que quisesse, por exemplo, reconstituir ao acaso uma ópera com a música e as palavras somente por meio do roteiro de algumas linhas que é vendido na porta do teatro. Trata-se de um resumo, de uma contração, algo que nos apresenta alguns pontos de vista imóveis sobre a imobilidade do devir, apenas isso. Deem-me a mudança, o movimento, eu me encarrego de extrair a imobilidade; não há nada a acrescentar, basta remover alguma coisa.

Suponham um objeto em movimento, um trem em movimento e um maquinista no trem. Desde o momento em que vocês oferecem o movimento, consideram a imobilidade; basta suprimir o movimento, retardá-lo até que ele se torne nulo; a imobilidade é um caso particular do movimento. Assim, com o movimento terei tantas durações quantas eu quiser, mas se me derem todo o espaçamento da rota, se me derem a rota inteira, vocês não me darão o movimento, nem farão o trem funcionar se não houver vapor, a força, aquilo que é a própria essência da tensão, que está no fundo do devir. Portanto, querer passar do mundo dos conceitos ao mundo real é uma tentativa quimérica.

Ao contrário, a passagem inversa é possível e fácil uma vez que o conceito — já tentamos demonstrar — não é algo distinto de uma espécie de instantâneo tomado sucessivamente sobre a continuidade variável. Uma vez que tomamos essa metáfora, essa imagem de um instantâneo, suponham um espetáculo que muda. Considerem alguns instantâneos desse espetáculo; eles jamais poderão oferecer uma ideia do que é o espetáculo em si.

Podem pegar diversos instantâneos; trata-se sempre de imobilidades. Podem, graças a esse grande número de imagens, restabelecer o movimento, sim, mas vocês colocam a máquina em movimento, dão o movimento sob uma forma ou outra. Jamais poderão extrair a mudança, o devir, daquilo que é imóvel, ao passo que, repito, a passagem inversa é possível e fácil.

Então, se buscamos extrair a quintessência dessa filosofia platônica, aristotélica, descobrimos que a razão pela qual ela não teve êxito, pela qual a evolução dessa filosofia não foi mais longe, é que ela se sustenta numa ilusão, na ideia de que do imutável se pode tirar a mudança por via de degradações. Ideia equivocada.

Isto não impede, senhores, que toda a filosofia grega nos pareceu basear-se, por um outro lado, numa grande ideia, à qual consideramos dever retornar; a saber, não há duas maneiras de conhecer profundamente, que o conhecimento científico aprofundado não é um conhecimento distinto da metafísica; não existem dois modos de conhecimento profundo, um metafísico e outro científico. Uma ciência que fosse aprofundada seria a metafísica, assim como uma metafísica que não fosse apenas um sonho seria ciência. Não pode e não deve haver entre essas duas formas de conhecimento o abismo, ou pelo menos a lacuna que a filosofia moderna criou. Tal recusa se tornou uma reação contra a filosofia grega naquilo que ela tinha de incorreto, de errôneo, mas a reação superou seu propósito e – como tentaremos demonstrar logo a seguir – é neste sentido, é a este ideal – a junção, a reunião da ciência e da metafísica – que devemos, na medida do possível, nos dirigir.

Se nos voltarmos agora para a filosofia moderna, ou antes para a ciência moderna... Não se trata da filosofia, mas sim da ciência, isso se consideramos a ciência moderna e se a consideramos segundo aqueles que melhor a expuseram, aqueles que dela fizeram uma exposição sistemática, aqueles que, abarcando de um só golpe de vista a totalidade das ciências, nos mostraram, como Auguste Comte, uma ciência única, apenas com compartimentos, uma ciência pronta, que estaria de certo modo feita desde a eternidade, que espera apenas que cada cientista venha colocar, no compartimento que lhe é destinado, aquilo que falta para preenchê-lo. Isto, senhores, eu não creio que seja o ponto vista real, histórico, da ciência; trata-se de uma ideia escolástica, a ideia daqueles que vêm num momento dado, na presença dos resultados adquiridos, tentar sistematizar, estabelecer uma unidade com frequência artificial e, então, chegam em suma a falar da ciência, uma ciência única, a Ciência, com C maiúsculo, uma entidade qualquer que preexistiria a todas as descobertas que a ciência realiza. Essa concepção é um platonismo inconsciente, ou um aristotelismo inconsciente, pois Aristóteles havia dito algo similar: conhecer é fazer passar da potência ao ato, e que, no Νοῦς, no pensamento, está a ciência inteiramente pronta.[148] Trata-se então da ideia aristotélica, não da verdadeira ideia da ciência moderna considerada em seu desenvolvimento histórico.

Assim, se levamos em consideração a ciência – não segundo aqueles que, simples filósofos, procuraram uma exposição sistemática –, se a consideramos segundo os cientistas – entendo por esse termo os grandes cientistas, os que fizeram descobertas, e descobertas que contam, aquelas que são os núcleos em torno

148 Referência à famosa passagem da *Metafísica*, livro Λ, 9, 1074b, 33. Referência semelhante em HI, p.133; *Théories de la mémoire*, p.259; e EC, p.321-2, 355.

dos quais se condensam todas as outras descobertas, todas a invenções parciais da ciência –, o que eu acredito perceber é que todas as descobertas científicas, todas as que são marcantes, importantes, consistiram em libertar-se dos conceitos, libertar-se do pensamento conceitual tal como nós o definimos, em mergulhar novamente no devir, na duração pura, entrando em contato com ela e dando conta da duração na medida do possível, pois toda fórmula restringe a mente da impressão tomada nesse contato. Eu diria que toda grande descoberta foi um lançamento de sonda na pura duração.

Minha intenção é retomar em detalhe, no ano que vem, essa demonstração que esquematizei no ano passado. Mas posso imediatamente fornecer alguns exemplos, os que me parecem mais impressionantes.

Qual foi o ponto de partida da ciência moderna? Foi Galileu, foi a descoberta de Galileu das leis do movimento, foi a mecânica de Galileu. Em que consiste essa descoberta? Consistiu em libertar-se, o que não era nada fácil, do ponto de vista aristotélico sobre o movimento. Como Aristóteles explicava o movimento? Por meio dos dois contrários que são as duas extremidades do movimento; ele o explicava recorrendo ao pesado e o leve, o baixo e o alto, o natural e o forçado, pares de conceitos, conceitos que medem os contrários.[149] O movimento é o que oscila entre os dois contrários, a explicação do movimento

---

149 Ver *Física*, III, 201 a 1, em que Aristóteles prefigura a definição de movimento com os diferentes pares de opostos (pesado/leve, forma/ privação etc.) que respondem pelos diferentes tipos de movimento. Bergson, em sua tese sobre a ideia de lugar em Aristóteles, mencionou o papel que os contrários desempenham para provar a existência do lugar (ver M, p.4-6).

está nos dois contrários, nos dois conceitos que medem as suas duas extremidades.

A grande invenção de Galileu, que foi o ponto de partida de toda ciência moderna, consistiu em rejeitar esse conceito e em dizer que estudaremos o movimento colocando-nos no próprio movimento, apreendendo-o em sua mobilidade;[150] esse movimento, enquanto mobilidade, se tornará objeto de ciência – o que teria sido um escândalo para os antigos. Eis o ponto de partida de Galileu.

Tomemos, depois de Galileu, as outras grandes descobertas, aquelas que transformaram a ciência. Peguem a descoberta, feita por Descartes, da geometria analítica. O que é a geometria analítica? A geometria dos antigos, que tomava as figuras inteiramente prontas, estaticamente e sob a forma de conceitos imutáveis, foi substituída por Descartes pelo movimento gerador da figura; no caso de uma figura plana, por exemplo, ele considera um ponto num plano, depois se coloca de algum modo no interior desse ponto e estuda a intenção do ponto. O que substitui a própria figura no que ela tem de imutável, eu diria de conceitual, é precisamente esse ponto no movimento pelo qual ele engendra esta ou aquela figura, é esse movimento, a lei interna desse movimento, a intenção desse movimento.

Tomem, ainda na história das matemáticas, a descoberta de Leibniz e de Newton, a invenção do cálculo diferencial. O que

---

150 Encontramos a mesma análise do papel desempenhado por Galileu, mais amplamente detalhado, nos cursos sobre a ideia de causa (ver anexo) e sobre a história da ideia de tempo (HI, p.273-5). Ver também a nota sobre Galileu em *A evolução criadora* (EC, p.334), na qual Bergson afirma ser Galileu o fundador da ciência moderna.

ele é? Um esforço para mergulhar ainda mais profundamente na mobilidade do movimento; a derivada matemática é a velocidade instantânea de um ponto, é um ponto apreendido em seu movimento, na transição que sua velocidade efetua de algum modo de um ponto a um outro.[151] Não se trata de outra coisa senão do esforço para penetrar ainda mais na alma do movimento, na mobilidade do movimento, naquilo que é a essência do devir enquanto devir.

Considerem, depois das ciências matemáticas, as ciências biológicas e sociológicas, que deslancharam tão brilhantemente. Em que consistiu o progresso de tais ciências? Nasceram e se tornaram ciências no dia em que se teve a ideia de substituir a concepção puramente estática das espécies e dos gêneros imutáveis — das espécies-conceitos, dos gêneros-conceitos —

---

151 Bergson retomará essa análise no curso sobre a história da ideia de tempo (HI, p.280-3), assim como em *Introdução à metafísica* (p.38): "Uma história aprofundada do pensamento humano mostraria que nós lhe devemos o que se fez de mais importante nas ciências assim como o que há de mais viável na metafísica. O mais potente dos métodos de investigação de que o espírito dispõe, o cálculo infinitesimal, nasceu dessa própria inversão. A matemática moderna é precisamente um esforço para substituir o já feito pelo que se faz, para seguir a geração de grandezas, para apreender o movimento não mais de fora e em seu resultado disperso, mas de dentro e em sua tendência a mudar, enfim para adotar a continuidade móvel do projeto das coisas". Encontramos em nota a esse parágrafo a referência a Newton: "Sobretudo em Newton, a consideração das fluxões". Passagem semelhante pode ser encontrada na segunda parte da introdução de *O pensamento e o movente* (PM, p.28-9), que mais uma vez se refere à noção de fluxão como um exemplo daquilo que "pertence à intuição". Sobre esse ponto, ver Millet, *Bergson et le calcul infinitesimal ou la raison et le temps*.

pela transição, pelo estudo da transição de um estado a outro, o estudo da mudança enquanto mudança. Eu não estou dizendo que a forma atual das teorias da evolução seja satisfatória, não considero que seja e já expliquei a razão. Mas na ideia de evolução há alguma coisa que evidentemente permanecerá, a saber: se desejamos estudar a vida, é preciso tomá-la não estaticamente, no completamente feito, mas no *se fazendo*,* no devir.

Seja qual for a ciência que vocês considerarem e seja qual for a descoberta importante que tomarem nessa ciência, verão que a descoberta é sempre um retorno à pura duração, um retorno ao devir e, como disse há pouco, uma sonda lançada na mobilidade do devir e no tempo que flui. A descoberta científica sempre foi essa, só que vejamos o que acontece.

Eu falava de um lançamento de sonda realizado no fundo do oceano para dele retirar alguma coisa. O que sai é a areia, areia úmida, movente, fervilhante, móvel; uma vez colocado sob o sol, ela seca, se pulveriza, os grãos de areia se dissociam, temos algo imóvel e em partes, em elementos descontínuos.

Foi isso que ocorreu com a ciência. As grandes descobertas foram feitas por intuições como as que acabei de descrever, golpes de sonda lançados na duração. Esse lançamento de sonda trouxe alguma coisa e, à luz da inteligência discursiva, tornou-se conceito, cristalizou-se necessariamente em conceito; o que era intuição viva, móvel como o próprio objeto dessa intuição, tornou-se conceito cristalizado, sólido, imóvel.

---

* Bergson usa com frequência expressões como "se fazendo" e "em vias de se fazer" para expressar o caráter dos fenômenos considerados em duração, *sub species durationnis*. Em francês, trata-se da expressão "se faisant" e "en train de se faire". (N. T.)

Era necessário que assim fosse, é útil que assim seja; primeiro porque a descoberta somente é comunicável sob essa condição. Vou ainda mais longe, dado que ela não se desenvolve senão sob tal condição e, se queremos extrair-lhe as consequências, extrair-lhes tudo o que ela comporta, é imperativo mostrá-la sob uma forma manejável para a imensa maioria das mentes; não é todo mundo que é inventor, e grande inventor. Essa forma dada à descoberta científica a coloca ao nosso alcance e nos permite estendê-la, desenvolvê-la; e é isto que acontecerá.

As intuições que estiveram na origem das descobertas, que são as descobertas científicas, são expressas sob forma conceitual, e todos os conceitos assim obtidos aproximam-se um dos outros, ordenam-se uns em relação aos outros. Obteremos um mundo de conceitos científicos que possuem entre si certas relações, que se encaixam mais ou menos bem uns nos outros. E o filósofo que surge sempre, apesar de si mesmo, com um resto de espírito platônico vai formular um conceito da totalidade desses conceitos e representá-lo como um mundo da ciência, um mundo inteligível, uma ciência una, absolutamente coerente, absolutamente sistemática, uma ciência que não será nada diferente do mundo platônico das ideias, transposto e aproximado da álgebra, enquanto o mundo platônico das ideias era primitivamente mais próximo da geometria. Esta é a grande diferença, mas ainda assim esse mundo será análogo; o filósofo que surge em presença da ciência, não mais retirada da fonte profunda, e sim desenvolvida em conceitos, perfeitamente coerente, sistemática, vai desenvolver o sonho de uma ciência universal, de uma matemática universal capaz de tudo abraçar. E é dessa ciência que ele nos falará, é nela que ele pensará quando fizer a teoria do conhecimento.

Senhores, se, em lugar de tomar os conceitos, a forma conceitual da ciência, tomássemos sua forma original, a intuição, ou antes as intuições cuja série constitui a história das grandes descobertas científica, o que encontraríamos? Encontraríamos uma diferença profunda entre essas intuições, de um lado, e os conceitos de outro. O conceito nesse caso é sempre provisório, ele é o fio que liga as intuições umas às outras, fio que, num certo momento, acaba sempre por se romper e por ser substituído por um outro. Ele é provisório, mas a intuição é ordinariamente definitiva, adquirida pela ciência; o conceito, expressão exterior da ciência, é artificial, simbólico, mas a intuição científica, aquela que está no fundo das grandes descobertas, ela vai até a própria realidade. Não se trata de um símbolo, é o real. Enfim, o conceito, por sua própria natureza, é rígido, participa da necessidade, da fatalidade. Querer colocar a ciência inteiramente em conceitos significa fazer dela algo uno, sistemático, uma imensa rede em cujas malhas não pode passar nenhuma atividade, nenhuma espontaneidade, nenhuma liberdade.

Se existe apenas uma única ciência, se a ciência forma um todo absolutamente coerente, ela deve negligenciar tudo o que é espontaneidade, tudo o que é atividade, tudo o que é liberdade. A intuição de modo algum se preocupa com essa unidade; não existem as intuições científicas, há intuições científicas diversas em diferentes momentos da história, e cada uma delas se coloca sobre um plano da realidade que é diferente do plano sobre o qual se colocam as outras intuições, de maneira que, se nos limitarmos às intuições, às descobertas que foram características de cada ciência, alcançaremos não a ideia de uma ciência una, sistemática, coerente, uma ciência de ferro, que se opõe a todos os movimentos da espontaneidade, da atividade em geral, mas chegaremos a alguma coisa muito mais elástica, a ciências diferentes, diversas, que ocupam planos distintos da realidade e que podem sem dúvida, à medida que se passa das ciências inferiores às ciências superiores, oferecer um lugar mais ou menos amplo, cada vez maior, à espontaneidade e à liberdade.

Portanto, o filósofo que decidiu tomar a ciência pelo viés do conceito a formula como um todo absolutamente coerente, sistemático; ele vai necessariamente representar o mundo, o universo que a ciência abraça, como um universo absolutamente coerente, absolutamente sistemático, no qual não há lugar para a espontaneidade e para a liberdade humana.

Chego, por fim, ao que deveria ser o objeto desta aula. Como agora estou bem pressionado pelo tempo, só posso resumir o que tinha para dizer à filosofia kantiana, da qual gostaria de me ocupar hoje, como indiquei no outro dia, porque ela simboliza o movimento filosófico moderno e porque Kant é certamente o filósofo que melhor apreendeu e compreendeu o ponto ao qual a filosofia moderna se encaminhava.

Qual é a ideia essencial de Kant e o que ele quis fazer na *Crítica da razão pura*? Eu acredito, e já demonstrei no ano passado, que o filósofo quis fazer simplesmente a teoria dessa ciência da qual acabamos de falar, a ciência considerada como um todo absolutamente uno, coerente, sistemático, a ciência considerada como uma matemática única e universal.

A ideia dominante da *Crítica da razão pura* é: quando Kant critica a razão, ou ao menos o entendimento, o que ele chama de entendimento é a tendência da nossa inteligência a pensar por conceitos e a procurar uma ciência una e integral das coisas. Então, a questão que se coloca na obra kantiana é: dado que essa ciência una e universal deve existir – isso não é questionado –, é preciso que haja um sistema uno do universal, uma ciência integral das coisas, uma matemática universal; dado que assim deve ser, que assim é, que assim é a ciência moderna, o que é preciso para que isso seja possível? Quais são as condições que devem ser preenchidas pelas coisas para que essa ciência una e integral seja possível? Eis a questão colocada pela *Crítica da razão pura*.

Colocada desse modo, Kant viu com extraordinária precisão como era preciso resolver essa pergunta; viu com precisão tal que ainda hoje não podemos nos liberar de sua visão. Viu que, se realmente há uma ciência una e integral das coisas, uma única ciência, um único sistema do universo, se realmente nosso entendimento conceitual encontra na natureza satisfação plena, é porque a natureza é em grande parte, em sua estrutura, obra de nosso entendimento; é porque o que encontramos na natureza – que é um espelho – é a imagem de nossa própria inteligência; é porque essa duração da qual falamos, na qual vimos a própria realidade em seus diferentes graus – desde a duração infinitamente relaxada até a eternidade –, essa duração é algo puramente humano, é alguma coisa de que nos servimos, de que nossa simplicidade se serve, como diz Kant, para preparar o jogo de nosso entendimento, uma matéria sobre a qual nosso entendimento pode se exercer.

Eis a solução kantiana. Essa solução chega, com efeito, à seguinte consequência: a ciência assim compreendida – coerente, sistemática, matemática – terá êxito sempre e necessariamente. Sim, mas será puramente relativa, ela não nos dará as coisas em sua essência, não nos dará o absoluto, ela sempre nos apresentará apenas o espelho de nós mesmos, de nosso próprio pensamento. Temos assim a ciência reduzida a conhecer somente o exterior das coisas, sua aparência, seus fenômenos; e temos de outro lado toda a metafísica especulativa impossibilitada, porque a inteligência especulativa esgotou seu esforço nessa construção da ciência e, a partir de então, o que ela pode conhecer do absoluto consiste simplesmente nos postulados que inferimos sobre o dever, sobre a moralidade. De um lado uma ciência puramente relativa, de outro, uma metafísica especulativamente impotente. Eis o ponto ao qual o kantismo chega, eis a consequência necessária de uma concepção da ciência que faz da ciência alguma coisa absolutamente coerente, um sistema único e que representa o universo como se ele pudesse ser abarcado, não exatamente por uma única fórmula, mas por um sistema de fórmulas que se encaixam totalmente umas nas outras. As ideias platônicas; trata-se apenas de uma transposição da ideia platônica.

Chego assim à conclusão. A ideia que buscamos estabelecer no ano passado e neste ano, ideia cuja demonstração perseguimos — demonstração que não é nova, que acreditamos estar implicada no próprio estado da ciência desde que queiramos olhar as coisas de certo ângulo –, é a de que não há por que cavar o abismo entre a ciência e a metafísica que o kantismo cavou, de que a ciência pode, se a tomarmos por determinado viés, ser considerada como capaz de atingir o real, o absoluto, e de que a metafísica também pode, se adotar uma disciplina, alcançar o real. Nesse ponto, ciência e metafísica coincidiriam; bastaria tomar a ciência não sob a forma sistemática que lhe foi dada — não diria exatamente pelos cientistas, mas pelos filósofos que filosofam sobre a ciência –, não mais sob essa forma sistemática, mas sob a forma de intuições sucessivas, intuições descontínuas na duração. A ciência assim compreendida tem alcance totalmente diferente daquele que o kantismo lhe atribuiu, daquele que nós lhe atribuímos ainda hoje porque não podemos nos desfazer da ideia kantiana; nós vemos na ciência, a despeito de nossa vontade, como algo puramente simbólico.

Sim, tal seria o caso se tomássemos essa ciência integral: conceitos absolutamente unos e coerentes. Mas não seria o mesmo caso se tomássemos a ciência no que ela tem de puramente científico, nas intuições descontínuas, das quais cada uma responde a um momento importante de sua história. Teríamos, com a história dessas intuições, a história de certo número de visões, não de simples fenômenos, mas da própria realidade; então, o que se deveria solicitar à ciência seria continuar nesse sentido, não se acreditar obrigada a um mecanismo universal – por conta de suas origens problemáticas, pelas origens que os filósofos lhe atribuem equivocadamente –, mas sim ir adiante, e em cada novo grau da realidade, a cada novo nível, proporcionar uma parte mais ampla a essa espontaneidade, a essa atividade de que temos incontestavelmente a intuição, e da qual o filósofo, e mesmo o cientista, não podem não ter a intuição. Pediremos à metafísica para renunciar a ser um sonho puramente subjetivo, seja simplesmente uma construção pessoal, seja uma série de desenvolvimentos sobre os postulados que se vinculam mais ou menos à moralidade, ao dever; nós lhe pediremos que seja algo científico, isto é, que retorne ao que foi outrora, que seja a própria ciência, mas uma ciência ampliada, uma ciência que não se condene, repito, a ser somente uma grande matemática, um mecanicismo universal, uma ciência que dê conta de todas as realidades e de todos os elementos da realidade.

Para alcançar esse ponto de vista, para a ele retornar, considero essencial imbuir-se do que há de real nessa duração da qual Kant quis fazer algo de puramente relativo ao homem, puramente humano. Acreditamos que, ao contrário, é preciso fazer da duração a realidade; trata-se da realidade, ela é a própria base da realidade; é preciso, então, imbuir-se do que há de real na duração, imbuir-se ainda do que há de quase artificial no conceito, no pensamento conceitual que incessantemente busca colocar nessa duração um sistema, uma ordem sistemática, uma coerência lógica e matemática – útil e necessária sem dúvida, mas que não consiste na expressão verdadeira das coisas. É sobre essa oposição, senhores, entre a duração e o pensamento conceitual que insistimos neste ano. No ano que vem, proponho retomar o mesmo problema, situando-me sobretudo no ponto de vista da história da filosofia e da história das ciências.

Resta-me, por ora, agradecer a vocês pela atenção muito especial que se dispuseram a dedicar a este curso, cuja forma foi ainda mais abstrata do que a do ano passado. Não somente vocês prestaram a maior atenção, mas também tiveram a gentileza de enviar-me, diversas vezes, observações e objeções das quais tirei proveito. Esta é a marca mais preciosa de interesse que se pode oferecer a um curso, e eu lhes sou muito grato.

Anexos

Anotações manuscritas por Ernest Psichari das aulas de 14 e 22 de março de 1902

Décima segunda aula
Sessão de 14 de março de 1902

Vamos examinar duas das antinomias de Kant. O filósofo queria mostrar que é possível alguma forma de demonstração do idealismo transcendental. Mas não há confusão entre o espaço e o tempo em Kant? Capítulo de Kant sobre o tempo na "Estética transcendental";[1] há cinco razões para provar que o tempo é puro *a priori*.

1) A simultaneidade e a sucessão são quadros necessários à percepção. Sem a duração, não poderíamos perceber as coisas como sucessivas; então, o tempo é *a priori*; essa concepção nos surpreende. Por que a sucessão não seria dada pela experiência? A duração é a própria experiência.

---

1 Kant, "Estética transcendental", *Crítica da razão pura*, AK, IV, 36, §4, p.126-7. Bergson resumirá primeiro as cinco razões da "exposição metafísica do conceito de tempo", subtítulo do §4, adicionado na segunda edição da obra kantiana.

No entanto, Kant imagina a percepção como uma poeira e diz: é preciso, uma vez que os grãos estão colados, que haja cola e fio. Suponho, entretanto, que o diverso da percepção não seja dado de início. Os grãos de poeira não são, portanto, dados. Se admitimos os grãos separados, então é preciso haver cola. Mas essa separação é obra nossa. A espécie de meio vazio no qual operamos a separação é *a priori*. Mas se trata do espaço.

2) O tempo é uma representação da qual não é possível se desfazer. Não se pode representar a abolição do tempo. Eu chego, de meu lado, a representar a ausência da duração e o processo por meio do qual eu a alcanço.* Basta supor abolida toda memória, portanto, toda consciência. Primeiramente uma consciência individual, depois a consciência animal, depois a consciência cósmica. Então, não haveria mais tempo. No caso do espaço, é diferente. O espaço, tal como o concebemos, é por hipótese aquilo

---

* A exposição feita por Bergson das antinomias kantianas tende a confundir o leitor na medida em que ele passa da posição kantiana ao seu questionamento sem aviso prévio. É evidente que, na exposição oral, isto é, na aula, essa dificuldade seria bem menos intensa. No caso dessa passagem, cuja transcrição no original apresenta, ademais, um termo deslocado, a falta das marcações orais de uma aula produz alguma confusão. O tempo não tem o mesmo estatuto que o espaço, sua densidade ontológica o diferencia em natureza do espaço. Somente o espaço, como queria Kant, pode ser considerado como forma *a priori* da sensibilidade. Na filosofia bergsoniana, o tempo não é forma, o máximo que se pode dizer é que ele se forma incessantemente no fluir de seu conteúdo, ou antes, que ele forma única e mesma coisa com o conteúdo que passa. Este é o fio condutor da argumentação e da exposição aqui. (N. T.)

que subsiste quando não há mais nada. Os antigos bem
o viam quando chamavam o espaço de não ser. Não substituímos as durações individuais por uma duração impessoal. O que subsiste de Kant é que não se pode fazer
abstração daquilo que serve como símbolo para o tempo;
mas isso é o espaço.

3) Há axiomas relativos ao tempo (existe apenas um espaço
que só tem uma dimensão). Esses princípios não podem
ser dados pela experiência. Sim, o tempo representado
por uma linha tem somente uma dimensão, mas é o espaço simbólico. Ao mesmo tempo, só existe um tempo.
Não. Há em nós durações desigualmente tensionadas.
Há tantos ritmos quantas consciências, memórias e
durações. No entanto, se fizermos convergir esses tempos sobre uma linha, temos uma linha cujos diferentes
tempos são pedaços. Mas aqui também se trata de uma
representação espacial.

4) O tempo não é um conceito discursivo, uma ideia geral.
Os tempos diferentes não se estabelecem em relação ao
tempo como as partes de um todo. É certo que tempos
diferentes não se diferenciam como indivíduos[?] Segundo os ritmos, teremos vários indivíduos do mesmo
gênero que não serão as partes do mesmo todo. Se eu
obtive a representação simbólica da qual falava há pouco,
as partes do tempo não serão apenas segmentos de uma
linha.* Mas tudo isso é convenção.

---

* O mais provável é que Bergson tenha dito: "as partes do tempo serão apenas partes de uma linha"; a transcrição em francês inseriu
uma negação a mais (N. T.)

5) A representação do tempo como indefinido. O espaço é ilimitado, mas podemos ainda questionar se não se trata aqui do espaço. A duração é um progresso, é uma ação, alguma coisa que começa e que termina. O espaço é uma coisa, e talvez colocado como infinito. Se assumirmos o hábito de fazer coincidir o tempo com uma linha, Kant terá razão. Mas é do símbolo que se trata.

Passemos às antinomias. Kant não conserva tudo o que disse do tempo na "Estética". Se tivesse conservado, não haveria antinomias. Nas antinomias, [há] uma relação direta com a realidade. O espaço não é mais examinado em estado puro. Quando Kant toma o espaço contaminado pela duração, [ele][2] apresenta o espaço como uma soma, portanto, finita.

Primeira antinomia. Tese: o mundo tem um começo no tempo e é limitado no espaço.

Antítese: o mundo é infinito.

O tempo é finito. A infinitude de uma série não pode ser completada por uma síntese progressiva. Toda duração é uma síntese. Para que uma duração flua, seria necessário que decorra uma síntese infinita, o que é absurdo. Análogo ao que dissemos: a duração é algo de concreto, é uma síntese, uma operação, algo finito.

Na antítese, não lidamos mais com o concreto. Se considerarmos uma duração finita, nós a cercamos com um tempo vazio e somos forçados a ir além. Mas o que é esse tempo vazio senão espaço[?] A duração que, na tese, era colocada como um

---

2 Repetição do nome "Kant" que substituímos pelo pronome pessoal "ele".

ato, é aqui apresentada como coisa, em uma palavra, como espaço. Eis o que se passa no caso do tempo.

Eu chego ao espaço. Tese: o espaço é finito porque, se o mundo fosse infinito, seria necessário um tempo infinito para enumerar todas as partes. Ora (tese), o tempo é finito. Para que o espaço fosse infinito, seria necessário que a síntese de um número infinito de partes fosse terminada, o que é impossível. No entanto, me parece que Kant estabelece, assim, que um tempo é sempre finito. Mas o espaço é finito? Não. Por sua própria definição, o espaço é posto como algo inteiramente feito que ultrapassa sempre a operação.

Na antítese, Kant demonstra a infinitude do espaço. Se atribuímos um número limitado ao espaço, há espaço em torno; o raciocínio está efetivamente livre de qualquer objeção. Chegamos a esta conclusão de que, no que concerne ao tempo, Kant tem razão na antítese, e está errado na tese. De onde vem a antinomia? Do fato de que, nessa parte da tese kantiana, o espaço e o tempo são embaralhados. O espaço parece finito, o tempo é infinito.

Décima terceira aula
Sessão de 22 de março de 1902

Kant oscila então entre duas teorias do tempo incompatíveis. Quando dissemos que toda duração tem um começo, não entendemos com isso que não teria havido nada antes do tempo. Fora do tempo, há a eternidade ($2 + 2 = 4$, por exemplo). Há também uma eternidade mais rica que essa eternidade concreta. Desde que uma duração está posta, uma consciência também está; ora, não há nada de contraditório em supor a abolição dessa consciência. Não temos nenhuma dificuldade para representar o começo e o fim de toda duração, mas devemos colocar o espaço infinito. Na tese de Kant, trata-se do tempo concreto; na antítese, do espaço puro. Chego à terceira antinomia, a antinomia dinâmica, não mais estática. Tese: a causalidade natural não é suficiente; é preciso a liberdade. Antítese: tudo no mundo ocorre segundo as leis da natureza.

1) Kant distingue a causalidade natural e [a]³ liberdade. Natural = causa que pode ser um efeito. É a operação de uma causa que é, ela mesma, efeito. Liberdade = causalidade de uma causa que não tem causa e começa absolutamente toda uma série de fenômenos. *Sic volo, sic jubeo.*⁴ A tese é de que é preciso haver causalidade pela liberdade. O que nos faz procurar uma causa[?] Alguma coisa que acontece é *etwas geschehen*,⁵ algo que deve ter existido sob outra forma, que devém. Causalidade = tendência a completar o incompleto, a [finalizar]⁶ o que acontece. Este é o impulso da causalidade. É isso que nos faz subir a escala das causas. Agora suponhamos que essa série seja interminável e, sob o pretexto de admitir algo concluído,

---

3 Palavra difícil de entender no manuscrito, talvez seja "por".

4 Expressão extraída de *Sátiras* (Juvénal, *Satires*, VI, 223, p.67) e retomada por Kant na *Crítica da razão prática* (AK V, 31, p.126); expressão da razão prática pura que faz frente à arbitrariedade do desejo.

5 Provável referência à seguinte passagem do cânone da razão pura: "A esperança leva à conclusão de que algo é (determina o último fim possível) porque algo deve acontecer [*etwas geschehen soll*]; e o conhecimento, a esta conclusão de que algo é (que age como a causa suprema), porque algo acontece" (Kant, *Crítica da razão pura*, AK III, 523, p.658-9).

6 No manuscrito, há apenas a abreviação "f.".

A ideia de tempo

tomaríamos algo que jamais termina. Então, em virtude
do próprio impulso da lei de causalidade, é preciso que
nos detenhamos na regressão e estabeleçamos um começo – essa maneira de argumentar nos leva, antes, à ideia
de um começo do mundo do que à de liberdade humana.
A liberdade para Kant deve ser absoluta, deve ter um começo. Mas isso será o começo do mundo. Conferir Kant,
"Nota sobre as antinomias" (§1ª tese). Kant reconhece
que sua argumentação consiste em colocar a liberdade
na criação do todo. Um começo absoluto sendo assim
possível, começos absolutos serão possíveis nas séries.[7]

2) Suponham que haja um começo. A cadeia é quebrada e
não há mais possibilidade de uma unidade de experiência;
há duas origens da lei da causalidade: 1) tudo o que se
produz nos parece inacabado; 2) há também a necessidade de ligar, de unir. Mas por que não dizer: não há solução de continuidade no interior da série; pode haver,
porém, [a] liberdade na origem da série. Kant responde:
vocês não têm necessidade de procurar nada de dinâmico
primeiro. Na antítese, o filósofo admite como certa a
infinitude do tempo. Além do princípio da unidade da
experiência, existe a ideia de que o tempo é infinito. No
fundo, tese e antítese da segunda antinomia supõem a

---

7 Kant, *Crítica da razão pura*, AK III, 311-2, p.446: "De fato, essa necessidade de um primeiro começo, livre, de uma série de fenômenos, nós
só a demonstramos propriamente na medida em que era necessária
para tornar compreensível uma origem do mundo. [...] Mas, uma
vez que o poder de começar totalmente por si mesmo uma série no
tempo [...], nos é permitido começar diversas séries por elas mesmas, do ponto de vista da causalidade, em meio ao curso do mundo,
e atribuir às suas substâncias um poder de agir por liberdade".

tese e a antítese da primeira antinomia. Kant toma por consenso que podemos colocar sucessivamente a duração como finita e infinita. Na tese [da terceira antinomia][8] o tempo é finito; na antítese, ele é infinito. O primeiro artifício de Kant é o de reconduzir o problema da liberdade ao problema da origem do todo. Se a duração é finita, há começo e liberdade; se a duração é infinita, há causalidade; o artifício consiste em coincidir os dois problemas e resolver o problema de duas maneiras contraditórias.

Se tínhamos estabelecido contra Kant que não se pode postular uma duração infinita, não há mais contradição e é preciso optar pela tese; se houvesse apenas isso na terceira antinomia, ela estaria resolvida. Mas há elementos novos.

Para Kant, a relação causal resulta da maneira pela qual ele representa a multiplicidade dos fenômenos em geral e a duração. O que é o tempo na "Estética transcendental"? Já mostramos. O tempo é um meio infinito. Os fatos nos são dados como uma poeira, e a relação causal é algo que vem de fora e se reúne como uma ligação exterior. Para Kant, os fatos são como pérolas. Para que haja unidade da experiência, é preciso um fio para uni-las entre si. A relação causal não leva em consideração aqui a natureza dos fatos que ela conecta, assim como o fio não leva em consideração a natureza das pérolas. Em resumo, a causalidade para Kant não admite graus. Ou ela se aplica ou não se aplica; de onde surge certa brutalidade na concepção kantiana da causalidade e da liberdade. Se há alguma indeterminação, é a liberdade completa; é de se espantar que seja então necessá-

---

8 No manuscrito, "(antinomia três)".

rio, como fez Kant, reconduzir a liberdade para fora do mundo dos fenômenos[?] Mas o que nos importa é saber se podemos optar por um sentido ou por outro. No fundo, tudo repousa nessa concepção de causalidade rígida, que é sempre a mesma.

A relação causal seria efetivamente isso? Kant não estaria aplicando aqui sua ideia da duração traduzida em espaço[?] Suponho que haja uma duração percebida por nós de dentro, como uma continuidade de fatos que se prolongam uns nos outros. Eis fatos que não podemos representar primeiro como exteriores, depois unidos. Temos séries que conhecemos não somente de fora, mas de dentro. A causalidade é alguma coisa que empresta a coloração dos próprios fatos.

Poderíamos, então, admitir no universo muitas formas e graus de causalidade. Haverá graus de determinação. Eu me tomo como me vejo, como uma série no tempo; existe uma relação causal entre meus estados. Uma ação tem motivos nos quais a ação é pré-formada, mas é impossível separar os dois fenômenos. Analisemos uma criança que está crescendo. A fisionomia de seus 50 anos sairá de sua fisionomia de infância, porém, um pintor poderia pintar as duas fisionomias num momento dado[?] Ainda que haja certa pré-formação, a fisionomia futura é indeterminada. É impossível representar o futuro dessa fisionomia segundo a forma inicial. O que é apenas plausível nesse caso é certo e seguro no caso da moral. A conclusão é a seguinte: o fato de que Kant exclui a liberdade do mundo dos fenômenos implica sempre uma confusão sobre a duração.[9]

---

9 Bergson retoma aqui a conclusão que havia formulado no final do *Ensaio* (ver E, p.174-5).

Anotações de Jacques Chevalier
do curso sobre a ideia de causa (1900-1901)

Apresentação

O curso cuja transcrição apresentamos anexo à edição das aulas sobre a ideia de tempo é o primeiro proferido por Bergson no Collège de France. Extraído das notas manuscritas de Jacques Chevalier conservadas nos Archives Nationales, a natureza fragmentária do documento não permitia que ele fosse editado separadamente: das dezenove aulas dadas por Bergson no Collège de France durante as sessões de sexta-feira, faltam aparentemente cinco, e não é possível, na ausência de datação, indicar quais.*

No entanto, a retranscrição do curso não perde coerência, uma vez que é favorecida pela qualidade das anotações que restituem com força a oralidade do discurso bergsoniano; ela apresenta, com efeito, um grande interesse, pois se dispúnhamos de dois resumos precisos sobre a concepção bergsoniana da

---

* O número de aulas ministradas está indicado pela lista de presença publicada no *Mélanges* (ver M, p.439). A numeração dos textos, devido à ausência de data na maior parte das aulas, corresponde à ordem de sucessão no manuscrito, cujos começo e fim podemos determinar a partir de uma paginação análoga à adotada por Psichari. (N. E.)

causalidade por meio de textos contemporâneos dos quais um era de Bergson,* *a leitura das notas manuscritas nos revela vários pontos dignos de atenção; não somente o curso oferece uma ocasião para Bergson estudar as concepções antigas e modernas da causalidade, pontos não abordados nos textos anteriormente mencionados, mas também porque Bergson inscreve esta reflexão sobre a causalidade numa perspectiva de renovação da metafísica, o que é testemunhado por várias fórmulas impressionantes na primeira aula.*

Este curso será lido então com muito proveito, a despeito de suas lacunas, já que oferece um complemento indispensável que permite esclarecer certas passagens do curso sobre a ideia de tempo e de outras obras publicadas.

Primeira aula

O que é a metafísica? Qual pode ser o seu papel?

A metafísica é algo extremamente simples, que nos é sugerida pelo exercício de nossos sentidos e de nosso conhecimento.

1) Os sentidos. Cada sentido nos fornece qualidades específicas determinadas pela sua natureza: a) entre os dados de um mesmo sentido há continuidade; b) entre os dados de sentidos diferentes há descontinuidade.

2) O mesmo ocorre para esse sentido que se denomina senso comum. De onde veio esta lei geral: os dados de um

---

* Trata-se da "Nota sobre as origens psicológicas de nossa crença na lei da causalidade" (ver M, p.419-28), publicada em 4 de agosto de 1900, e que foi objeto de debate no Congresso Internacional de Filosofia; o outro documento era o resumo do curso publicado na *Revue de philosophie* e reproduzido em *Mélanges* (M, p.439-41), cujo autor foi nada mais nada menos que Jacques Chevalier. O resumo publicado em *Mélanges* foi elaborado com base nestas notas manuscritas, cuja transcrição apresentamos. (N. E.)

mesmo sentido estão sempre em continuidade entre si e em descontinuidade com os dados dos outros sentidos.

A metafísica é uma ciência que procura restabelecer a continuidade entre os dados dos sentidos e os do senso comum. Mas quem nos garante que essa continuidade existe, que a metafísica não é quimérica? Aqui também, apenas fazendo apelo ao bom senso, pode-se afirmar que essa continuidade existe. O poder de irradiação de todo ser mede exatamente o seu poder de absorção (o olho de um animal primitivo e o olho do pássaro). Os dados de nossos sentidos são extraídos de um conjunto muito mais vasto; os aparelhos dos sentidos expressam exatamente a quantidade de energia que eles são capazes de propagar.

O senso comum é destinado à conservação social, ao passo que os sentidos se relacionam à conservação individual. Aqui também lidamos com uma faculdade orientada, antes de tudo, para a ação. Esses dados do senso comum são o todo da vida moral ou seriam extraídos de um conjunto mais vasto? Nossa faculdade de especular é obrigada a modelar-se exatamente sobre nossa faculdade de agir ou haveria entre elas um intervalo, um jogo? Aqueles que acreditam na existência desse intervalo entre a faculdade de especular e a faculdade de agir são os metafísicos. Ao contrário, a negação da metafísica de Protágoras a Augusto Comte consiste na concepção antropocêntrica do conhecimento humano, que estabelece a comunidade das duas faculdades.

Quais são as relações entre a metafísica e a ciência positiva? Os grandes metafísicos foram todos grandes cientistas, entretanto, metafísica e ciência representam duas direções opostas do espírito humano. A ciência da natureza começa pela observação dos fatos e pela intervenção dos instrumentos; ela acaba em descobertas que permitem ao homem agir sobre a natureza; a ciência é um aparelho sensório-motor. Entre as duas direções existem as leis gerais: para uns, elas seriam unicamente notações de símbolos cômodos; para os outros seriam o real, aquilo que restabelece a continuidade. Aqueles que consideram a ciência dessa maneira são os metafísicos; a diferença é nítida e, todavia, ela reside antes na direção, no espírito geral, do que na própria afirmação. Essa diferença nos permite abordar a questão essencial.

Como a metafísica evoluiu? Como foi conduzida, desde as suas origens, a colocar os problemas que apresenta? Em que ponto se encontra a metafísica atualmente?

A metafísica é uma ciência que procura restabelecer a continuidade, ter uma visão geral do todo. Em suas origens, ela teve de se estabelecer na posição que a ciência tinha lhe reservado. Ora, havia entre os gregos, nas origens, uma e apenas uma ciência coerente, a geometria; a metafísica tinha de ser, portanto, uma geometria. O geômetra constrói figuras ideais e sobre elas estabelece demonstrações que devem ser aplicadas à realidade; a metafísica foi uma extensão dessa ciência, ela gradualmente tomou consciência de seu objeto e seu método, e alcançou seu apogeu com Platão. O filósofo antigo queria constituir duplicatas (as Ideias) ao lado dos dados sensíveis e das ideias morais, e especular sobre esse mundo de Ideias de modo a atribuí-las à realidade.

A filosofia moderna encaminhou-se gradualmente para o estudo da medida; o que caracteriza o progresso realizado pela ciência moderna não é o método experimental, mas a importância atribuída à ideia de medida (matemática). Ora, a metafísica moderna foi para a matemática moderna o que a metafísica dos antigos era para a matemática dos antigos: a matemática moderna é uma álgebra, ela toma as grandezas nas suas variações e as segue; graças à mecânica, ela postula a solidariedade de todos os fenômenos. De Descartes a Leibniz, pode-se seguir o progresso da metafísica que aos poucos se deu conta de que ela deve ser uma ciência de necessidade universal; a metafísica de Leibniz é um mecanicismo mais sutil, sem dúvida, do que aquele de Descartes, mas ainda assim um mecanicismo e uma doutrina de necessidade universal: tudo está ligado a tudo, tudo é função de tudo (Leibniz, Espinosa). Então se coloca de forma aguda o problema da liberdade, que se tornou o problema dos problemas. Foi o idealismo inglês que viu primeiro a sua importância. Locke, Berkeley, Hume estão antes de tudo preocupados com a ação, mas o primeiro filósofo que identificou nitidamente o problema e que o tratou com um método próprio foi Kant: a experiência nos dá fenômenos ligados entre si por uma necessidade absoluta (mecanicismo); é preciso que tudo se refrate no espaço e no tempo; e, no entanto, tudo isso expressa apenas um ato simples, o ato livre.

Do idealismo kantiano saíram as metafísicas de Hegel e Schopenhauer.

Desde há cinquenta anos, não houve um grande sistema metafísico, mas encontramos doutrinas particulares que estudam um ponto da metafísica ou a abordam por um de seus aspectos. Qual vai ser o futuro da metafísica? Teria ela terminado sua carreira ou pode tomar novos desenvolvimentos? Ou seja, a metafísica tem de estar sempre ligada à matemática ou ela pode libertar-se e aproximar-se da ciência da natureza?

1) Se a metafísica foi até aqui ligada à matemática, é porque a matemática foi durante muito tempo a única ciência coerente.

2) Novas ciências se formaram, ciências que apresentam uma continuidade talvez maior que a matemática. A teoria da evolução em Spencer é ainda bem distante da vida, do fato vital, mas o princípio soberano nos será revelado um dia, talvez, por um biólogo de gênio que descobrirá, ao estudar de dentro, o segredo do crescimento e da vida. Se a metafísica pode tornar-se uma ciência positiva, é desse lado que virá o método, e seremos conduzidos a modificar, a refundar seus quadros, as concepções do espaço, do tempo, da liberdade que, sob seu aspecto matemático, pareciam insolúveis.

É para esse lado que tende o esforço da filosofia contemporânea, é nessa direção que é preciso orientar-se. Estudaremos o conceito de causa, investigando como ele se constituiu, estudando a realidade viva, a consciência.

Segunda aula

A ideia de causa está intimamente ligada à ideia de fato.

Exemplo da queda dos corpos: um lustre atingido por um criado cai. Qual é a causa do fenômeno? A dona da casa, um operário, um médico, um lógico... atribuirão causas diferentes a esse fato.

O que é preciso para que haja um fato? O fato é aquilo de que vemos o começo e o fim, seja no espaço ou no tempo. Ora, como determinar exatamente o começo do fato? É aí que está a dificuldade; e dessa delimitação depende a ideia que se fará da causa (conforme o exemplo precedente). Diversidade de juízos e segurança ou precisão de cada juízo, eis o que se deve explicar.

1) Como a diversidade de juízos é possível? Se a experiência se dobra à diversidade de interpretações, é porque na realidade ela não admite delimitação fixa, é porque, em lugar de ser uma aglomeração de fatos existentes por si mesmos, ela é uma continuidade.

2) Por outro lado, como explicar a segurança de cada juízo? O físico e o lógico chegam com uma concepção totalmente pronta, e eles buscam encaixar o real, o fato, em sua concepção; da mesma maneira o operário e a dona de casa chegam com uma máxima geral na qual eles introduzem o fato particular.

A história das ciências nos mostra que os fatos somente foram interpretados e definidos depois da descoberta da lei (lei de Galileu sobre a queda dos corpos, lei de Lavoisier sobre os metais). Um fato sociológico, assim como um fato químico e um físico, só pode ser definido em função da lei incontestável que o rege. A ideia de fato e a ideia de lei são solidárias e complementares.

Objeção. Uma lei é apenas uma relação entre fatos, e uma relação entre fatos pressupõe os fatos; a lei, portanto, implica antes de tudo a existência dos fatos.

Resposta. Antes da lei, há o pressentimento da lei, a visão meio nítida, meio confusa do quadro no qual entrarão os fatos. Os fatos interpretados por esse pressentimento da lei adquirirão mais nitidez e a comunicarão à lei; e assim sucessivamente. Há um processo circular. Só que a impulsão veio da lei. Portanto, se variamos de opinião sobre a causa dos fatos e a maneira de delimitá-los, isso se deve porque:

1) Lidamos com uma continuidade.

2) Sobre essa continuidade são assinaladas, como vários feixes de luz, necessidades, tendências, preocupações que recortam fatos distintos apenas para aqueles que os executam.

Em lugar de se dar fatos e buscar então a sua causa, consideramos que é preciso elevar-se mais, colocar-se na aurora de nossa experiência, tomar de um lado a continuidade do real e, de outro as tendências do ser, e ver como se constituem os próprios fatos. Nossa experiência, como um arco-íris, se compõe de cores que se fundem umas nas outras; não há a descontinuidade que o empirismo estabelece, mas não se pode admitir, conforme o racionalismo, a unidade do espírito diante da multiplicidade de fatos.

É preciso ir além: nem essa unidade, nem essa multiplicidade, são reais; elas são passagens ao limite. Devemos nos ater à realidade, que está entre as duas.

Programa do curso:

1) Análise psicológica. Como se constitui na mente a ideia de causa, solidária da ideia de fato?

2) História do conceito de causa na especulação filosófica e matemática.

3) Não se poderia ampliar a concepção de causa?

I – *Análise psicológica*

Trata-se da questão da exterioridade, da própria matéria, que seria necessário examinar. Reteremos apenas o que é necessário saber para a resolução do problema.

O que é a percepção, pela visão, de um objeto material? Representemos o olho, a retina comunicando-se com os centros visuais pelo nervo ótico. O objeto AB produz sobre o fundo da retina uma imagem invertida B'A', a impressão é comunicada pelo nervo ótico ao cérebro, no qual se produzem as sensações elementares x, y, z. O que são essas sensações elementares?

1) Esta mesa AB localizada.
2) Ela tinha três dimensões.

Ora, a imagem B'A' é uma superfície, e não tem mais que duas dimensões; esta superfície produz excitações, sensações simples, x, y, z, que são inextensas. Portanto, o objeto, para ser assim apreendido pela consciência, teve de perder sua localização, assim como uma, depois duas dimensões: não temos mais, a partir de então, senão sensações inextensas, verdadeira poeira colorida. Todavia, eu localizo essa mesa, eu a percebo como extensa: como isto é possível?

Como tais sensações puderam reconquistar sua extensão? Lotze,[10] Helmholtz,[11] Wundt[12] oferecem uma explicação: as sensações são justapostas, não são fundidas conjuntamente. Elas são acrescentadas umas às outras, não têm extensão, mas são sinais locais (comparação com carimbos de um hotel) que nos permitem reconstituir o objeto extenso. Agora, essa exteriorização, essa projeção de sensações segue um processo muito complicado: a imagem da retina se localiza fora de nós no espaço, e ela tem apenas duas dimensões. Como ela nos permite reconstituir volumes? Segundo os filósofos citados, a visão não nos daria a percepção de relevo, uma percepção adquirida pelo tato, associada pouco a pouco, completamente, às percepções da visão. (Exemplo de dioramas e ilusões de visão; cegos de nascença.)

Essa é a explicação. Mas quem pode dizer que tudo isso não é um sonho? É o princípio da causalidade que garante a realidade dos objetos percebidos.

O que devemos reter dessa explicação?

1) Se considero um objeto material, tenho um volume localizado no espaço. Esses dois atributos podem ser examinados separadamente. Eu tomo o volume, posso decompô-lo em superfície e profundidade, posso analisar essa superfície e assim sucessivamente até o infinito. Mas a mente pode se dar elementos simples, inextensos, e considerar a extensão apenas como uma justaposição de tais elementos, a relação desses elementos entre si. "A extensão é somente uma relação entre elementos inextensíveis"[13] (Lotze). Essa análise lógica reconstrói o todo com os elementos dele extraídos.

---

13 Entre colchetes no texto. Trata-se sem dúvida de um resumo da tese expressa por Lotze no artigo "A formação do espaço" e em *Métaphysique* (livro III, cap.4), segundo a qual a ideia de extensão nasce de uma transformação, pela mente, de dados puramente intensivos, que resultam eles próprio da estimulação de "pontos sencientes" do corpo.

2) Ao lado dessa análise lógica, pode haver um estudo fisiológico da percepção, da formação da imagem retiniana (cones e bastonetes) com transmissão de excitações simples para o cérebro. Esse processo é fisiologicamente exato, mas há um ponto que não se pode verificar fisiologicamente, que é a suposta transformação desses meros choques em sensações simples.

3) Se, do ponto de vista lógico e fisiológico podemos admitir quase integralmente essa teoria da percepção, o mesmo não vale do ponto de vista psicológico. Para reconstituir a extensão com sensações inextensas, seria necessário que eu já possuísse uma memória, seja individual, seja ancestral, ou em particular da retina. Do mesmo modo, o mecanismo da projeção excêntrica é extremamente difícil de ser explicado. Como foi possível para nós adquirir essa percepção nova, *sui generis*, que é a percepção do relevo? Se um diorama produz em nós a ilusão do relevo, é porque eu já tive essa impressão; caso contrário, seria impossível essa percepção. O exemplo dos cegos de nascença prova somente que há dois modos de percepção, visual e tátil, que levam um tempo para reunirem-se; os dados do tato podem tornar mais precisos os dados da visão, mas não lhes podem fornecer uma percepção de outra natureza.

Enfim, o homem do senso comum se fia em sua percepção e acredita na identidade entre a causa e o efeito da percepção. Ele considera a percepção como um mecanismo muito simples, como sendo imediato e em bloco.

Por que não se ater aos dados da consciência imediata? Por que localizar a consciência no corpo, no cérebro? Quando eu percebo um objeto longínquo, não estou por assim dizer acompanhando esse objeto? Isso é recusado, porque se considera o tato como o sentido fundamental e todos os outros sentidos lhe são assimilados. Mas o senso comum julga que, quando vemos, nossa consciência está no objeto visto.

No início, temos a percepção de um conjunto, de um todo; no meio desse todo, chegamos rapidamente a distinguir um corpo, nosso corpo, capaz de agir sobre os outros corpos. Tudo em nosso corpo, em nosso sistema nervoso, está organizado de modo a nos permitir extrair outros corpos do mundo, o que nos é necessário para agir sobre eles; nossa percepção mede nossa ação possível sobre os outros corpos.

Essa hipótese nos permite rejeitar esses processos subconscientes, esses mecanismos sutis que são geralmente invocados para explicar a percepção.

Terceira aula

Não é por uma síntese que procedemos, mas por uma dissociação. Não vamos das partes ao todo, mas do todo às partes. Tal foi a nossa conclusão.

Agora, como se realiza esse trabalho de dissociação?

Qual é, num ser vivo, a relação do pensamento com a matéria que o cerca?

A divisão que fazemos dessa matéria em corpos é relativa à nossa estrutura e ao lugar que ocupamos. Nessas distinções e divisões, onde parar? O átomo do químico talvez não seja simples, todavia, nessas divisões da matéria, o químico vai bem mais longe do que nossos sentidos. No meio das atrações, das energias do universo, a mente toma pontos de apoio nos corpos, solidifica certos elementos nessa mobilidade universal, diz o físico. E o que diz o naturalista? O olho do inseto percebe o movimento, não os corpos. O que concluir daí? Que, sem ser absolutamente arbitrária, a decomposição da matéria em corpos é totalmente relativa à natureza da espécie, às nossas necessidades.

Todos estão de acordo em um ponto. Num mínimo de duração, fenômenos exteriores em enorme quantidade podem ser contidos de modo condensado: na nossa percepção da luz entram trilhões de vibrações. Qualquer que seja o modo de figuração do fenômeno elementar, o que é inegável é o número desses fenômenos elementares que cabem no menor intervalo de duração que somos capazes de perceber ou conceber. Como explicar esse fato?

Ao mesmo tempo que aparece a vida, aparece o movimento espontâneo, o movimento que parece ter sua origem no interior do ser vivo, num princípio interno. Por toda parte em que há vida, existe, ao que parece, movimento espontâneo. Ao mesmo tempo que assistimos a essa espontaneidade de movimento no organismo vivo, assistimos à percepção dos movimentos que se realizam no ambiente, graças a órgãos especiais. Como não estabelecer relação entre esses dois fatos? Como não admitir que estão vinculados?[14] Se tomamos o ser vivo mais simples, há percepção vaga de elementos exteriores, mas, à medida que nos elevamos na série animal, notamos a diferenciação das

---

14 Esta contração pelo órgão sensorial é condição necessária para o ser vivo, sem a qual ele não teria espontaneidade de movimento. (Nota presente no manuscrito.)

células que se adaptam a essa função e a formação de um sistema nervoso cada vez mais complexo. Para que a ação do ser vivo seja possível, é necessário que as excitações exteriores sejam condensadas num mínimo de duração; [palavra ilegível], por que acontece dessa forma?

À medida que resolvemos a matéria em vibrações elementares, melhor o cálculo se aplica à matéria. Ao final dessa resolução, o que encontramos é a necessidade matemática, mas para chegar ao puro rigor matemático, seria necessário que a duração fosse igual a zero, o que não é possível. Nela sempre haverá uma parte, por menor que se a suponha, refratária ao cálculo. Suponhamos assim que essa necessidade não seja absolutamente rigorosa; a força terá certa atividade.

O problema é o seguinte: é preciso, dada essa matéria submetida a uma necessidade que permite uma parte ínfima de indeterminação, aumentar indefinidamente essa indeterminação, essa parte de liberdade. Ora, como a força que nos constitui conseguirá passar através das malhas dessa quase necessidade? A quantidade de energia da qual ela dispõe vai determinar o ritmo da duração, a estrutura de seus órgãos nervosos e, por isso, o organismo inteiramente. Se pudéssemos ver através dessa estrutura a realidade a olho nu, perceberíamos precisamente esse grau de energia.

Se, então, remontarmos à origem da divisão da matéria em corpos distintos, em contornos nítidos, a resposta a esse problema se encontrará na determinação do grau de força vital, de energia, de liberdade que a espécie possui em face do meio e da matéria. O que podemos explicar aqui é o processo psicológico na ausência do caráter metafísico. Perguntemo-nos: como se processa o secionamento da matéria?

É o movimento que nos dá a chave desse problema. Percebemos imediatamente o movimento pela visão e pelo tato; nós o percebemos de uma maneira refletida pela atenção, que apreende o movimento nas relações de posição.

Um corpo distinto é um corpo que pode se mover distintamente no espaço, independentemente dos outros.

É assim que se opera a divisão de uma matéria primitivamente contínua.

Mas isso ainda é apenas uma percepção de sonho. O que nos leva a dar um interior a essa imagem visual? O primeiro passo é a constituição, entre essas imagens, de nosso próprio corpo. A criança pequena, no início de sua vida consciente, ainda não distingue nitidamente seu corpo dos outros corpos. No entanto, nota que existe uma imagem que lhe está sempre presente; depois, essa imagem visual se torna uma imagem tátil, e é isso que constitui o estofo da imagem indeterminada: seu corpo se torna um objeto tocado; em seguida, as sensações localizadas inicialmente sobre a superfície de seu corpo são localizadas no interior (sensações musculares, viscerais etc.). A partir de então, a criança possui um corpo.

Desse corpo assim preenchido, ela vai passar aos outros corpos.

Quarta aula

Na nossa análise da percepção, dissemos que ela nos dá primeiramente imagens visuais, que se nos ativéssemos a essa percepção teríamos como que um sonho sem solidez, que é preciso que as imagens visuais sejam preenchidas e, ao abordar o estudo do processo, mostramos que é nosso próprio corpo que começa a ser recheado de várias sensações a partir da superfície e atingindo as profundezas: percepções táteis – de movimentos – orgânicas, que acabam constituindo um interior para essa imagem visual.

Nosso corpo torna-se, então, uma realidade estável, sólida e substancial; as outras imagens tornam-se, por sua vez, substâncias. Isso se dá por generalização? Por meio de raciocínio por analogia? Talvez, mas não se trata de um raciocínio por analogia como os outros, uma indução como as outras. Propriamente falando, não há inferência. Isso aconteceria se tivéssemos realizado, na percepção das imagens visuais, uma síntese, uma construção. Não é por construção que a criança procede, é por análise. Sem raciocínio, limitando-se a enunciar vagamente o que ela constata, a criança deve assimilar os outros corpos ao seu próprio corpo. Há simplesmente constatação do fato de que o corpo vivo é parte da extensão visual; a dificuldade não consiste em explicar como os outros corpos nos aparecem como semelhantes ao nosso, mas sim em saber por que eles nos parecem diferentes. Temos facilmente o princípio dessa explicação: quando pensamos num corpo, nós lhe atribuímos um resto de sensação vaga, esvanecida, e um começo de vontade, uma veleidade de resistência. Chegamos ao ponto em que a ideia de substância tangencia a de causa. Indico o primeiro núcleo da ideia de causa: acredito que a origem dessa ideia seja a ligação que se estabelece entre a percepção visual e as percepções táteis correspondentes.

Quando percebemos um objeto, ele é antes de tudo, para nós, uma imagem visual. Entretanto, mais tarde, não podemos perceber essa imagem visual sem nela ler determinadas percepções táteis. Como ocorre essa leitura? Como se estabeleceu essa associação?

Existe um distúrbio cerebral muito curioso, a cegueira psíquica; uma pessoa que percebe um objeto pela visão, não o reconhece. No entanto, essa pessoa mantém sua racionalidade, não foi afetada por nenhum distúrbio de linguagem; às vezes, ela poderá até mesmo descrever, desenhar uma mesa, mas, uma vez em presença dessa mesa, ela não a reconhece. O caso mais específico de um paciente que não consegue ler uma página escrita, mas é capaz de escrever, é chamado de cegueira verbal. Como essa condição pode ser explicada? Se o paciente é solicitado a copiar a página que acabou de escrever, ele não consegue, ou o realiza como se estivesse fazendo um desenho qualquer. Entretanto, ele pode escrever fluentemente se a página for ditada. Isso prova que, quando copiamos, certos mecanismos especiais são colocados em jogo; dado um caractere escrito, há nos centros nervosos um fio que liga essa imagem visual ao hábito da mão e aos movimentos correspondentes. Há, de um lado, uma visão e, de outro, um hábito motor; entre os dois, um mecanismo que os conecta.

Para ler caracteres escritos, inconscientemente acionamos esses mecanismos, escrevemos imaginariamente. Na presença de caracteres chineses, vemos a mesma coisa que aqueles que os leem, mas o que nos falta é a faculdade de decompô-los, recompô-los, de ver o seu interior; o que nos falta é o elemento motor, o movimento.

Retornemos agora à cegueira psíquica em geral. O paciente, nesse caso também, perdeu a faculdade de copiar os objetos; alguma coisa está lesionada, ou seja, a comunicação entre a imagem visual e os vários mecanismos de desenho, os movimentos da mão que reproduziriam graficamente o objeto. O fio que os ligava está cortado. Se o paciente não consegue mais reconhecer o objeto, isto prova que quando vemos um objeto não somos passivos, vamos ao encontro da imagem, reproduzimos inconscientemente as sensações táteis que experimentamos quando entramos em contato com ele, realizamos os movimentos que correspondem à forma desse objeto. A ação desses mecanismos desempenha papel importante no reconhecimento.

A cada imagem visual corresponde, preparado por mecanismos apropriados, um sistema de movimentos nascentes e imaginados, correspondentes a percepções táteis, sugerindo-nos o possível contato com esse objeto, prolongando em movimento a visão do objeto. A percepção tende e chega à ação; nos seres humanos há uma tendência a refazer ativamente a imagem que experimentamos passivamente. A percepção visual prolonga-se em nós em movimentos que são específicos e correspondem ao objeto particular.

Esta é a origem de nossa crença na causalidade. O efeito é diferente da causa, mas ele parece estar nela contido, dela sair; esses dois termos parecem necessariamente ligados. Ora, eu percebo a mesma ligação entre a imagem visual e as tendências motoras: trata-se de duas coisas distintas e, no entanto, uma e outra nos parecem indissociavelmente ligadas, implicadas uma na outra. Trata-se de uma aquisição? Nós temos uma noção inata dessa relação? Nem uma coisa, nem outra. Se essa noção não pode ser inata, não se pode denominá-la adquirida, uma vez que há uma relação sentida como necessariamente essencial à nossa vida; trata-se de uma necessidade não concebida, mas sentida, atuada, vivida. É somente mais tarde que ela se torna uma concepção.

Quando enunciamos o princípio de causalidade, é para dizer "todo fenômeno tem uma causa". Há sempre uma tendência a voltar do efeito à causa, mas, na origem, vamos da causa ao efeito, à ação; preferimos afirmar este princípio como "todo objeto é uma causa". O que é um objeto para a criança? Uma imagem visual. O que é uma ação? Uma resistência. O princípio, portanto, corresponderia a isto: na presença de uma imagem visual, há a expectativa de uma sensação tátil. Voltamos à nossa primeira análise. O mecanismo da percepção é apenas a vinculação de nossa imagem visual com os mecanismos motores, portanto, uma expectativa. Esta é também a primeira forma da ideia de causalidade, este é o seu núcleo.

Quinta aula

A relação entre a sensação visual e a sensação tátil é tão estreita que não se pode separar uma da outra; elas são indissolúveis. Não podemos ver sem tender a agir; nós desempenhamos ou tendemos interiormente a desempenhar nossas percepções táteis. A consciência que temos da união indissolúvel entre a percepção visual e a percepção tátil é apenas a consciência desse mecanismo; a visão nos interessa sobretudo na medida em que nos revela percepções táteis.

Essa relação também é estabelecida por nós objetivamente entre a forma visual e a forma tátil em si mesmas. A indissolubilidade da união entre elas é a função sensório-motora, e nós somos levados a estender essa relação às próprias coisas. A ação de um objeto sobre outro nos parece determinada simplesmente porque nosso corpo, que é análogo aos outros corpos, nos forneceu essa noção de ações e reações determinadas. Essa relação, portanto, apresenta as seguintes características:

1) No primeiro termo, lemos o segundo. Ainda que distintos, eles formam uma mesma coisa.

2) Entre esses dois termos, há ligação indissolúvel.

3) Essa relação é tal que se estende a todos os objetos, se universaliza.

Se a relação entre forma visual e forma tátil se estabelece por si mesma, faz parte integrante da nossa vida e, de outro lado, apresenta todas as características da causalidade, nós podemos afirmar que esta é efetivamente a origem da ideia de causa. Gostaria de alertar contra a ideia de que essa noção de causalidade, bem como as noções análogas, são simples; contraímos o hábito de reconduzir muitos termos diferentes à ideia de causa, como a uma estrutura rígida. Nada é mais errado do que essa concepção. Do mesmo modo que no arco-íris só percebemos duas ou três cores, na ideia de causa há um espaço mediano explorado, mas, ao lado dele, há muitas nuances que se fundem e são desconhecidas para nós. Essa relação entre a forma visual e a forma tátil pode prolongar-se em dois sentidos diferentes, seja nas coisas exteriores, seja internamente, na consciência.

1) O prolongamento exterior é o mais simples. A comunicação do movimento é a forma especial da relação de causalidade, a principal harmônica inferior da ideia de causa.

2) Os prolongamentos interiores são bem mais sutis. O que impressiona primeiramente é o esforço. Como a representação do esforço vem inserir-se na nossa representação original da causa? O sentimento que temos de

dificuldade, de impedimento, nos dá a representação do esforço: supomos em outros objetos um esforço análogo ao nosso.

Essas três formas – relação entre a forma visual e a forma tátil, sentimento de esforço e comunicação de movimento por choque – completam-se para nos dar a concepção da causa. No entanto, devemos procurar as harmônicas superiores dessa ideia. Se extrairmos o que essas três formas têm em comum, encontramos um princípio que nos guiará na busca das harmônicas superiores. O esforço é a imagem de um movimento possível que consegue converter-se num movimento real ao fazer que essa representação se materialize.

Quando passamos da forma visual à forma tátil, não se produz algo análogo? A percepção tátil é uma forma de materialidade maior, mais acentuada.

Do mesmo modo, a transmissão de movimento é um progresso em direção à materialidade, em direção à realização. Essas três formas nos colocam, portanto, na presença de um mesmo princípio. Não poderíamos pressentir que aí está a quintessência da causalidade e que, seguindo essa via, chegaremos a determinar suas principais formas?

A transição da ideia de passear à imagem das roupas a serem usadas, dos caminhos a serem seguidos, é uma forma da relação causal. É a causa final; ela não se opõe à causa eficiente, pois a relação da ideia do fim com a imagem dos meios é, na verdade, a relação de uma ideia abstrata com uma forma mais concreta, mais materializada.

Quando extraímos proposições particulares de uma proposição geral, temos uma forma da causalidade, sua forma lógica, a passagem de um princípio a suas consequências. Poderíamos encontrar uma forma mais elevada de causalidade acima da causalidade lógica? Sim, pois a possibilidade, por exemplo, da ideia de um círculo é a causa dessa ideia de círculo; antes que o círculo tivesse sido definido, já havia uma possibilidade do círculo. Pode-se dizer, em matemática, que a possibilidade engendra, ou parece engendrar, a realidade. Trata-se da causalidade metafísica, a passagem do menos realizado ao mais realizado (conforme o sistema de Espinosa). A causalidade consiste sempre em uma relação entre duas coisas semelhantes, a primeira das quais está mais próxima da ideia abstrata, a segunda mais próxima da ideia de materialidade; e essa passagem do primeiro termo para o segundo se dá insensivelmente: encontramos todas as nuanças de duração, todas as nuanças da contingência e da necessidade. A ideia de causa é uma ideia infinitamente complexa.

Sexta aula

Gostaria hoje de confrontar os resultados obtidos por nossa análise psicológica com a concepção corrente de Hume e com a concepção evolucionista.

A conclusão de Hume é a de que causa e efeito são dois fenômenos heterogêneos consecutivos. Sobre esse ponto, ou antes sobre as consequências que o filósofo tirou dessa ideia, discute-se, sem dúvida, que os empiristas, os filósofos da atividade, criticam tais consequências, mas todos admitem a concepção de causa como [resultando] de dois fenômenos consecutivos. Vou pegar essa teoria e examiná-la em si mesma. É importante investigar por que ela não é definitiva, procurar o ponto preciso no qual Hume se desviou da via que tinha a intenção de seguir. Estudemos sua obra *Investigação sobre o entendimento humano*, seção VII, na qual está exposta a sua teoria da causalidade. Para ele, tudo se reconduz a impressões e a ideias. Toda realidade se reduz, portanto, a um dado imediato. No caso em que teríamos uma ideia *sui generis* da causa, é preciso saber qual é o dado imediato dessa ideia.

Esse dado imediato pode vir tanto dos sentidos como da consciência. Interroguemos os dois sucessivamente.

1) Os sentidos. Hume toma como exemplo o choque de duas bolas de bilhar. Ora, nada sugere a ideia de poder ou de conexão necessária. Os sentidos não nos permitem prever o que acontecerá. Eu vejo um fato, depois outro, consecutivo ao primeiro; quanto a uma relação diferente dessa, se ela existisse, nos permitiria prever o efeito. Por si mesmo, o pensamento é incapaz de acrescentar alguma coisa a essa consecução dada pelos sentidos.

2) A consciência. Estudemos agora o interior. Temos a ideia de uma causalidade interna, o sentimento de uma potência eficaz? Apreendemos inicialmente uma potência da mente sobre os órgãos? É evidente que não. A consciência não nos revela a união secreta da alma e do corpo, nem a sua essência; a anatomia nos mostra que, quando movemos um de nossos membros, ocorre um processo bem complicado; mas a consciência ignora os intermediários entre a volição e a realização do movimento, ela acredita numa ação imediata. Não tenho consciência de um poder eficaz da mente sobre os órgãos, mas será que teríamos consciência de uma ação da mente sobre si mesma? Conheceríamos o mecanismo dessa causalidade interior?

Não, nós ignoramos o que são a mente, a ideia, as relações entre elas, os limites desse poder da mente. Assim, conhecemos apenas os dois termos, a volição e seu efeito, sem conhecer os intermediários. Não tenho consciência de um poder efetivo da mente sobre suas ideias.

Quais são as conclusões dessa análise? Todos os acontecimentos são separados uns dos outros, não observamos nenhuma conexão entre eles. Eles parecem justapostos, mas não conectados. Só há na nossa experiência fenômenos disjuntos. Então teremos que concluir que nossa ideia de causa é apenas uma ilusão? Ainda é preciso definir essa ilusão. A realidade que se oculta atrás dessa palavra é esta: quando dois fenômenos aparecem sempre ligados, a mente contrai o hábito de esperar o segundo quando o primeiro se produz. Esse sentimento de previsão, que vem da experiência, dá a essa justaposição uma coloração particular, daí a ideia de causalidade.

Essa análise, apesar de seu valor, é definitiva? Negligenciarei as objeções que lhe são feitas de fora. É preciso situar-se no centro da doutrina, perguntar se Hume apreendeu efetivamente a realidade. Do fato de que essa ideia não possa vir da experiência externa tomada isoladamente, nem da experiência interna tomada isoladamente, podemos concluir que ela não provém da combinação, da reunião desses dois modos de experiência? É aí que é preciso procurá-la. É possível que primitivamente haja coincidência entre o sujeito e o objeto? Se desejamos retornar ao que é dado primitivamente à consciência, é ali que devemos procurar a origem da causalidade. Ora, neste ponto, descobrimos que, na conexão ímpar entre a percepção visual e a percepção tátil, aparece o primeiro esboço de causalidade; nessa relação, vemos que os dois fatos são tais que podemos dizer que em um sentido eles diferem, em outro sentido eles coincidem, e que passamos de um ao outro por intermediários que explicam a transformação gradual de um no outro. Não se trata de uma mera justaposição de dois fenômenos quaisquer, é uma qualidade inerente aos dois fenômenos que os fazem coincidir em um sentido, e, de outro, é uma gama de intermediários. Eis o que apreendemos ao situarmo--nos no ponto de origem, no qual sujeito e objeto estão em contato direto.

Hume nos toma em consideração no momento em que não somos mais que espectadores no mundo exterior. A lacuna de sua análise está em que ele desconsidera a experiência mais antiga e mais profunda em que podíamos apreender não somente os termos sucessivos, mas a relação que os une.

Mais ainda, a experiência interna sozinha, em sua forma primitiva, pode nos dar a ideia de causalidade. O que é querer levantar o braço? É algo preciso, especial, *sui generis*. O que é? Querer levantar o braço já é representar o movimento sob uma forma esquemática. Esse esquema é como um esboço que solicita a cor, as sensações correspondentes (evidências da patologia). Nós lidamos com dois fatos: representação do movimento possível, representação do movimento se realizando e, entre os dois, toda uma gama de intermediários que explica de maneira contínua a passagem do esquema à imagem.

Eu diria o mesmo a respeito do poder da mente sobre suas ideias (por exemplo, evocação de lembranças ou imagens). Há simplesmente passagem do esquema para a imagem; é o mesmo fato que precede a si mesmo, mas sob a forma de esquema.

Ideia de causa:

1) Ideia de dois termos, não quaisquer, mas tais que[15]
2) Ideia de dois termos entre os quais há toda uma gama de intermediários.

Sétima aula

Parece-me que o método de Hume deve antes afastar-se do objetivo perseguido. Ele distingue experiência externa e experiência interna: temos o direito de dissociar essas duas experiências que, no início, são estreitamente unidas? Temos o direito de cortar essa experiência que só se dissociará bem mais tarde? Os exemplos escolhidos pelos empiristas são sempre emprestados da experiência visual, mas parece certo que um ser que se reduzisse à percepção visual não teria jamais a ideia da regularidade da natureza. O animal não tem. Esses próprios exemplos são muito mal escolhidos. Se Hume divide nossa experiência em duas, ele é levado a tomar, na experiência exterior, o que há de mais exterior a nós, isto é, a percepção visual.

Na realidade, convém retornar à experiência primitiva. Nela, constatamos que a relação causal é muito menos sintética. Estamos bem longe da fórmula "qualquer coisa produz qualquer coisa", estamos em presença de dois termos análogos, um menos material, o outro mais material e, entre os dois, toda uma gama de intermediários.

Se considerarmos a experiência interna, constatamos que, também nesse caso, Hume toma uma experiência já adulta. O "eu quero",[16] quando desejamos um movimento, não é uma vo-

---

15 Frase incompleta no manuscrito.
16 Sem aspas no manuscrito.

lição abstrata, mas uma representação, uma vaga imagem desse movimento se executando. É preciso materializar essa imagem incompleta: eu consigo fazê-lo ao evocar as sensações musculares que chegam nesse esquema para dar-lhe vida. Esse sentimento é, portanto, bem real. O que causou a ilusão de Hume é o fato de que ele quis procurar no poder* uma noção metafísica, em lugar de aí ver um fato.

Conclusão:

A relação causal, tal como a concebemos, não é uma relação puramente sintética, estabelecida de fora entre dois termos absolutamente heterogêneos, nem puramente analítica, que supõe o efeito dado na causa.

Para nós, essa relação não é nem sintética, nem analítica. Temos dois limites que passamos ao exasperar, por assim dizer, o que há de sintético e de analítico nessa relação. De fato, o efeito não é nem idêntico à causa, nem absolutamente distinto dela; ela se assemelha à causa do mesmo modo que o mais materializado se assemelha com o menos materializado, e entre os dois concebemos toda uma séria de intermediários e de graus que se desenrolam numa duração maior ou menor.

Se cavássemos mais fundo, descobriríamos que Hume isolou a relação causal dos termos que ela une, e esta é a crítica fundamental que podemos lhe endereçar. Kant somente enfatizou esse aspecto ao distinguir a matéria e a forma. Mas não temos o direito de realizar essa disjunção; a relação causal depende, quanto à sua forma, da matéria que ela une, ela tem nuances diferentes, e tais nuances provêm da cor dos termos

---

* Bergson usa "pouvoir" no sentido do "eu posso", quase equivalente a "eu quero".

que ela vincula. É preciso tomar a forma e a matéria conjuntamente. Se queremos remontar ao primitivo, não devemos nem mesmo nos deter nos fenômenos de que fala Hume, aos quais ele chama de "percepções"; é preciso subir mais alto, situar-se antes dessa dissociação do mundo dos fenômenos.

Tal é a conclusão à qual chegamos, e vou resumir essas aulas. Ponto de partida: a matéria tal como ela nos é dada originalmente é uma continuidade, uma multidão de termos sendo que cada um se imiscui no seguinte. Coloquem a consciência na presença dessa matéria: a continuidade vai se quebrar e aparecer sob a forma de descontinuidades. Por quê? Porque não podemos representar a matéria e a vida como desenvolvendo-se com o mesmo ritmo de duração. A matéria tem uma respiração interior muito diferente da respiração da consciência. Por que esses dois ritmos de duração? Porque, ao que parece, a razão de ser da vida é a ação, e a indeterminação dessa ação implica a necessidade, para o ser vivo, de contrair a matéria em seus termos e, por isso, em suas percepções. A percepção condensa as vibrações, acentua assim as diferenças, como o historiador que repassa em um minuto o que foi vivido. Ali onde há continuidade no tempo, nós vemos descontinuidade de qualidades que se sucedem no tempo e se justapõem no espaço.

Dada a consciência de um lado, a matéria de outro, a consciência colocará na matéria uma descontinuidade. O ser racional buscará restabelecer a continuidade, o que o impulsionará é o sentimento profundo da continuidade original, a necessidade de encontrar alguma coisa que restabelecerá o fio rompido da experiência. Se se trata de um homem, isso se produzirá, mesmo no animal isso acontecerá, pois ele precisa agir. Ele necessita ler, no presente, o futuro.

Essa necessidade de restabelecer a continuidade se manifesta primeiramente na relação causal. Qual é a formação dessa ideia de causa? Temos a primeira imagem da causalidade desde a aurora da vida consciente, porque somos chamados a coordenar a percepção visual com a percepção tátil, mas essa imagem necessita se adensar e se sutilizar.[17] Essas são algumas das nuances da relação causal, sempre com um *leitmotiv*; um progresso, com todos os intermediários, em direção à materialidade.

Oitava aula

Vamos abordar o estudo de algumas concepções da causalidade. Não me situarei no ponto de vista puramente histórico, tal concepção nos conduziria longe demais. Queremos verificar os resultados da análise ensaiada, determinar quais são as partes do espectro da causalidade que foram mais estudadas e aquelas, ao contrário, que permaneceram inexploradas. Nosso objetivo é um objetivo puramente dogmático.

É preciso desde já assinalar as ideias diretrizes que nos guiarão nesse exame. O progresso em filosofia é sempre um progresso em direção à intuição clara e distinta de certas coisas; ele é feito por intuições cada vez mais diretas e profundas da verdade: trata-se de um trabalho de invenção essencial, ainda que ele ocupe menos espaço que o trabalho de exposição, a dialética. Se a invenção é isso, de onde vem que ela seja tão difí-

---

17 Encontramos, no seguimento dessa passagem, duas frases incompletas: "ela se adensa no espaço quando... Ela se sutiliza em nós quando...".

cil? Do fato de que encontramos, nessa busca, dois obstáculos principais, uma espécie de vertigem intelectual que nos toma quando desejamos ter uma visão direta da realidade. Isso ocorre porque essa visão se encontra em presença de dois obstáculos:

1) A continuidade. Ela está em toda parte; não podemos traçar uma linha reta sem constituir partes que se penetram. Consideremos uma gama de cores ou uma série de estados de consciência, de sensações: tudo é continuidade, interpenetração. No fundo, não podemos passar sem ela; nós a reintroduzimos depois de tê-la banido. Em todo lugar, dentro e fora de nós, [encontramos a] continuidade – e temos muita dificuldade para suportar essa continuidade sem dividi-la numa descontinuidade. Quais são as razões para isso? Em primeiro lugar, é preciso colocar as exigências da linguagem. Nosso pensamento tem tendência natural a se exteriorizar, nosso pensamento é uma fala interior, e é por isso que as exigências do discurso interferem constantemente na continuidade original do pensamento: a linguagem é uma descontinuidade que baliza de tempos em tempos a continuidade por meio da ajuda de símbolos, de termos. Segue-se que o intervalo compreendido entre duas balizas é sempre inexplorado; por exemplo, não podemos abarcar na sua totalidade, com a ajuda da linguagem, uma continuidade de nuances entre o branco e o preto, o que notamos pelos termos são unicamente os dois limites. Mas, muito frequentemente, no real, os limites não existem, a realidade é constituída pelos intermediários. Tal é a primeira causa que nos faz separar a continuidade. Há uma segunda razão: ela é encontrada nas exigências e

nas necessidades da ação. Tudo na realidade é passagem, transição, fluidez. Ora, a vida supõe e exige outra coisa: viver consiste em solidificar o móvel, tomar um ponto de apoio estável na fluidez do real; consiste em agir, em fabricar. É necessário, portanto, ter um domínio sobre as coisas. Na maioria das vezes, a realidade a que chegaríamos por intuição seria uma transição, mas temos de reconstituir essa passagem, essa transição. Por meio de termos, chegaremos a uma aproximação, como o pintor que quer reproduzir uma continuidade de cores, no entanto, procedemos de modo diferente da natureza. Existe uma terceira razão: a continuidade nos assusta porque parece sempre implicar um certo absurdo, uma contradição. Dizer que uma sensação é ao mesmo tempo uma sensação, uma ideia, uma lembrança, um sentimento, parece beirar a contradição. Desse modo, tendemos a resolver a continuidade em descontinuidade. O que significa essa contradição? Existe uma contradição somente onde houve "dicção". A contradição se resume simplesmente ao fato de que a notação empregada por nós não é adequada à coisa mesma que ela expressa; ela é apenas aparente, e desaparece se mudamos nosso símbolo, se retornamos à realidade imediata. Em geral, a invenção em filosofia e nas ciências especulativas consiste em reencontrar uma continuidade que nossos símbolos tinham dividido (em matemática, a noção de diferencial). Quase toda ideia geral é uma ideia fronteiriça, que contém a contradição; depois percebe-se que essa contradição não existe, que essa ideia nova é uma ideia viva, que participa da sinuosidade da vida. A continuidade, então, é o próprio fundo da realidade, é um dos aspectos do real que assusta o pensamento.

2) A mobilidade. Tudo o que dissemos da continuidade pode ser dito da mobilidade. Existe por toda parte movimento, mudanças, fluxo de mudanças. É aí que nosso pensamento se enxerta, é isso que ele solidifica. A consciência fixa, congela a sensação, assim como a sensação também congelava o movimento. Nós congelamos igualmente a lembrança e, no entanto, o que é mais variável que a lembrança? Mesmo uma ideia geral, abstrata, não é uma coisa; a ideia de homem, por exemplo, é algo móvel, comparável a um círculo que gira, que o pensamento tangencia, detendo-se num ponto dado.

Tudo o que é dado na realidade é movimento, mas também sempre o que é dado ao pensamento é o permanente, a estabilidade, sempre a conversão do móvel no fixo, e isso pelas mesmas razões (termos da linguagem, necessidade da ação, tripla contradição do movimento). Nós encontraremos a aplicação dessas ideias[18]

Nona aula

Se procurarmos entre os antigos teorias claras, ou retomadas mais tarde, relativas à causalidade, encontramos duas concepções: 1) a concepção mecanicista: atomismo de Demócrito; 2) a concepção formal: Platão, Aristóteles. Os diferentes graus são:

---

18 Falta o final da frase no manuscrito.

> Ideia possível
> Ideia real
> [Ideia] mais abstrata
> [Ideia] mais concreta
> Imagem
> Percepção
> Percepção visual
> Percepção tátil
> Objetos
> Movimentos

A relação causal será sempre a relação entre quaisquer dois desses termos, desde que se vá na direção descendente, indicada pela seta.

Nesse espectro, as duas regiões extremas foram as mais estudadas, porque a mente sempre tende à passagem para o limite. A teoria de Platão e Aristóteles tende ao limite superior, a de Demócrito, ao limite inferior, mas nem os primeiros levaram a causalidade ideal até a forma de pura possibilidade, nem o segundo impulsionou a causalidade mecânica até a pura relação de movimento a movimento. No entanto, eles as prepararam.

Hoje estudarei a concepção mecanicista de Demócrito. Uma das ideias fundamentais do filósofo é a mesma que Helmholtz assinala como o princípio das teorias modernas da matéria: nossas sensações são apenas o signo dos objetos, são a tradução na linguagem própria à nossa sensibilidade.[19] Se essas propriedades da matéria são somente modificações de nós mesmos, se quisermos então saber o que é matéria, devemos afastar dela todas essas propriedades. O que sobra? Somente as qualidades geométricas, a extensão. Entretanto, a matéria apresenta qualidades

---

19 Ver Anexo, nota I I.

diversas tanto nos diversos lugares do espaço quanto nos diversos momentos do tempo. Como isto é possível se a matéria é apenas uma extensão homogênea? Dizemos que a extensão é dividida em partes, em individualidades claras ou "átomos", separados pelo vazio. Como explicar a diversidade de qualidades sensíveis com esses átomos? A diferença entre os átomos será uma diferença de forma. Com átomos de forma diversa, como se dá com as letras, é possível constituir uma série infinita de corpos de propriedades diferentes. A tais diferenças de forma, é preciso acrescentar as diferenças de posição e de orientação.

No tempo, a mudança será explicada por modificações no agrupamento dos átomos. O que será aqui a causalidade? Ela será o choque; toda influência é exercida pelo choque dos átomos uns contra os outros. Nós teremos, portanto, constituído todo o real com o vazio, os átomos e o movimento.

O atomismo de Demócrito apresenta certas analogias com as doutrinas modernas. Bacon o considera como o precursor dos modernos, e, desde então, pretendeu-se que a filosofia socrática teria travado o movimento científico iniciado por Demócrito (conferir Lange).[20] Essa ideia me parece totalmente contrária à verdade: a semelhança entre o atomismo antigo e o atomismo moderno é também completamente exterior e artificial. O atomismo antigo é um método. Nas explicações dos antigos, é sempre o átomo que desempenha o papel principal. Demócrito explicava o som por meio dos movimentos de átomos, a diver-

---

20 Trata-se de Friedrich Albert Lange (1828-1875), filósofo alemão. Bergson refere-se às observações de Lange sobre Sócrates em *Histoire du matérialisme et critique de son importance à notre époque*, t.I, p.53-5. Passagem já mencionada em seu curso sobre Demócrito (ver Bergson, *Cours sur la philosophie grecque*, p.207).

sidade de cores por meio das formas dos átomos. Já nos tempos modernos, mesmo para os partidários da teoria da emissão, o que está em primeiro plano não é a partícula, é o movimento. Para os antigos, a fixidez é o real; para os modernos, é o móvel. Essa própria diferença remete a outra mais profunda. Demócrito, segundo Aristóteles, "reconduz tudo à necessidade"[21] (conferir Diógenes Laércio, Plutarco);[22] para ele, não há necessidade parcial, há uma necessidade universal. De outro lado, a essência da doutrina moderna são as leis que explicam a mudança. Os antigos procuraram, no devir universal, os pontos de referência fixos, imutáveis; a ciência moderna também procura o imutável, mas de maneira muito diferente: o que há de estável são as leis do movimento, fórmulas de relações fixas entre coisas móveis. Se queremos encontrar nos modernos o correlato do átomo antigo, nós o encontraremos não no átomo, mas nas leis do movimento. A ideia platônica e a "forma" de Aristóteles estão bem mais próximas de nós do que o átomo de Demócrito.

Décima aula

Para os eleatas, o devir, a mudança, é uma ilusão. Para Demócrito, a mudança não é absolutamente ilusória, mas no fundo do devir há o imutável; o que é dado são realidades imutáveis, átomos. Da mudança de posição dos átomos resultam as diversas propriedades e o movimento aparece.

---

21 Aristóteles, *Geração dos animais*, V, 8, 789b 2.

22 Respectivamente, Diógenes Laércio, *Vie, doctrines et sentences des philosophes illustrés*, livro IX, p.183; a referência a Plutarco é difícil de determinar, Bergson pode estar se referindo a *Contre Colotès*, obra antiepicurista na qual Plutarco elogia Demócrito como filósofo da natureza.

Do ponto de vista da causalidade, a solução levantava grandes dificuldades: se tudo se reconduz a deslocamentos, o movimento como deslocamento se torna essencial. Para Demócrito, o movimento se acrescenta aos átomos; assim, ele é obrigado a recorrer a um *deus ex machina*, αναγκη, para passar do imutável ao movimento. O movimento será sempre alguma coisa acrescentada, sem sair da imutabilidade.

A ideia implicada na ciência moderna é a de mudança universal. Dessa ideia se pode facilmente passar para a imutabilidade, para o átomo, mas a recíproca não é verdadeira, e é isso que separa o atomismo da ciência moderna.

Tal foi a nossa conclusão. Gostaria de abordar agora a concepção da causalidade em Platão e Aristóteles. Como surgiu, da dificuldade levantada pelos eleatas, uma outra solução, muito diferente, uma solução formal?

O ponto de partida de Platão deve ser encontrado em *A República*, livro VIII, 523b, em que distingue os espetáculos sensíveis que nada dizem ao filósofo daqueles que provocam sua reflexão. Estes últimos são os que implicam contrariedades simultâneas, ou contrariedades na sucessão. Num trecho do *Timeu*, Platão diz: quando o objeto parece transformar-se, parece aí haver um absurdo, mas o absurdo desaparece.[23]

Encontramos em Aristóteles trechos análogos: δια δε εναντια μη εξ αλληλων.[24] Os contrários não podem influenciar-se. O

---

23 Resumo de uma passagem do *Timeu*, 52-53, em que o receptáculo serve de meio de organização das coisas sensíveis (ver Platão, *Timée*, p.472-3).

24 No manuscrito, "αρατη τα αναντια επ αλληλων". Passagem visivelmente mal transcrita do livro I da *Física* de Aristóteles (I, 5, 188 a 30, trad. H. Carteron, p.39), no qual se trata da posição contrária dos princípios: "contrários, eles não são formados uns dos outros".

problema difícil é o mesmo: ele o resolve como Platão; tudo é facilitado se assumirmos os contrários dados separadamente, e uma terceira coisa, υλη, uma possibilidade.

A partir desses textos, podemos tirar a seguinte conclusão: a dificuldade se resolve quando uma coisa se torna outra, há absurdo a não ser que se admita um "lugar" no qual seres imutáveis passam, se sucedem, se misturam.

Essa teoria apresenta certas analogias com a de Demócrito. A água quente se torna fria: não é o quente que se tornou o frio, mas há um lugar "água" no qual colocamos uma diversidade de átomos imutáveis,[25] cujas mudanças de posição produzem as qualidades. Para Platão e Aristóteles, as qualidades é que são imutáveis, as qualidades explicam o movimento por meio de suas movimentações. Uma vez que tais qualidades são retiradas, resta um puro possível. Tanto num caso como no outro há divisão, mas a divisão se dá em dois sentidos diferentes. Se eu tomo [esta] proposição: "a água quente tornou-se fria", ela se decompõe em duas: a água está quente, a água está fria. Para explicá-la, é possível situar-se no ponto de vista do sujeito, a água (Demócrito), ou no ponto de vista dos atributos (Platão, Aristóteles).

As duas soluções são complementares: divisão do devir em átomos, átomos de grandeza, átomos de qualidade.

As duas soluções sendo complementares, como é possível que a primeira não tenha sido desenvolvida e que a outra, ao contrário, tenha tido um destino tão maravilhoso na Antigui-

---

25 No manuscrito há a seguinte indicação: "Timée 220". Trata-se provavelmente da paginação de uma edição pertencente ao ouvinte, ou mencionada por Bergson.

dade e na Idade Média, e mesmo nas ciências modernas, que têm uma relação estreita com ela?

Se considerarmos a qualidade como elemento irredutível, temos uma vantagem: as qualidades, com efeito, são os signos que a natureza nos oferece para nos mostrar o que pode ser útil ou nocivo para nós; para a ação, é preciso que as semelhanças sejam percebidas imediatamente, e não podemos perceber uma qualidade sem perceber uma semelhança. Quando damos um nome a uma qualidade, esse nome constitui um símbolo geral suscetível de ser aplicado a muitos objetos.

A qualidade é levada, por um movimento que lhe é interior, a se aplicar a um gênero. Resolver a realidade em qualidades é ser conduzido muito rapidamente a resolvê-la em gênero, em ideias gerais. Os átomos formais nos quais desembocamos nessa concepção são átomos de gênero, átomos inteligíveis. Do ponto de vista da ciência, há algo aqui que para os antigos devia ser superior à exploração atomista.

Se nós nos damos o átomo, o vazio e o movimento, temos três conceitos, mas entre tais conceitos e as coisa [não há] intermediários. Os atomistas dão a mesma resposta a todos os casos possíveis; eles dizem sempre: "trata-se de átomos movendo-se no vazio". Não há aí explicação científica.

É totalmente o contrário o que se passa na concepção de Platão e Aristóteles. Era possível constituir uma ciência que se propunha a fazer análises e sínteses de ideias para encaixar qualquer objeto ou qualquer fato individual em um gênero, para encaixar esse gênero, por sua vez, em um gênero superior ou para eliminá-lo. Essa filosofia nos deu um aprofundamento de ideias e conceitos; é isso que constituiu a sua fraqueza em certo sentido, mas sobretudo trata-se da sua grande força como explicação científica.

Tem mais. Eu disse que se deve tomar em alta consideração a influência das matemáticas sobre a metafísica grega, sobre a filosofia ocidental em geral, em oposição à filosofia oriental. As matemáticas são uma invenção grega; os egípcios somente investigavam relações empíricas, assim como os assírios. As matemáticas são invenção de Tales, de Pitágoras e do verdadeiro criador da geometria e da aritmética (conferir Proclo),[26] o primeiro que teria tido consciência do método matemático, enfim de Euclides. Na época de Platão, a matemática estava em parte constituída, mas qual era o seu método? Pode-se apreciar diversamente o método euclidiano do ponto de vista matemático ("brilhante absurdo", segundo Schopenhauer),[27] pois esse método é, antes, um procedimento de verificação, um meio de assegurar que estamos na verdade, do que um meio de descoberta,

---

26 Bergson refere-se ao prólogo do *Commentaire du premier livre des éléments d'Euclide*, no qual Proclo expõe uma genealogia da matemática: "Não é de se espantar que uma necessidade prática tenha ocasionado a invenção dessa ciência ou de outras [...] Do mesmo modo que o conhecimento exato dos números começou entre os fenícios em consequência do tráfico e das transações aos quais eles se dedicavam, a geometria foi inventada pelos egípcios [...] Tales, o primeiro, tendo estado no Egito, reportará essa teoria na Hélade; ele mesmo realizou várias descobertas e colocou seus sucessores na via de muitas outras, por meio de suas tentativas de um caráter ora geral, ora mais restrito ao concreto [...] Depois deles, Pitágoras transformou, enfim, esse estudo num ensinamento liberal; ele remontou aos princípios superiores e buscou os teoremas abstratamente e pela inteligência pura; é a ele que devemos a descoberta dos irracionais e a construção das figuras do cosmos [os poliedros regulares]" (apud *La Géométrie grecque*, p.66-7).

27 Schopenhauer, *Le Monde comme volonté et comme représentation*, livro I, cap.15, p.108.

de encontro. Uma coisa é certa: esse método foi, para os antigos, a matemática, e exerceu sobre eles uma verdadeira fascinação.

Décima primeira aula

Aristóteles parte, como Platão, do devir qualitativo (livro I da *Física*). Ele também pensa que as dificuldades serão evitadas se separarmos e dissociarmos as qualidades sensíveis, também verá, uma vez tal dissociação feita, a qualidade orientar-se em direção ao geral, mas ele não deixa esse movimento se realizar, ele acrescenta à tal qualidade simplesmente uma tensão que, se nada a impedir, se tornará um gênero, uma Ideia. Mas ela não se torna; não devemos ir tão longe. Essa tensão é uma espécie de diminuição da ideia pura, algo de negativo mais do que positivo; é preciso representar a qualidade como estando na coisa, mas essa qualidade tem algo de incompleto, e é essa incompletude que é o princípio de mudança da causalidade. Entre o mundo sensível e o mundo da ciência existe uma defasagem, e essa defasagem mede a força com que as coisas tendem para o que a razão e a ciência ensinam. É esse tipo de diminuição ou compressão da ciência que é a mudança, o princípio da ação e da causalidade.

Por exemplo, tomemos a ideia científica do círculo e o círculo imperfeito, material. O círculo material é uma diminuição do círculo geométrico, ele tende a realizar o mais perfeitamente a sua essência, daí a mudança, a causalidade. Agora, existem os pontos de vista sobre a causalidade, quatro tipos de causas.

Se permanecêssemos nesse ângulo, haveria contra essa teoria grandes dificuldades. Como explicar as ações e as interações das coisas, a inquietude que se nota nas coisas, a ordem à qual elas se submetem ou tendem a se submeter? Como conceber a matéria e a forma?

O problema da causalidade é o problema do aparecimento de determinações ou qualidades que encontramos nos seres ou nas coisas. Subtraindo-se uma a uma todas as determinações da realidade, tendemos a uma possibilidade pura, que é a matéria. Para todas as coisas há uma e a mesma matéria, que é o suporte comum; não se trata do nada, mas do puro indeterminado, uma espécie de expectativa de propriedades.

Tal é o primeiro termo que damos. Dessa possibilidade nascerá a realidade? A ideia de Aristóteles foi pegar todas as formas platônicas e fazê-las convergir para uma intensidade que conteria a enorme multiplicidade dessas formas inteligíveis, o pensamento do pensamento, Deus. O Deus de Aristóteles é a "forma das formas" que, na sua unidade indivisível, contém todas as formas inteligíveis (νοησισ νοησεοσ);[28] não é o eu de Fichte, é quase o seu contrário. O Deus de Aristóteles não é o ato simples do pensamento, o pensamento puro; ele é carregado de formas, ele não deve ser representado sob a forma da consciência, que é uma ideia menor, uma diminuição da ideia (Plotino). Νοησισ νοησεοσ é a forma inteiramente presente a si mesma e a tudo o que dela poderá sair, a plenitude do real concentrada num ponto indiviso.

Juntem a matéria e Deus, e vocês têm a causalidade e a exploração do devir. Como isso se dá? Há duas maneiras de representar o processo:

---

28 Aristóteles, *Métaphysique*, livro Λ, 1074b, p.701. Bergson fará referência a essa característica do Deus de Aristóteles no curso sobre a história da ideia de tempo (HI, p.131).

1) Aristóteles mostrará a matéria, puro possível, como algo que deseja a forma, que a ela tende, que é atraído por Deus por meio do amor. Tal seria a primeira concepção.

2) De outro ponto de vista, a matéria seria um princípio ruim, um princípio da corrupção, um contato nocivo que causaria a multiplicidade indefinida da realidade.

Nenhum desses dois aspectos é a explicação. A matéria não é nem boa, nem ruim, ela é indiferente. É preciso procurar uma terceira explicação: nós a encontraremos na prova da existência de Deus pela necessidade de um primeiro motor.

Qual é essa prova? Ela se funda sobre a perpetuidade do movimento no mundo. A perpetuidade do movimento exige que seja dada uma essência na qual essa perpetuidade esteja contida, condensada sob uma forma equivalente, mas intemporal. Aí está o que há de essencial, de íntimo, no pensamento de Aristóteles.

Mas por que, do fato de que temos Deus de um lado, a matéria de outro, se seguiria a multiplicidade de formas da realidade? Se damos o 10 e o 0, colocamos um intervalo e, assim, a possível divisão do espaço de 0 a 10. É o mesmo para Deus e a matéria, e é isso que nos permite compreender a multiplicidade das formas.

Décima segunda aula

Vamos investigar como os modernos retomaram as duas ideias e as desenvolveram, tornando-as mais precisas: causalidade mecânica e causalidade da ideia. Vamos seguir essas duas noções divergentes que, aliás, à medida que são levadas ao extremo, parecem mais perto de se reunirem por um processo circular.

Para os antigos, o movimento é uma espécie de escândalo. Aristóteles, por exemplo, ocupou-se muito mais com os estados estáveis do que com as transições de estados a estados. Para os modernos, o importante é a forma do movimento, enquanto Aristóteles vê na imobilidade o modelo ideal da realidade. Ele distingue o movimento natural do movimento forçado. O que importa para a ciência é a ordem, a posição das coisas, o estável; as palavras somente interessam pela condição estável que atingem.

Para Demócrito e os atomistas, o movimento quase não tem importância; o que eles estudam não é o movimento dos átomos, mas suas diversas combinações. É ainda do estático que eles se ocupam.

Se remontarmos ao idealismo eleata e às dificuldades levantadas pela mente sutil desses filósofos, vemos que para eles a imobilidade prevalece sobre tudo e está na base do movimento. A mente pretende concentrar-se no aspecto exterior do movimento, em seu lado espacial, imóvel, que não é o elemento próprio do movimento; daí os famosos argumentos de Zenão de Eleia que negam a mudança e o movimento (o exemplo da flecha), na medida em que ambos implicam contradição. Os argumentos são verdadeiros apenas no caso de se levar em consideração unicamente o espaço e dividir o movimento como se divide o espaço. Mas o movimento é materialmente indivisível; sua essência é o salto, a tendência. Eu não tenho o direito de desarticular esse movimento como desarticulo o espaço que lhe subjaz. Os eleatas não levam em consideração o que constitui propriamente o movimento, o que lhe é orgânico. Sua ilusão consiste em raciocinar sobre o movimento como se ele coincidisse com alguma coisa imóvel. Eles eliminam o movimento.

A origem dessa ilusão encontra-se numa ideia correta: nosso pensamento só pensa distintamente aquilo que é fixo, invariável. A ciência somente se ocupa do geral porque apenas o geral é estável, imutável (Aristóteles). Trata-se de uma verdade profunda; os antigos a utilizaram para concluir que todas as coisas só valem por seu lado imutável. Os modernos conservaram essa ideia de que a ciência tem o imutável como objeto, mas eles lhe ofereceram uma interpretação diferente. Para Aristóteles (metafísica, *ad finem*),[29] a matemática somente se aplica às formas inteligíveis, e não tem aplicação no real. Nossas concepções são muito diferentes. Entretanto, ao final da Antiguidade, depois na Idade Média e no Renascimento (Viète),[30] desenhou-se uma tendência bem importante em matemática, movimento que desembocou na constituição da álgebra. Ao mesmo tempo, emergia o verdadeiro caráter da matemática, que é o de estabelecer relações, estudar as variações de grandeza; a matemática torna-se cada vez mais a ciência das funções. A lei então se torna mais precisa, se modifica e, por isso mesmo, o objeto da ciência muda: conhecer consiste efetivamente em subsumir o movente ao invariável, mas não se trata de referir um movimento a seu modelo, a sua forma ideal, trata-se de

---

29 Provável referência à *Metafísica*, livro N, cap.5-6, em que Aristóteles mostra que os números não podem ser princípios das coisas (ver *Métaphysique*, 1092a 10-1093b 25, p.829-43).

30 François Viète (1540-1603), matemático francês, foi o primeiro a propor a utilização da álgebra para resolver os problemas de geometria e utilizou, antes de Descartes, letras do alfabeto para designar os tipos de quantidades em álgebra. Bergson fez de Cavalieri aquele que marca a ruptura entre as duas concepções das matemáticas (ver HI, p.277).

aproximá-lo de outro movimento e de estudar suas variações e sua dependência. Essa ideia tem sua verdadeira origem em Galileu; é preciso estudar o movimento de dentro, fazer dele alguma coisa vivente e determinar o plano de sua conduta, de sua intenção, de sua alma. Esta é a ideia de Galileu: ele fala de um elã (*ímpeto*)[31] do movimento, de sua transformação interior. Como ele chegou à concepção da queda dos corpos? Por meio da consideração das velocidades, pelo exame das leis de suas variações. O progresso da matemática consistiu em observar cada vez mais o interior, a intenção do movimento. Assim, a doutrina de Galileu também foi o ponto de partida da ciência e da filosofia dos modernos.

Expusemos como Galileu chegou à fórmula da lei física e como essa lei havia servido de modelo aos físicos e cientistas posteriores a ele. Mostramos igualmente o que distingue a ciência antiga da ciência moderna: enquanto para os antigos a ciência se coloca sobre os inteligíveis e só atinge indiretamente o sensível, o real, a ciência moderna, ao contrário, pretende abarcar toda a realidade. Enquanto a ciência antiga negligencia a mudança, a passagem de uma forma a outra, a ciência dos modernos se coloca, antes de tudo, sobre a mudança, sobre o movimento. Se a ciência buscar atingir diretamente o movimento, dado que ela não pode ser móvel e se coloca sobre alguma coisa imutável pelo menos provisoriamente, é preciso que nessa mobilidade ela se

---

31 Termo empregado por Galileu para designar a persistência do movimento de um corpo devido a sua inércia. O uso da noção de *ímpeto* destina-se a substituir a *antiperístase* como meio de explicar movimentos violentos. Ver sobre esse ponto o verbete de Vilain, "Impetus", em *Dictionnaire de philosophie des sciences*, p.501-4.

coloque sobre a imutabilidade, isto é, encontre relações. Essa ciência, que intenciona estabelecer relações constantes entre termos essencialmente móveis, somente pode alcançar os seus fins se as relações estabelecidas entre as coisas forem formuláveis matematicamente; as variações que ela estuda são grandezas ou podem expressar-se em grandeza. Daí resulta que a ciência moderna:

1) Estuda as relações matemáticas em si, relações invariáveis entre grandezas variáveis, as "funções".

2) Busca determinar quais são as funções aplicáveis à realidade, ou melhor, busca, no real, relações estáveis entre grandezas instáveis, sobre as quais o esforço matemático poderá ser aplicado. Temos assim uma tradução do real sobre a qual todo o esforço da inteligência poderá ser aplicado.

Galileu fez descer às coisas essa ideia que, para os antigos, pairava no mundo inteligível.

Devemos investigar agora qual é concepção filosófica implicada nessa concepção da ciência. As leis do movimento encontradas por Galileu, sua física, escondem uma filosofia que lhes é inerente.

Há uma lei geral que pode ser formulada da seguinte maneira: no mundo das ideias, o estável desloca o instável, o preciso substitui o impreciso. O método aristotélico implica sempre uma imprecisão; ao contrário, no de Galileu, só há uma solução possível (eu comparo uma ordem de mudanças com outra ordem de mudanças do ponto de vista da grandeza). Ademais, a ciência, seja qual for o valor especial que possa ter, tem sobretudo um valor prático e operacional, ela é mais utilizável que a ciência antiga. A ciência aristotélica permite apenas previsões limitadas e um tanto indecisas; já uma lei formulada matematicamente, se é verdadeira, não deixa espaço para o imprevisto. Uma vez dentro da via aberta por Galileu, devia-se ir até o fim. Uma ideia verdadeiramente original não carrega consigo a potência de limitar-se a si mesma, ela só pode ser limitada por uma ideia antagonista, ela não contém a crítica de si. Para criticar uma ideia, a mente é obrigada a se servir de outra ideia; eu não creio que ela possa fazer a crítica, não acredito na possibilidade de uma filosofia puramente crítica. Veremos que a *Crítica da razão pura* é a crítica de uma metafísica à luz de outra metafísica; não há "crítica pela crítica" possível.

Assim se explica que tenhamos ido tão longe, até o limite, por esse caminho. Há um texto de Galileu que diz que tudo no universo foi feito com medida; numa outra passagem, afirma que a natureza é uma linguagem que Deus nos fala, mas uma linguagem matemática.[32] Vemos nascer a metafísica que será a de Descartes e Espinosa, e a qual conclusão chegamos? Primeiramente, à ideia de uma necessidade universal no mundo físico. Essa ideia não é nova: Platão estabelece relações necessárias entre as ideias que pertencem à sua estrutura íntima; Aristóteles considera a ciência como baseada na necessidade. Só que entre o objeto da ciência e a realidade existe uma lacuna: Platão não considera as coisas reais como reproduzindo da mesma forma que os inteligíveis; para Aristóteles, existe entre o mundo da ciência e a realidade uma distância, que mede o "acidente". É essa distância que é utilizada por seu discípulo

---

32 Ver nota 140.

Alexandre de Afrodísias para introduzir o livre arbítrio, a contingência, tanto na natureza quanto nas coisas humanas; nas causas eficientes, assim como nas causas finais, há transgressões da lei.[33]

Os modernos, ao contrário, não admitem que haja uma lacuna entre o que é e o que a ciência estuda. A ideia de uma necessidade radical e universal se impõe nessa concepção de ciência: até onde vai nos levar essa ideia? Ela deve reunir todos os fenômenos, todas as mudanças no espaço e no tempo. O espaço é alguma coisa de infinitamente múltipla cujas partes são todas exteriores umas às outras e, no entanto, é preciso que tudo o que é nesse espaço seja ligado por um vínculo de inelutável necessidade. Do mesmo modo, no tempo, os momentos são exteriores uns aos outros. Como essa ligação se estabelece? Ela só é possível se eu considero todo esse espaço indefinido e todo esse tempo indefinido como sendo apenas um desenrolamento indefinido de alguma coisa una e indivisa, cuja unidade indivisível expressa a "infinitude"* desse desenrolar-se. Num relógio, todas as peças se sustentam umas às outras; devo supor uma ligação onde tudo forma um termo único: o espírito do inventor. Também para a natureza é preciso uma unidade: uma unidade desse gênero é o que chamamos infinito. A ideia de uma ciência integral no conduz à ideia de uma necessidade integral

---

33 Bergson faz referência a *Peri Eimarmenè*, de Alexandre de Afrodísias; ver entre outros, cap.6, 169, 20-170; cap.7 e 8, 173, 1 (D'Aphrodise, *Traité du destin*, p.9-10, 13). Bergson dedicou seu curso aos sábados desse mesmo ano a essa obra (ver M, p.438).

* Em francês, o termo transcrito foi "indéfinitude", o que não faz sentido. Trata-se, é quase certo, de "infinitude", isto é, infinidade ou infinitude. (N. T.)

universal, e essa última é a ideia de um infinito. O que será o infinito, como podemos representá-lo? Chegamos ao infinito porque tudo estava ligado necessariamente a tudo. A esse infinito que existe para fundar a necessidade de todos os termos finitos, seria possível recusar-lhe a necessidade, suspender a necessidade universal a algo de contingente? A mente não pode resignar-se a tanto, ao menos não pode resignar-se no início da ciência moderna. Ela conseguiu mais tarde, com Kant (crítica do argumento ontológico: o infinito não é algo necessário em si),[34] mas no começo se considera o infinito como necessário. Como ele poderá ser necessário? Como representar, sem sair da ciência, alguma coisa que se basta em si mesma?

Há aqui uma distinção a ser feita entre dois sentidos do termo *existência*. Pode-se representar uma existência física ou uma existência matemática. A existência física se distingue da possibilidade, trata-se de algo que se acrescenta a ela. A existência matemática se confunde com a possibilidade: ao se colocar a possibilidade, a existência está posta. Para o infinito, se eu represento uma existência física, ela é contingente; mas, se eu tomar, como tipo de existência, a existência matemática, então seria possível que eu definisse esse infinito de tal maneira que ela seja real somente pelo fato de que é possível? Tenho apenas de supor que esse infinito compreende todo o possível, contém tudo o que é: se eu o defino como a totalidade da possibilidade, ele existe somente pelo fato de que é possível.

---

34 Kant, "Dialética transcendental", "O ideal da razão pura", op. cit., cap.III, 4ª sessão, AK 397-403, p.530-6.

O que será compreendido pelo infinito assim concebido? A infinidade das coisas extensas, mas também a infinidade do pensamento e outros infinitos. Há, portanto, ao menos duas ordens de coisas, e não tenho o direito de me deter apenas pelo fato de que conheço somente duas. Eis o ponto a que chego levando até o limite a ideia de necessidade radical. No entanto, talvez tenha ido muito longe. Fui levado a colocar muitos infinitos: eles não vão se limitar uns aos outros? É preciso então admitir que tais infinitos não estabelecem contatos possíveis entre si, não podem se imiscuir uns nos outros, e isso devido ao fato de que eles expressam a mesma coisa em traduções distintas. Posso representar o infinito extensão e o infinito pensamento, assim como todos os demais, como se correspondendo entre si e não se limitando uns aos outros: cada um é como o todo do infinito e todos se diferem. Terei, desse modo, um infinito absolutamente infinito e infinitos que expressam esse infinito central, cada um em sua língua.

Tal é a conclusão a que se chega quando se leva até o fim a ideia que é inerente à ciência moderna. Vocês reconheceram os traços gerais do espinosismo: a concepção da causalidade de Espinosa, originada da ideia de Descartes, análoga à de Galileu, impulsiona essa ideia ao extremo e extrai a quintessência da concepção moderna de ciência.

Décima terceira aula

A metafísica moderna foi quase toda uma reflexão sobre a ideia de necessidade, salvo talvez Descartes, que é um mundo. No entanto, para ele, a necessidade também está no primeiro plano. O próprio Kant estuda, antes de tudo, essa ideia, não mais na natureza, mas no conhecimento, na ciência. De onde resultaria que ou o desenvolvimento metafísico está terminado, ou, se alguma nova via pode ser aberta, ela só é possível sob a condição de que a necessidade na natureza ou na ciência seja menos rigorosamente concebida do que foi no passado. Hoje eu gostaria de retornar às questões deixadas em suspenso no último encontro. Se tomamos a ideia de necessidade, que está na base da ciência moderna, chegamos a uma filosofia tal como a de Espinosa. É essa doutrina que vamos expor.

Qual será, nesse preceito, a concepção de causa? É preciso representar da seguinte forma a relação entre substância, atributos e modos:

$$A = A \qquad [1]$$

Essa identidade, aplicada ao que quer que seja, pode expressar-se de diversas maneiras, em diversas línguas.

$$\begin{aligned} \text{Um número} &= \text{este número} \\ \text{Uma reta} &= \text{esta reta} \end{aligned} \qquad [2]$$

Eu tomo a primeira identidade: posso escrevê-la.

$$\begin{aligned} &\phantom{\text{ou }}1 = 1 \\ \text{ou }\,&2 = 2 \\ \text{ou }\,&3 = 3 \dots \text{até o infinito} \end{aligned} \qquad [3]$$

O mesmo se dá para a segunda igualdade: eu terei uma série de identidades lineares que poderão desenvolvê-la. O desenrolamento de cada uma dessas identidades (um número = este número; uma reta = esta reta) é infinito.

Além disso, na série de identidades numéricas e lineares, encontramos uma correspondência entre os termos, dois a dois, ainda que as duas séries sejam impermeáveis. Tal é a relação entre a substância, os atributos e os modos em Espinosa. Esse esquema abstrato pode expressar suficientemente bem uma doutrina saída do cartesianismo, isto é, de uma filosofia fundada na correspondência entre a geometria e a álgebra. Qual é, segundo Espinosa, a relação entre causa e efeito? Uma vez que não há causalidade de atributo a atributo, temos apenas quatro modos de causalidade para estudar.

1) Causalidade da substância, *causa sui*, ou seja, cuja possibilidade forma uma única e mesma coisa com a existência. A existência necessária fora do espaço e do tempo de um Ser que certamente é possível, dado que ele contém todo o possível, e que também existe, uma vez que sua possibilidade é tal que implica existência. Ideia totalmente nova, estranha à matemática estética dos antigos, pouco desenvolvida ao menos em Aristóteles. Chega-se a essa ideia apenas por impulsionar até o limite a concepção da necessidade universal.

2) Relações entre a substância e seus atributos. Do mesmo modo que a relação *causa sui* (da possibilidade à existência) era uma relação de equivalente a equivalente, a relação da substância a seus atributos é de equivalência, uma vez que os atributos expressam toda a substância.

3) Relações dos atributos aos modos. Também é uma relação de equivalência, porém não vemos tão bem a necessidade que faz os modos decorrerem dos atributos. É verdade que esta terceira relação pode ser justificada pelo elã dado pela ideia de necessidade, colocada no começo.

É essa ideia que é preciso criticar; é por esse ponto de vista que se pode criticar o espinosismo.

4) A relação de modo a modo é a mais difícil de ser concebida. Espinosa não nega o tempo, mas um modo não poderá jamais, ao que parece, ser explicado por um outro; sua causa somente poderia ser um atributo. Como então conceber esta causalidade de modo a modo?

Para explicá-la, é suficiente lembrar-se da distinção que Espinosa estabelece entre a essência e a existência:[35] a existência é a existência física, no tempo; a essência, ao contrário, está fora do tempo. A causalidade entre modos se esvai no absoluto; a relação verdadeira existe entre o modo e o atributo. Quando se passa da essência à existência, é necessário subtrair algo: a essência é a verdadeira explicação, mas a existência também é necessária, virtualmente implicada na essência, embora menos absolutamente real.

A filosofia de Espinosa é um esforço para reconduzir toda relação real a uma relação matemática. Ela testemunha uma admiração exclusiva pelo método matemático, o método sintético. Se partimos daí, constatamos que a ideia de causa na filosofia de Espinosa é muito clara, porém é preciso compreender a sua doutrina.

Há duas dificuldades que se experimentam na leitura de sua *Ética*:

1) A teoria do ser. Pode-se explicá-la pelo esquema que propus.

---

35 No manuscrito, há a seguinte indicação: *"Éthique* II, scholie 8" (Ética II, corolário 8).

2) A teoria do conhecimento. Para os filósofos, salvo Espinosa, o conhecimento é o inverso da produção em geral. Numa filosofia materialista, pensar seria retornar a todas as séries dos seres na ordem contrária à de sua produção; na filosofia panteísta dos alexandrinos, há o Uno, depois expressões múltiplas do Uno, τα νοητα, sendo cada uma representativa de todas as outras; finalmente, como último termo da "processão", as almas particulares. É portanto uma descida, uma "processão" do Uno ao Inteligível, do Inteligível ao sensível. Conhecer, para os alexandrinos, é a ordem inversa: a alma retorna à Ideia, estado do conhecimento perfeito, e daí pode passar à Unidade suprainteligível, simplificar-se.

A ideia diretriz da doutrina de Espinosa, aquela que a distingue de todas as outras, é que o conhecimento verdadeiro, perfeito, não é "conversão", mas "processão", que não há nenhuma diferença entre os processos de produção e de conhecimento. Ou antes, que se trata de um único e mesmo processo. Produzir e conhecer perfeitamente são uma única e mesma coisa (O amor intelectual de Deus. *Ética* V, proposição 36, corolário. O amor intelectual de Deus pela alma é idêntico ao amor intelectual da alma por Deus). A conversão identifica-se com a processão; por aí são esclarecidas todas as doutrinas relativas à verdade (*Ética* II, proposição 43, escólio). Em que se reconhecerá a verdade verdadeira da verdade aparente? Objeção insuperável para toda filosofia que finge que estamos fora da verdade e que é preciso retornar a ela; para Espinosa, só se pode conhecer a verdade se nela formos colocados e nela a conhecemos perfeitamente: o conhecimento da verdade se confunde com a manifestação, com a produção da verdade. Espinosa distingue claramente a ausência de dúvida da certeza: estar certo é estar em posse da verdade, estar nela colocado, coincidir com a essência de Deus. Sem erro possível; não se pode estar certo de alguma coisa falsa.

Se o conhecimento não é "conversão", mas "processão", para definir o movimento pelo qual a verdade se faz é preciso perguntar-se qual é a atitude no conhecimento perfeito. Se é verdade então que proceder, produzir [é igual a] conhecer perfeitamente, é preciso representar a produção sob uma forma matemática. A doutrina de Espinosa é um conhecimento da totalidade das coisas e dos seus possíveis.

Doutrina análoga à dos cientistas como Galileu, que dizia que o mundo é a expressão matemática da linguagem divina, e Newton, que definiu o mundo como o *sensorium* de Deus,[36] mas uma doutrina bem mais coerente. Espinosa não é um cientista que busca fundar a ciência, mas um homem que procura a beatitude, a virtude: este é o centro da *Ética*. Todavia, a ordem das ideias pela qual passamos e atribuímos virtualmente ao filósofo não lhe é estranha.

Dada a necessidade universal do mundo, o que pode ser a liberdade? A liberdade é a aceitação da própria necessidade; ser livre é coincidir com a necessidade, Deus.

---

36 É o espaço e não o mundo que é designado por Newton como o *sensorium Dei*. É na *Opticks*, de 1704, que o físico assim define o espaço, obra que Clarke traduzirá para o latim (ver *Optice: sive de reflexionibus, refractionibus, inflexionibus & coloribus lucis libri tres*, 1706). Essa definição estará no centro dos debates entre Clarke e Leibniz (ver Robinet, *Correspondance Leibniz-Clarke*, 1957).

É uma solução, muito profunda, que resulta da concepção da causalidade, do conhecimento e da produção. Havia outra solução: a de Kant; segundo ele, era possível considerar a necessidade como alguma coisa fenomenal, uma espécie de espetáculo que a liberdade se concede. No entanto, essas duas soluções postulam a necessidade universal na ordem das coisas, e é preciso optar entre elas se for o caso de admitir a necessidade universal e de, apesar disso, querer manter a liberdade.

Uma questão se coloca: essa necessidade é exigida pelo pensamento? Ela é inelutável? Outra solução seria negar a necessidade radical e universal; poderíamos perguntar se não é essa a direção na qual a metafísica pode e deve procurar sua orientação. Há determinação por toda parte, há indeterminação em algum lugar. Tal é a conclusão dogmática.

1ª solução. Espinosa } Mesmo postulado da necessidade radical
2ª solução. Kant   } e universal

3ª solução: negação desse mecanicismo radical; ideia de um mecanicismo parcial e mitigado.

Em Descartes, a ideia de causa é bem menos clara. Espírito mais próximo do real, mais múltiplo que Espinosa, ele segue direções variadas sem jamais ir até o fim. Sua filosofia é muito menos rica, mais difícil de esquematizar, menos coerente.

É preciso insistir sobre o duplo princípio de onde parte Descartes. Duas verdades: uma, a primeira de fato, [o] "cogito"; a outra, a primeira de direito, a existência de Deus. De nosso pensamento, vamos remontar a Deus, de Deus vamos descer ao nosso pensamento: existe reação recíproca entre essas duas verdades, que leva à atenuação da concepção matemática de Espinosa.

Décima quarta aula

É nítido o que Kant quis fazer. Se abrirmos a *Crítica da razão pura*, encontramos esta ideia de que a matemática e a física se constituíram da mesma maneira e nasceram do mesmo princípio; quanto à ideia de uma matemática universal, ela não está indicada em parte alguma, mas é encontrada por toda parte, ela é a alma da *Crítica*. Kant não segue Berkeley e Hume em sua crítica do mecanicismo, pois acredita na possibilidade de uma ciência una e universal, de uma física pura (*Crítica, Prolegômenos*), isto é, de uma ciência da natureza constituída por uma mente que possui suas categorias e que abarca a realidade inteiramente.

Este é o ponto de partida: metafísicas de seus predecessores. Qual é o objetivo? É o mesmo que o desses metafísicos.

Onde está a diferença? Na preocupação constante de Kant em restabelecer, acima desse mecanicismo, a liberdade e tudo o que a liberdade implica. A liberdade tinha sido negligenciada pelos predecessores do kantismo. Descartes, sem dúvida, não a eliminou; a crença no livre-arbítrio está presente em sua filosofia por toda parte, mas não encontramos uma concepção positiva do livre-arbítrio que nos permita conceber uma incursão da mente no corpo. Trata-se de uma ideia negativa, uma negação do mecanicismo; mas uma negação não tem força por si mesma, ela só tem valor como limitação de uma ideia e como preparação de uma ideia positiva. Em Espinosa, mesmo em Leibniz, é a necessidade que ocupa o primeiro plano (Leibniz, relações das mônadas, o princípio de Razão; Espinosa no limite o confunde com o princípio de identidade).

Ao considerar a liberdade como incompatível com a ciência universal sonhada pelos cartesianos, Kant não estava errado.

Ele quis mostrar que a ciência nada tem a ver com uma ordem de coisas e que deve ceder lugar à crença. Ele quis colocar a liberdade fora do alcance do mecanicismo. Mas como?

Kant diz que o que o despertou de seu sono dogmático foi a teoria da causalidade de David Hume; a inovação consistiu em substituir a concepção analítica dos antigos metafísicos pela concepção sintética da relação causal. Para os metafísicos clássicos, a relação causal é uma relação equivalente (Espinosa). Para Descartes e Leibniz, a causalidade se aproxima do infinito, da relação analítica e matemática. Suponhamos, ao contrário, que o efeito seja heterogêneo em relação à causa, nesse caso temos duas hipóteses:

1) a de David Hume. A regularidade é um feliz acidente;
2) mas Kant não quer essa solução, então resta uma segunda hipótese: a unidade dos fenômenos, a possibilidade de submetê-los indefinidamente a leis se deve ao fato de que a mente humana é feita de modo que ela sintetiza, que ela liga os fenômenos aos fenômenos por leis necessárias, em particular pela lei da causalidade.

A diferença é: os predecessores de Kant quiseram fundar a unidade e a continuidade sobre um ser; Kant as funda sobre um ato, sobre um movimento: existe uma inteligência, com um movimento próprio, com exigências fundamentais; a unidade da ciência não provém da imobilidade de um ser, mas da direção constante num sentido determinado. O filósofo não está preocupado com a psicologia, mas com um conhecimento impessoal que está na base do conhecimento pessoal, a "consciência em geral", à qual as consciências individuais se superpõem. Há uma ciência em potência, a natureza; depois, o conhecimento pessoal. O acordo da ciência com a natureza se explica pelo fato de que ciência e natureza são a mesma coisa. Existe o entendimento em geral, que traz a exigência de unidade; as categorias do entendimento, que expressam essa exigência; as formas da sensibilidade pelas quais são tomados os objetos, a natureza confusa, o múltiplo diverso – aparências produzidas pela coisa em si. Todo conhecimento é, portanto, relativo à nossa mente: só existe a coisa em si que é independente de nossa mente. Eis o problema da ciência resolvido. Qual será o domínio da liberdade? O domínio das coisas em si.

A grande dificuldade que essa crítica levanta é que nós queremos fundar uma ciência rigorosa da natureza, partimos do fato de que o entendimento tem suas exigências de unidade. Kant acreditou que, com esse princípio, poderia obter esta consequência, a de que a diversidade se dobraria necessariamente à unidade do entendimento. Mas não se pode provar que uma matéria tão diversa se dobrará a uma unidade determinada. Para prová-lo será necessário que Fichte tire a matéria de uma forma, por um espinosismo "retornado", erigindo o eu em absoluto. O objetivo da *Crítica* foi fundar o mesmo mecanicismo que o mecanicismo cartesiano, mas restabelecendo a liberdade em todos os seus direitos; toda essa concepção se funda sobre a teoria da causalidade sintética. Trata-se de uma crítica ao pensamento humano tal como Descartes a moldou, impregnada de formas matemáticas.

AGRADECIMENTOS

Agradeço primeiramente a Camille Riquier, que me deu a oportunidade de editar este curso e acompanhou de perto o seu desenvolvimento; também gostaria de agradecer a René Mougel e ao círculo de estudos de Jacques Maritain, que nos permitiram acessar a coleção Maritain durante nossa estadia em Kolbsheim em 2013, onde foram mantidas as anotações de Ernest Psichari. Meus agradecimentos vão também para Manuel Chevalier, que nos permitiu consultar a coleção de Jacques Chevalier, fornecendo um complemento essencial ao nosso trabalho; a Augustin Chepeau, que nos ajudou neste trabalho de edição; e, por último, mas não menos importante, a Pauline, que nos ajudou e acompanhou na longa tarefa de decifração e transcrição.

Gabriel Meyer-Bisch

Referências bibliográficas

ARISTÓTELES. *Physique*. Tradução H. Carteron. Paris: Les Belles Lettres, 1926.

_____. *Métaphysique*. t.1. Tradução J. Tricot. Paris: Vrin, 1970.

_____. *Physique*. v.IV. Tradução P. Pellegrin. Paris: Garnier-Flammarion, 2002.

_____. *Seconds Analytiques*. In: *Œuvres complètes*. Tradução P. Pellegrin. Paris: Flammarion, 2014.

BARREAU, H. Bergson face à Spencer, vers un nouveau positivisme. *Archives de philosophies*, ed. esp. Bergson: centenaire de *L'Évolution créatrice*, v.2, n.71, p.219-43, abr.-jun. 2008.

BARTHÉLEMY-MADAULE, M. *Bergson adversaire de Kant*. Paris: PUF, 1966.

BAYLE, P. Zeno. *Dictionnaire historique et critique*. v.15. Paris: Desoer, 1820.

BERGSON. H. *Cours sur la philosophie grecque*. Paris: PUF, 2000. [Ed. bras.: *Cursos sobre a filosofia grega*. São Paulo: WMF Martins Fontes, 2005.]

_____. *Correspondances*. Ed. André Robinet. Paris: PUF, 2002.

_____. *Durée et simultanéité*. Paris: PUF, 2009.

_____. *L'Évolution du problème de la liberté*. Paris: PUF, 2017.

_____. *Théories de la mémoire*. Paris: PUF, 2018.

BRÉAL, A. *Essai de sémantique*: science des significations. Paris: Hachette, 1897.

BROCHARD, V. Les Prétendus sophismes de Zénon d'Élée. *Revue de métaphysique et de morale*, p.209-15, 1893.

_____. Les Arguments de Zénon d'Élée contre le mouvement. *Compte rendu de l'Académie des sciences morales*, n.29, p.555-68, 1888.

CAPEK, M. *Bergson and Modern Physics*: A Reinterpretation and Re-Evaluation. Dordrecht: Reidel, 1971.

CHEVALIER, J. *Entretiens avec Bergson*. Paris: Plon, 1956.

COUSIN, V. *Fragments philosophiques*. Paris: Ladrange, 1833.

_____. *Principes de métaphysique et de psychologie*. Paris: Delagrave, 1897.

COUTURAT, L. *La Logique de Leibniz*. Paris: Alcan, 1902.

D'APHRODISE, A. *Traité du destin*. Tradução P. Thilliet. Paris: Les Belles Lettres, 2002.

DELBOS, V. *Études de philosophie ancienne et de philosophie moderne*. Paris: Alcan, 1912.

DESCARTES, R. *Correspondance*. Ed. J.-R. Armogathe. Paris: Gallimard, 2013.

_____. *Les Méditations métaphysiques*. Paris: Jean Camusat, 1641. [Ed. bras.: *Meditações metafísicas*. São Paulo: WMF Martins Fontes, 2016.]

_____. *Œuvres philosophiques*. Tradução F. Alquié. Paris: Classiques Garnier, 2010.

_____. *Les Principes de la philosophie*. v.I. Paris: F. Alcan, 1886. [Ed. bras.: *Princípios da filosofia*. São Paulo: Rideel, 2005.]

DIOGÈNE LAËRCE. *Vie, doctrines et sentences des philosophes illustres*. Tradução R. Genaille. Lv.IX. Paris: Garnier-Flammarion, 1965.

DUNAN, C. *Les Arguments de Zénon d'Élée contre le mouvement*. Paris: Alcan, 1884.

DURRING, E. Bergson et la métaphysique relativiste. In: WORMS, F. *Annales bergsoniennes III*: Bergson et la science. Paris: PUF, 2007.

EMPIRICUS, S. *Esquisses pyrrhoniennes*. Tradução P. Pellegrin. Paris: Seuil, 1997.

EULER, L.; KARSTEN, R. *Theoria motus corporum solidorum seu rigidorum ex primis nostræ cognitionis principiis stabilita, et ad omnes motus, qui in hujus modi corpora cadere possunt, accomodata*. Rostochii: A. F. Röse, 1765.

ÉVELLIN, F. *Infini et quantité*. Paris: Baillière, 1880.

FRANÇOIS, A. Vers l'introduction à la métaphysique. In: WORMS, F. (Dir.). *Bergson dans le siècle*. t.1. Paris: PUF, 2002.

GALILEU, G. *L'Essayeur de Galilée*. Tradução C. Chauviré. Paris: Les Belles Lettres, 1980.

_____. *Le Opere di Galileo Galilei*. v.VI. Florence: G. Barbera, 1933 [1896].

_____. *Plato and Some Others Companions of Sokrate*. v.I. London: John Murray, 1885.

HAMILTON, W. *Lectures on Metaphysic and Logic*. v.II. London: William Blackwood and Sons, 1877.

HEGEL, G. W. *Vorlesungen über die Geschichte der Philosophie*. In: *Gesammelte Werke*. v.30, n.1. Hambourg: Felix Meiner Verlag, 2016.

HERING, K. W. K. *Über das Gedächtnis als eine allgemeine Funktion der organisierten Materie, Vortrag gehalten in der feierlichen Sitzung der Kaiserlichen Akademie der Wissenschaften in Wien am 30 Mai 1870*. Leipzig: Akademische Verlagsgesellschaft, 1921.

JANET, P. Une Illusion d'optique interne. *Revue philosophique de France et de l'étranger*, v.III, p.497-8, 1877.

JUVENAL. *Satires*. Tradução P. de Labriolle e F. Villeneuve. Paris: Les Belles Lettres, 1957.

KANT, E. *Critique de la raison pratique*. Tradução J. P. Flussel. Paris: Garnier-Flammarion, 2003. [Ed. bras.: *Crítica da razão prática*. Trad. Monique Hulshof. Petrópolis: Vozes, 2016.]

_____. *Critique de la raison pure*. Tradução A. Renaut. Paris: Garnier-Flammarion, 2006. [Ed. bras.: *Crítica da razão pura*. Trad. Fernando Costa Mattos. Petrópolis: Vozes, 2012.]

_____. *Histoire générale de la nature et théorie du ciel*. v.I: Bibliothèque de la Pléiade. Tradução F. Alquié. Paris: Gallimard, 1980.

KOYRÉ, A. *Études newtoniennes*. Paris: Gallimard, 1968.

LANGE, F.-A. *Histoire du matérialisme et critique de son importance à notre époque*. t.1. Paris: B. Pommerol, 1877.

LEIBNIZ, G. *La Monadologie*. Paris: C. Delagrave, 1881.

_____. Third Writing Against Clarke. In: ROBINET, A. (Org.). *Correspondance Leibniz-Clarke*. Paris: PUF, 1957.

LEIBNIZ, G. *Lettre de Leibniz à Des Bosses.* v.127: *Die Philosophische schriften.* Organização C. I. Gerhardt. Hidelsheim: Olms Verlag, 1965.

———. *Theoria Motus abstracti, Philosophische Schriften.* v.VI. Berlin: Akademie ausgabe Verlag, 1990.

———. *Elementa nova matheseos universalis.* v.VI. Berlin: Akademie Ausgabe, 1999 [1683].

———. *Mathesis universalis. Écrits sur la mathématique universelle.* Organização D. Rabouin. Paris: Vrin, 2018.

LEWIS, G. (Org.). *Correspondance avec Arnauld et Morus.* Paris: Vrin, 1953.

LOCKE, J. *An Essay Concerning Human Understanding.* Oxford: Oxford University Press, 1975.

———. *Essai sur l'entendement humain.* Tradução J.-M. Vienne. Paris: Vrin, 2006.

LOTZE, R. H. La Formation de l'espace. *Revue philosophique de France et de l'étranger,* p.345-65, jul.-dez. 1877.

———. *Métaphysique.* Tradução A. Duval. Paris: Firmin-Didot, 1883.

MARION, L. *Sur l'Ontologie grise de Descartes.* Paris: Vrin, 2000.

MARITAIN, R. *Les Grandes amitiés.* In: *Œuvres complètes.* t.XIV. Fribourg; Paris: Academic Press; Éditions Saint-Paul, 1991.

MILL, S. *La Philosophie d'Hamilton.* Tradução E. Cazelles. Paris: Baillière, 1869.

MILLET, J. *Bergson et le calcul infinitesimal ou la raison et le temps.* Paris: PUF, 1974.

NEUMANN, C. *Ueber die Principien der Galilei-Newtonschen Theorie.* Leipzig: B. G. Teubner, 1870.

NEWTON, I. *Optice*: sive de reflexionibus, refractionibus, inflexionibus & coloribus lucis libri três. London: Impensis Sam. Smith & Benj. Walford, 1706.

PÉGUY, C. Notes sur M. Bergson et la philosophie bergsonienne. In: *Œuvres complètes en prose.* t.III: Bibliothèque de la Pléiade. Paris: Gallimard, 1992.

PLATÃO. Timée. In: *Œuvres complètes.* t.II. Tradução L. Robin. Paris: Gallimard, 1940.

RABOUIN, D. *Mathesis universalis*. Paris: PUF, 2009.

RIQUIER, C. *Archéologie de Bergson*: temps et métaphysique. Paris: PUF, 2009.

ROBINET, A. *Correspondance Leibniz-Clarke*: présentée d'après les manuscrits originaux des bibliothèques de Hanov. Paris: PUF, 1957.

RUSSELL, B. *A Critical Exposition of the Philosophy of Leibniz*. London: Routledge, 1992.

SAYCE, A. H. *Introduction to Science of Language*. v.II. London: C. Kegan Paul and Co., 1880.

SCHOPENHAUER, A. *Le Monde comme volonté et comme représentation*. Lv.I. Tradução A. Burdeau. Paris: PUF, 1966. [Ed. bras.: *O mundo como vontade e como representação*. São Paulo: Editora Unesp, 2015.]

_____. *Parerga et Paralipomena*. t.1. Tradução J.-P. Jackson. Paris: Coda, 2005.

SIMPLICIUS. *Simplicii*. v.X : *Aristotelis physicorum libros, quattuor posteriores comentaria.*. Ed. H. Diels. Berlin: Reimer, 1885.

_____. *Simplicius on Aristotle Physics*. v.6. Tradução D. Konstan. London: Bloomsbury, 1989.

SPENCER, H. *First Principles*. London: William and Norgate, 1863. [Ed. bras.: *Primeiros princípios*. São Paulo: Ex Machina, 2015.]

STOUT, G. F. *Analytic Psychology*. v.1. London: Swan Sonnenschein and Co., 1896.

TAINE, H. *De l'Intelligence*. Paris: Hachette, 1870.

TANNERY, P. (Trad.). *La Géométrie grecque*: comment son histoire nous est parvenue et ce que nous en savons. Paris: Gauthier-Villars, 1887.

THARAUD, J.; THARAUD, J. *Notre cher Péguy*. Paris: Plon, 1926.

THEMISTIUS. Themistii in Aristotelis Physica paraphrasis. In: SCHENKL, H. *Commentaria in Aristotelem Græca*: 5.2. Berlin: Reimer, 1900.

_____. *Themistius*: On Aristotle Physics. Tradução R. B. Todd. London: Bloomsbury, 2008.

VILAIN, C. Impetus. In: *Dictionnaire de Philosophie des sciences*. Paris: PUF, 1999.

VON SIGWART, C. *Logik*. t.I. Tubingen: Laupp, 1873.

WARD, J. Psychology. In: *Enclyclopædia Britannica*. 9.ed. London: [s.n.], 1885.

_____. *Principles of Psychology*. v.1. Cambridge: Harvard University Press, 1981.

WORMS, F. *Bergson ou les deux sens de la vie*. Paris: PUF, 2004.

WUNDT, W. M. *Éléments de psychologie physiologique*. Tradução É. Renouvier. Paris: Librairie Félix Alcan, 1886.

Índice onomástico

Coleção Clássicos

A arte de roubar: Explicada em benefício dos que não são ladrões
D. Dimas Camándula

A construção do mundo histórico nas ciências humanas
Wilhelm Dilthey

A escola da infância
Jan Amos Comenius

A evolução criadora
Henri Bergson

A fábula das abelhas: ou vícios privados, benefícios públicos
Bernard Mandeville

Cartas de Claudio Monteverdi: (1601-1643)
Claudio Monteverdi

Cartas escritas da montanha
Jean-Jacques Rousseau

Categorias
Aristóteles

Ciência e fé — 2ª edição: Cartas de Galileu sobre o acordo do sistema copernicano com a Bíblia
Galileu Galilei

SOBRE O LIVRO

Formato: 14 x 21 cm
Mancha: 23 x 44 paicas
Tipologia: Venetian 301 12,5/16
Papel: Off-white 80 g/m² (miolo)
Cartão Supremo 250 g/m² (capa)
1ª *edição Editora Unesp*: 2022

EQUIPE DE REALIZAÇÃO

Edição de texto
Maísa Kawata (Copidesque)
Tulio Kawata (Revisão)

Capa
Vicente Pimenta

Editoração eletrônica
Eduardo Seiji Seki

Assistência editorial
Alberto Bononi
Gabriel Joppert

Rua Xavier Curado, 388 • Ipiranga - SP • 04210 100
Tel.: (11) 2063 7000 • Fax: (11) 2061 8709
rettec@rettec.com.br • www.rettec.com.br